JOURNAL ENCYCLOPÉDIQUE

DES HUISSIERS.

DEUXIÈME PARTIE.

DÉCISIONS DES COURS ET TRIBUNAUX, OBSERVATIONS, QUESTIONS RÉSOLUES, ETC.

TOME PREMIER.

1843.

IMPRIMERIE DE Vᵉ DONDEY-DUPRÉ,

rue Saint-Louis, 46, au Marais.

JOURNAL ENCYCLOPÉDIQUE

DES HUISSIERS.

SECONDE PARTIE.

DÉCISIONS DES COURS ET TRIBUNAUX, OBSERVATIONS, QUESTIONS RÉSOLUES, ETC.

ART. 1er.

HUISSIER.

INCOMPATIBILITÉ. — PORTEUR DE CONTRAINTES. — CONTRIBUTIONS DIRECTES. — HONORAIRES.

Les fonctions d'huissier ne sont pas incompatibles avec celles de porteur de contraintes; néanmoins, l'administration ne pourrait forcer un huissier à accepter une commission de porteur de contraintes.

Les huissiers, lorsqu'ils en sont requis, doivent, même en matière de contributions directes, faire les actes rentrant dans leurs attributions ordinaires. Alors ils ont droit aux honoraires alloués par leur tarif ordinaire, et non à ceux accordés aux porteurs de contraintes.

AVIS DU CONSEIL D'ÉTAT. — 13 AOUT 1841.

LE CONSEIL D'ETAT, — Vu l'arrêté des consuls du 16 thermidor an VIII, le décret du 14 juin 1813, et l'art. 73 de la loi du 25 mars 1817;

Considérant que les fonctions d'huissiers et celles de porteurs de contraintes sont quelquefois identiques, et ont toujours la plus grande analogie; qu'il serait contraire à la nature des choses et à l'esprit du décret du 14 juin 1813, de leur appliquer l'incompatibilité établie par l'art. 40 dudit décret;

Considérant toutefois que les lois ont très-soigneusement distingué et réglé ces deux natures de fonctions; qu'aux termes du décret du 14 juin 1813, les huissiers sont nommés par le roi; qu'ils sont soumis à des conditions d'âge, à un stage préalable, et à rapporter un certificat de moralité et de capacité; qu'ils fournissent un cautionnement et payent une patente; qu'ils exercent sous la surveillance d'une chambre de discipline formée par les huissiers de l'arrondissement et des cours et tribunaux auxquels ils sont attachés; que la loi établit entre eux une bourse commune pour partie de leurs émoluments, et qu'enfin ils ont le droit de présenter leurs successeurs à l'agrément de sa majesté: — Qu'aux termes de l'arrêté des consuls du 16 thermidor an VIII, les porteurs de contraintes sont nommés par le sous-préfet, sur la présentation du receveur particulier, sauf l'approbation du préfet; qu'ils ne sont soumis à aucune condition d'âge ni de stage, non plus qu'à rapporter aucun certificat de moralité ni de capacité; qu'ils ne fournissent pas de cautionnement et ne sont pas assujettis à la patente; qu'ils n'ont pas de chambre de discipline ni de bourse commune; qu'ils exercent sous la surveillance du receveur particulier et du sous-préfet; qu'ils sont révocables et n'ont pas le droit de présenter leurs successeurs;

Considérant qu'il est des actes dans les attributions d'un porteur de contraintes qui n'entrent point dans celles d'un huissier, et réciproquement; qu'un huissier, par exemple, s'il n'était commissionné par le sous-préfet, n'aurait pas qualité pour s'établir à domicile et tenir garnison chez les contribuables en retard, et qu'un porteur de contraintes n'aurait pas qualité pour signifier un exploit d'ajournement, de telle sorte qu'une des deux qualités ne supplée pas l'autre et qu'elles ne peuvent être confondues;

Considérant que la loi impose aux huissiers l'obligation de prêter leur ministère toutes les fois qu'ils en sont requis; que cette règle ne souffre pas d'exception, et que les agents du trésor chargés du recouvrement des contributions directes peuvent user du droit commun; que s'il est dit dans l'article 18 de l'arrêté du 16 thermidor an VIII, que les porteurs de contraintes feront seuls les fonctions d'huissiers pour le service des contributions directes, cette disposition n'a pour but évident que l'avantage des porteurs de contraintes, et ne donne nullement aux huissiers le droit de refuser leur ministère aux agents du trésor;

Considérant que l'art. 18 ci-dessus cité, qui confère aux porteurs de contraintes seuls les fonctions d'huissiers pour le service des contributions directes, a pour résultat nécessaire qu'en fixant ou en donnant aux préfets le droit de fixer les tarifs sur les poursuites en pareille matière, l'art. 73 de la loi du 26 mars 1817 n'a en vue que les porteurs de contraintes et non les huissiers; que lorsque les percepteurs ou les receveurs particuliers emploient les huissiers en vertu du droit commun, et dans leurs fonctions ordinaires d'huissiers, ils leur doivent les émoluments fixés par le tarif ordinaire;

Est d'avis,

1° Que les fonctions d'huissier ne sont pas incompatibles avec celles de porteur de contraintes;

2° Que l'administration ne peut pas forcer un huissier à accepter une commission de porteur de contraintes;

3° Que les huissiers sont tenus d'exercer leur ministère, c'est-à-dire de faire tous les actes qui rentrent dans leurs attributions ordinaires, pour le service des contributions directes, lorsqu'ils en sont requis;

4° Que, dans ce cas, les huissiers ont droit aux émoluments fixés par leur tarif ordinaire, les tarifs dressés dans chaque département par les préfets, en vertu de l'art. 73 de la loi du 25 mars 1817, n'étant applicables qu'aux porteurs de contraintes.

A annoter aux mots : — Contrainte (finances), n° 6; — Huissier, n° 221.

ART. 2.

SAISIE-ARRÊT.

FONCTIONNAIRE PUBLIC. — TRAITEMENT. — INSAISISSABILITÉ. — PENSION ALIMENTAIRE. — COMPÉTENCE.

La disposition de la loi du 21 ventôse an ix *(12 mars 1801), ainsi conçue :* « Les traitements des fonctionnaires publics et employés civils seront saisissables jusqu'à concurrence du cinquième sur les premiers mille francs et toutes les sommes au-dessous, du quart sur les cinq mille francs suivants, et du tiers sur la portion excédant six mille francs, à quelque somme qu'elle s'élève, » *souffre-t-elle exception lorsqu'il s'agit d'assurer une pension alimentaire? — Par exemple, celle accordée à la femme séparée de biens?*

Les tribunaux civils sont-ils compétents pour connaître de la question de savoir quelle est la quotité saisissable du traitement d'un fonctionnaire public?

FAITS.

Le 17 juillet 1837, un jugement du tribunal de la Seine a prononcé la séparation de corps des sieur et dame Ginisty, et condamné celui-là, employé à l'administration des postes, à servir à sa femme une pension annuelle de 800 fr.

La dame Ginisty ayant voulu procéder par voie d'opposition au service de sa pension, se trouva en concours avec de nombreux créanciers de son mari, qui ne voulut abandonner que le cinquième de son traitement, en se fondant sur la loi du 21 ventôse an ix.

Résistance de la dame Ginisty, et jugement du tribunal de la Seine qui : — En ce qui touche l'attribution de ladite pension sur la portion non-saisissable du traitement de Ginisty, comme employé aux postes, et l'attribution d'une somme de 25 francs par mois sur la portion non saisissable de son traitement; — Attendu que le traitement des employés n'est saisissable que pour un cinquième, que la disposition des lois sur cette matière est d'ordre public, et qu'elle n'admet pas de distinction entre les divers créanciers des employés; — Qu'ainsi il n'appartient pas aux tribunaux d'ordonner une attribution sur la portion saisissable; que c'est dans ce sens que doivent être entendues les exceptions pour cause d'incompétence proposées par Ginisty, mais que ces exceptions n'ont plus aucun objet dès qu'il ne s'agit plus que de la portion saisissable ; — Ordonne que l'exécution du jugement n'aura lieu que sur la portion saisissable du traitement du sieur Ginisty.

Appel de la part de la dame Ginisty. — On a soutenu en son nom qu'il ne s'agissait pas d'une créance ordinaire, résultant de la volonté des contractants, mais de l'exécution d'une obligation qui naît du mariage, et qui est imposée au mari par l'article 214 du Code civil ; que les quatre cinquièmes réservés à l'employé étaient pour lui et sa famille, et que par suite sa femme avait sur cette réserve un droit acquis.

On a fait observer, à l'appui de la décision des premiers juges, que la loi de ventôse était générale, n'admettait pas d'exception et était opposable à tous les créanciers, et qu'en tous cas il n'était pas permis d'autoriser une retenue quelconque sur le traitement d'un fonctionnaire public autrement que par voie administrative.

ARRÊT.

COUR ROYALE DE PARIS. — 18 AOUT 1842.

LA COUR, — En ce qui touche sa compétence : considérant qu'il s'agit d'une obligation civile ; — au fond, considérant que la portion insaisissable du traitement des employés est réservée pour leurs besoins et ceux de leur famille ; considérant que la pension accordée à une femme, même séparée de corps, n'est que la représentation des aliments qui lui sont dus par son mari ; qu'ainsi elle peut et doit même être prélevée sur la portion réservée par la loi pour ses besoins communs ; infirme ; — au principal, fixe à 640 fr. par an la somme à toucher par la dame Ginisty, par douzièmes de mois en mois, à compte de sa pension, sur la portion insaisissable du traitement de son mari ; ordonne que ladite somme lui sera payée directement et sur sa simple quittance par l'administration ; sans préjudice de ses autres droits, qu'elle pourra faire valoir concurremment avec les autres créanciers sur la portion saisissable du traitement, dépens compensés.

Auteur. — Pour : Roger, *De la saisie-arrêt,* p. 173, n° 304.

Jurisprudence. — Pour : deux jugements du Tribunal de la Seine, des 24 prairial an XII et 17 thermidor suivant, non exécutés par l'administration. — Contre : décret du 30 janvier 1809.

A annoter au mot Saisie-Arrêt, n° 52.

OBSERVATIONS.

Doit-on prendre pour règle la décision que nous venons de rapporter, et poser en principe qu'il est permis au créancier d'une pension alimentaire de saisir-arrêter la partie déclarée insaisissable par la loi du traitement d'un fonctionnaire public ? Nous ne le pensons pas.

En effet, il est impossible de ne pas reconnaître que les termes de la loi du 21 ventôse an IX sont absolus, et ne souffrent aucune exception, pas même en faveur des créanciers pour aliments; s'il doit y être apporté quelque modification, c'est au législateur à le déclarer, et non aux juges à l'y introduire. L'exception admise par la Cour royale de Paris est donc en dehors des prévisions de la loi, et selon nous aurait dû être rejetée, quoique basée sur des motifs d'humanité et de moralité.

D'une autre part, il est évident que l'insaisissabilité dont est frappé la majeure partie du traitement des fonctionnaires et employés a été créée, non pas dans l'intérêt particulier de ces agents, mais dans un intérêt d'ordre public; le législateur a voulu que les fonctionnaires fussent affranchis de la nécessité de pourvoir à leurs besoins urgents, et que tout leur temps fût consacré au service du gouvernement. Or, si on permet de saisir une partie quelconque de la portion insaisissable du traitement, il s'ensuivra que le fonctionnaire ne pouvant plus vivre honorablement, donnera sa démission, et privera l'administration de services qui peuvent lui être utiles; ou se créera, souvent illégalement, des ressources en dehors de ses fonctions. Le but qu'a voulu atteindre le législateur de l'an IX serait donc complétement manqué si l'on suivait la doctrine de l'arrêt ci-dessus rapporté.

Toutefois, nous ne croyons pas que les parents d'un employé, condamné à leur servir une pension alimentaire, soient sans moyens de contrainte lorsque la portion saisissable du traitement est insuffisante ou absorbée par d'autres créanciers; ils ont le droit de s'adresser à l'administration, qui seule est en position d'apprécier, en connaissance de cause, la somme qui peut être retenue sans inconvénient pour le service public. Du reste, comme il est facile de le prévoir, tout dépend des circonstances, et les parties sont tenues de s'en rapporter à la décision éclairée du ministre ou du Conseil d'état, qui concilieront toujours l'intérêt des familles avec l'intérêt général.

ART. 3.

—

EXPLOIT.

COPIE UNIQUE. — ÉPOUX MARIÉS EN COMMUNAUTÉ. — DROITS IMMOBILIERS DE LA FEMME.

Un exploit signifié en une seule copie au mari et à la femme mariés en communauté, est-il nul dans le cas où il s'agit au procès de droits immobiliers appartenant à la femme?

Nous avions adopté la négative de cette question au mot *Exploit*, n° 235, nous fondant sur l'autorité d'un arrêt de la Cour de cassation du 1er avril 1812. Dans l'espèce de cette décision il s'agissait d'un arrêt d'admission signifié par une seule copie à un mari et à une femme mariés en communauté, dans une affaire où il s'agissait du partage des biens dépendants de la succession du père de la femme. On opposait une fin de non recevoir fondée sur ce qu'il aurait dû être laissé deux copies, les époux ayant un intérêt dictinct. La Cour, considérant que les époux n'étaient pas séparés de biens, a déclaré qu'ils avaient pu valablement être cités par une seule copie, et rejeté la fin de non recevoir.

Nous nous étions également fondé sur un arrêt de la même Cour du 8 avril 1829, qui a déclaré valable la signification en une seule copie à des époux mariés en communauté, d'un arrêt d'admission dans une affaire où il s'agissait d'immeubles propres aux femmes. Voici les motifs de cet arrêt : — Attendu qu'il n'est pas justifié que les dames Noirpondre, Grillet et Delande fussent séparées de biens lorsque l'arrêt d'admission leur a été signifié par une seule copie, pour chacune d'elles et pour son mari ; que, dès lors, les significations faites à leurs administrateurs légitimes sont régulières et valables.

Enfin, un troisième arrêt de la Cour suprême, du 20 avril 1818, dispose ce qui suit : Attendu, sur la première fin de non recevoir, qu'il n'a dû être donné qu'une copie de l'arrêt d'admission à Catherine Hoffer et à son mari, puisqu'ils vivent en communauté ; que ce n'est que dans le cas de séparation des époux que deux copies, l'une pour la femme, l'autre pour le mari, sont nécessaires ; que la copie a été laissée par l'huissier, parlant à la femme, dans le domicile commun au mari et à la femme ; que par conséquent l'exploit est conforme au vœu de la loi.

Ces décisions uniformes nous paraissaient avoir fixé la jurisprudence, et nous les avions adoptées avec d'autant plus d'empressement qu'il n'existait aucune décision contraire, et qu'elles affranchissaient les huissiers du soin de s'enquérir si les immeubles dont il s'agirait au procès à intenter, étaient personnels au mari ou à la femme, ce qu'il n'est pas toujours facile de connaître. — Mais, tout récemment, la Cour de cassation vient de modifier sa jurisprudence et de déclarer par deux arrêts, dont nous allons donner le texte, que tout exploit adressé à un mari et une femme, même mariés en communauté, doit être signifié en deux copies, dans le cas où il s'agit de droits immobiliers personnels à la femme.

Ainsi, chaque fois qu'ils seront chargés d'intenter *une action immobilière touchant la propriété* contre des époux en communauté, les huissiers devront connaître le véritable propriétaire.

des immeubles, et, s'ils appartiennent à la femme, signifier deux copies; s'il y a doute, nous conseillons de remettre également deux copies, car mieux vaut encourir le rejet de la taxe d'une copie que de s'exposer à faire un exploit nul.

Nous disons *une action immobilière touchant la propriété;* s'il s'agissait en effet d'une action mobilière personnelle à la femme, ou d'une action immobilière *touchant la possession* d'un de ses immeubles, une seule copie suffirait, le mari ayant, aux termes de l'art. 1428 du Code civil, l'exercice de toutes les actions mobilières et possessoires qui compètent à la femme. — V. *Communauté*, n° 147.

PREMIER ARRÊT.

COUR DE CASSATION. — 24 MARS 1841.

LA COUR, — considérant qu'il est constant en fait que, d'une part, le mari n'était au procès que pour autoriser sa femme, et pour défendre le droit aux fruits qui appartient à la communauté; que de l'autre, sa femme avait un intérêt supérieur et distinct, celui de propriétaire de l'immeuble contesté; — considérant en droit que le mari n'est pas le représentant légal de la femme dans les actions immobilières relatives aux propres de celle-ci (Code civil, art. 1428); — qu'en cet état, en jugeant que les deux intérêts du mari et de la femme devaient être interpellés par deux copies distinctes, l'une pour la communauté, l'autre pour la propriété, la Cour royale, loin de violer les principes de la matière, en a fait au contraire une juste application.

DEUXIÈME ARRÊT.

COUR DE CASSATION. — 15 JUIN 1842.

LA COUR, — sur les deux moyens de cassation : — considérant que le mari et la femme avaient dans la cause deux intérêts distincts et qu'il était nécessaire de remettre à chacun d'eux une copie séparée de l'exploit d'appel, ce qui n'a pas été fait par la demanderesse en cassation; — qu'en décidant que le défaut de double copie entraînait la nullité de l'appel, la Cour royale de Dijon, loin de violer les articles invoqués, en a fait au contraire une juste application.

Auteurs. — Pour : Talandier, *De l'appel en matière civile,* n°s 236 et suiv. — Contre : Bioche, v° *Ajournement,* n° 222.

Jurisprudence. — Pour : Rennes, 30 mai 1838, 10 janvier 1840; Colmar, 18 février 1839; Cass. 29 avril 1839; Tribunal de la Seine, 16 septembre 1842. — Contre : Cass. 1er avril 1812, 20 avril 1818, 8 avril 1829.

A annoter au mot EXPLOIT, n° 235.

ART. 4.

SAISIE-EXÉCUTION.

MEUBLE IMMOBILISÉ PAR DESTINATION. — VENDEUR PRIVILÉGIÉ. — CRÉANCIER HYPOTHÉCAIRE.

Une machine à vapeur immobilisée par destination ne cesse point d'être meuble à l'égard du vendeur non payé, qui peut la saisir et exercer son privilége sur le prix, même au préjudice des créanciers hypothécaires.

FAITS.

Le sieur Hugon, mécanicien, ayant vendu au sieur Franon, meunier, une machine à vapeur que celui-ci incorpora dans son moulin, fit, à défaut de payement, procéder à une saisie exécution de sa machine et se disposait à en poursuivre la vente, lorsque le débiteur forma opposition à la saisie et soutint que s'agissant d'un meuble incorporé à un immeuble, et devenu par conséquent immeuble par destination, il ne pouvait être vendu séparément de l'immeuble, et que Hugon ne pouvait procéder autrement que par voie de saisie immobilière.

La cause portée devant le tribunal de première instance de Louhans, les créanciers hypothécaires de Franon intervinrent et demandèrent comme lui et par les mêmes motifs l'annulation des poursuites.

Par jugement du 10 juin 1842, le tribunal de Louhans faisant droit sur l'opposition et l'intervention, annula la saisie exécution, sauf à Hugon à faire procéder à une saisie immobilière de la totalité de l'immeuble et à exercer son privilége s'il y avait lieu.

Appel de ce jugement et arrêt conçu en ces termes :

ARRÊT.

COUR ROYALE DE DIJON. — 18 AOUT 1842.

LA COUR, — considérant que le droit du vendeur sur la chose par lui vendue, pour être payé sur le prix de la revente par privilége et préférence, est de droit commun et doit être appliqué à tous les cas qui ne sont point exceptés par la loi ; — considérant que si les meubles devenus immeubles par destination ne peuvent être saisis séparément des immeubles dont ils sont devenus l'accessoire, cette règle reçoit exception dans le cas où c'est le vendeur lui-même qui fait procéder à la saisie, conformément aux art. 592 et 593 du C. P. civ.; — considérant que la machine à vapeur vendue par Hugon n'a pas perdu, vis-à-vis de celui-ci, son caractère propre de meuble par son établissement dans l'immeuble hypothéqué à la créance des sieurs Guyennot, et qu'elle ne s'est pas ainsi dénaturée de manière à ne faire, avec cet immeuble, qu'une seule et même incorporation; d'où il suit qu'en l'assimilant aux conditions de cet immeuble et en excluant ainsi le privilége d'Hugon sur la machine séparément, le tribunal de Louhans a fait une fausse application des principes de la matière et méconnu les droits du créancier vendeur originaire; — Par ces motifs, faisant droit sur l'appellation interjetée par Xavier Hugon du jugement rendu en la cause par le tribunal de Louhans, le 10 juin 1842, met ladite appellation et ce dont est appel à néant; et par nouveau jugement, sans s'arrêter à l'opposition de Franon, non plus qu'à l'intervention des frères Guyennot, qui sont déclarées mal fondées, ordonne que les contraintes commencées iront leur voie jusqu'au parfait payement des sommes pour lesquelles elles ont procédé.

Auteurs. — Pour : Troplong, dans son *Commentaire des priviléges et hypothèques*, tom. I, p. 152, n° 113, s'explique ainsi qu'il suit sur l'importante question résolue par l'arrêt ci-dessus rapporté.

« La question n'est pas embarrassante à l'égard de ceux qui ont un privilége spécial sur un meuble qui par la suite devient immeuble par destination.

» Par exemple, Pierre a vendu à Jacques des animaux de labour ou des ustensiles aratoires. Celui-ci les attache à un fonds dont il est propriétaire. Pourra-t-on dire que ces animaux et ces ustensiles étant devenus *immeubles* de *meubles* qu'ils étaient auparavant, le vendeur ne pourra pas exercer son privilége sur eux, à raison du changement de nature qui s'est opéré ?

» Un ouvrier vend à Titius une cuve que celui-ci place dans sa métairie pour l'exploitation de son fonds. Cette cuve devient immeuble d'après l'art. 524 du Code civil. Ce changement de nature fera-t-il perdre à l'ouvrier son privilége ?

» Dans ces deux cas, comme dans tous les cas semblables, il faut se décider en faveur du privilége.

» Tant que le prix n'est pas payé, le vendeur conserve un droit réel sur la chose. Or, on ne peut admettre que l'acheteur, en imprimant à cette chose une qualité purement métaphysique, et en changeant sa destination pour sa propre commodité, ait pu altérer les droits précis et intimes du vendeur et lui soustraire son gage; il n'était en son pouvoir de donner aux choses vendues qu'une destination imparfaite et subordonnée aux droits du vendeur.

» Il en est sans doute autrement lorsque l'acquéreur a changé l'espèce de la chose, et qu'au moyen de cette transformation la chose livrée a cessé d'être ce qu'elle était. On conçoit alors que la perte du privilége est fondée sur la perte de la chose elle-même.

» Mais dans l'hypothèse qui m'occupe, la chose subsiste dans toutes ses parties, telle qu'elle existait primitivement. Il n'y a qu'un changement dans sa destination. Or ce changement n'affectant que dans la qualité morale de la chose, est bien différent des changements résultant de la conversion d'une espèce dans une autre et ne semble pas devoir produire les mêmes effets. »

— Thomine-Desmazures, *Comm. C. Pr. civ.* II, p. 107. — Contre : A. Dalloz, *Dict. gén.* IV, p. 274 ; Pigeau, t. II, p. 79 ; Berriat, *Procéd. civ.* p. 528 ; Bioche, *Dict. procéd. civ. et com.* t. IV, p. 35.

Jurisprudence. — Pour : Gand, 24 mai 1833 ; Cassation de Bruxelles, 9 mai 1833 ; Caen, 1er août 1837 ; Cass. 22 janvier 1833. — Contre : Orléans, 11 décembre 1817 ; Limoges, 15 juin 1820.

A annoter au mot Saisie-Exécution, nº 44.

ART. 5.

PRIVILÉGE DE SECOND ORDRE.

CAUTIONNEMENT. — OFFICIER MINISTÉRIEL. — INSCRIPTION A LA CAISSE. — OPPOSITION. — RESPONSABILITÉ DU TRÉSOR.

Le privilége de second ordre n'est acquis aux bailleurs de fonds que par la déclaration faite à leur profit à la caisse d'amortissement. — En conséquence les oppositions faites avant cette déclaration priment le bailleur de fonds.
En cas de négligence à insérer la mention de privilége à la caisse, le trésor peut être déclaré responsable du préjudice causé au bailleur de fonds par les oppositions.

FAITS.

Le 28 octobre 1836, M. Triboulet, huissier à Sens, versa chez le receveur des finances de cette ville, son cautionnement s'élevant à 900 fr., et par acte devant notaire, du 30 du même mois, déclara que ce cautionnement appartenait en principal et intérêts au sieur Triboulet, son oncle. Ce dernier fit remettre cette déclaration au trésor public, pour s'inscrire comme ayant privilége de second ordre. Mais cette inscription ne put s'opérer, le bailleur de fonds ne produisant pas le récépissé du versement effectué à Sens.

Les choses étaient en cet état lorsque, le 25 août 1837, un sieur Blin fit opposition au trésor public sur le cautionnement de Triboulet, huissier, pour avoir payement de 472 fr. qui lui étaient dus.

Le sieur Triboulet, oncle, ayant obtenu, le 3 février 1338, un certificat de privilége de second ordre, du directeur de la dette inscrite, à la charge de l'opposition de Blin, assigna ce dernier en main-levée de son opposition, le 14 janvier 1839, et le trésor public le 29 mars suivant, afin d'être garanti par lui faute d'avoir inscrit le privilége sur la remise de la déclaration du 30 octobre 1836.

Jugement du tribunal de Sens, qui déclare valable l'opposition de Blin, et reconnaît le trésor public responsable vis-à-vis de Triboulet, oncle.

Pourvoi en cassation de la part de ce dernier et du trésor public, et arrêt ainsi conçu :

ARRÊT.

COUR DE CASSATION. — 10 JUILLET 1842.

LA COUR, — Attendu que les cautionnements auxquels sont tenus envers le trésor les titulaires de certains offices sont régis par des lois spéciales ; — que l'art. 1er de la loi du 25 nivôse an XIII affecte les cautionnements par premier privilége aux faits de charge, par second privilége au remboursement des fonds prêtés pour tout ou partie des cautionnements, subsidiairement au payement dans l'ordre ordinaire des créances particulières ; que les réclamants droit à ces divers titres sont admis par l'art. 2 de la même loi à faire sur les cautionnements des oppositions, soit à la caisse d'amortissement, soit aux greffes des tribunaux ; — que toutefois, en ce qui concerne les prêteurs des fonds de cautionnement, l'art. 4 porte que la déclaration faite à leur profit à la caisse d'amortissement tiendra lieu d'opposition pour leur assurer l'effet du privilége de second ordre, d'où il suit que cette déclaration à la caisse d'amortissement, nécessaire de leur part, comme l'opposition l'est pour les autres créances, forme la condition légale de l'effet du privilége qui leur est attribué ; — que l'assimilation de la déclaration à l'opposition dont elle doit tenir lieu est fondée sur ce qu'elle a pour objet, ainsi que l'opposition, de rendre notoire, soit à la caisse d'amortissement, soit aux tiers, les réclamations formées, afin de prévenir d'une part les erreurs auxquelles le trésor pourrait être exposé, et, d'un autre côté, parce que la propriété apparente des cautionnements ne trompe pas la foi de ceux qui traiteraient avec les titulaires ; — attendu que le décret du 28 août 1808 ne fait que confirmer, par des dispositions d'exécution, les prescriptions de la loi du 25 nivôse an XIII ; que si, par son article premier, il accorde un délai indéterminé aux prêteurs qui auraient négligé la formalité de la déclaration à la caisse d'amortissement, ce n'est qu'à la charge de rapporter au bureau des oppositions de cette caisse, la preuve de leur qualité et la main-levée des oppositions s'il en existe; — qu'ainsi c'est toujours par un acte déclaratif fait à la caisse d'amortissement que le bailleur obtient l'effet de son privilége, effet tellement lié à la déclaration, qu'il ne s'accomplit qu'à la charge des oppositions préexistantes, d'où il suit virtuellement que tant que subsiste le défaut de déclaration à la caisse, les oppositions peuvent se produire utilement pour de simples créances; — que pour rattacher encore davantage l'effet du privilége à la déclaration, le décret du 28 août 1808 détermine le modèle de certificat à délivrer par le chef du bureau des oppositions à la caisse d'amortissement, et qu'aux termes formels de ce modèle, il doit être constaté que le porteur s'est conformé aux dispositions de la loi du 25 nivose an XIII, pour acquérir le privilége du second ordre; — Attendu que, loin de déroger à l'esprit et aux prescriptions de la législation antérieure, le décret du 22 décembre 1812 reproduit par son art. 4 l'obligation pour les prêteurs de rapporter le certificat exigé par le décret de 1808, et que la nécessité de cette pièce, ou soit de l'inscription de la déclaration sur le registre de la caisse d'amortissement, est encore plus fortement démontrée par la sanction que ce même article attache à leur omission, en prononçant, dans ce cas, la perte du recours contre le trésor; — que la volonté de maintenir le système qui subordonne l'acquisition du privilége du second ordre à l'inscription de la déclaration sur les registres de la caisse d'amortissement est manifestée par la formule annexée au décret du 22 décembre 1812, pour l'acte à passer par le titulaire en faveur du bailleur de fonds, formule qui porte expressément que la déclaration est inscrite, pour que le prêteur ait et acquiert ledit privilége; — qu'enfin si la législation n'a pas établi pour l'inscription du privilége du second ordre un délai fatal, c'est qu'elle n'a entendu et pu entendre que ce privilége demeurât sans effet qu'à l'égard des oppositions préexistantes à l'inscription; mais que le prêteur, à quelque époque qu'il remplisse cette formalité, conserve son droit de préférence à l'égard des oppositions postérieures, tant que les fonds du cautionnement ne sont pas épuisés; — qu'ainsi, en décidant que le défaut d'inscription de la déclaration de Sébastien Triboulet à la caisse d'amortissement, le privait de la faculté d'exercer le privilége du second ordre à l'égard de Blin, tiers créancier opposant, le jugement attaqué a fait une juste application des décrets et lois précités; — Rejette les pourvois de Triboulet et du trésor.

Jurisprudence. — Aucun précédent.

A annoter au mot Cautionnement des Huissiers, nos 5 et suiv., 20 et 21.

ART. 6.

—

EXPLOIT.

LIBELLÉ. — POURSUITES DISCIPLINAIRES. — EXCEPTION. — NOTAIRE.

Les formes ordinaires de la procédure civile sont-elles applicables en matière de poursuites disciplinaires? — Spécialement le défaut d'exposé sommaire des moyens, prescrit par l'art. 61 du C. P. 3°, est-il exigé, à peine de nullité, dans les assignations?

FAITS.

Le sieur Munier, notaire à Vertus, a été assigné par le procureur du roi de Châlons-sur-Marne, en destitution de ses fonctions de notaire. — L'exploit ne contenait pas, ainsi que le veut, à peine de nullité, l'art. 61 du Code de procédure, l'exposé sommaire des moyens sur lesquels s'appuyait la prétention du ministère public.

Devant le tribunal de Châlons-sur-Marne, Munier opposa la nullité de l'assignation. Jugement qui, accueillant cette exception, prononça la nullité de l'exploit et renvoya, quant à présent, Munier de la plainte.

Appel de la part du ministère public. Munier opposait une fin de non recevoir tirée de ce que la citation restait nulle comme ne contenant pas l'exposé sommaire des moyens. La loi de ventôse, disait-il, ayant saisi les tribunaux civils, les règles de droit civil doivent être suivies.

Arrêt ainsi conçu :

ARRÊT.

COUR ROYALE DE PARIS. — 12 AOUT 1842.

LA COUR, — considérant que la loi du 25 ventôse an XI ne prescrit aucunes formes à suivre dans les poursuites à diriger contre les notaires, et que d'ailleurs les formes ordinaires de la procédure ne leur sont point applicables et ne leur ont jamais été appliquées depuis la promulgation de ladite loi de ventôse an XI ; — considérant que l'exploit d'assignation, signifié à Munier, a été suffisamment libellé, et indique les griefs qui lui étaient imputés; — Infirme. — Au principal, déclare la citation bonne et valable.

Jurisprudence — Contre : Douai, 15 juin 1835 ; Rennes, 7 janvier 1839.

OBSERVATIONS.

L'arrêt que nous venons de rapporter est-il fondé en droit? Nous ne le pensons pas. Sur quoi se fonde-t-il en effet pour décider que les formes ordinaires de la procédure ne sont point applicables aux poursuites disciplinaires contre les notaires? Il se fonde : 1° sur ce que la loi de ventôse an XI ne prescrit aucune forme particulière; 2° sur ce que les formes ordinaires n'ont jamais été appliquées en pareil cas.

Il nous semble qu'une simple observation suffit pour démontrer que ces motifs sont erronés. Il est incontestable aujourd'hui, et d'ailleurs de jurisprudence constante, que les tribunaux civils sont compétents pour connaître des peines disciplinaires à appliquer aux notaires, même de celles qui pourraient être prononcées par les chambres de discipline. Or, à défaut de formes spéciales indiquées par la loi organique du 25 ventôse an XI, comment devra-t-on procéder devant le tribunal saisi de l'action? La raison répond qu'on doit observer les formes ordinairement suivies devant les tribunaux civils, c'est-à-dire celles tracées pour l'instruction et le jugement des affaires, par le Code de procédure civile. Décider autrement, c'est tomber dans l'arbitraire.

Ce qui a sans doute donné lieu à l'erreur commise par la Cour de Paris, c'est qu'il s'agissait d'une peine à prononcer. Sous l'influence de ce qui se pratique en matière criminelle, où les exploits ne sont soumis à aucune forme particulière à peine de nullité, où, par exemple, l'exposé sommaire des moyens n'est pas de rigueur, la Cour a pu penser qu'il devait en être de même en matière disciplinaire. — Mais la loi, eu égard à la nature des différentes juridictions établies, a tracé pour chacune d'elles une manière particulière de procéder, dont il n'est pas permis de s'écarter. Ainsi, devant les tribunaux civils, on ne procède pas de la même manière que devant les tribunaux de commerce ou de police correctionnelle. Ainsi encore, bien que les tribunaux civils puissent prononcer la contrainte par corps dans certaines affaires, on n'est pas tenu, à l'égard de ces affaires, de suivre la procédure correctionnelle ou commerciale.

Quant à ce fait, que les formes ordinaires n'ont jamais été appliquées, fût-il vrai, et il ne l'est pas, il ne constituerait pas un motif plausible pour ne pas faire l'application de ces formes, si elles devaient être observées. Or, nous venons de démontrer qu'on devait les suivre.

Nous pensons donc être fondé à dire que les assignations données en matière de poursuites disciplinaires contre les notaires, sont soumises, à peine de nullité, aux règles tracées par l'art. 61 du Code de procédure; spécialement qu'ils doivent énoncer sommairement les moyens sur lesquels se fonde la demande.

Au surplus, notre opinion est conforme à un arrêt de la Cour royale de Rennes, du 7 janvier 1839, portant que la loi du 25 ventôse an XI, en saisissant les tribunaux civils de l'action en destitution dirigée contre les notaires, n'a prescrit aucune forme particulière de procéder; que dès lors les formes tracées par le Code de procédure civile doivent être observées; — et à un arrêt de la Cour royale de Douai du 15 juin 1835. Toutefois, ce dernier arrêt, tout en reconnaissant notre principe, a validé un exploit d'appel ne contenant pas constitution d'avoué, par la raison que le ministère des avoués n'était pas nécessaire dans une affaire dont la chambre de discipline aurait pu connaître.

A annoter aux mots : — Ajournement, n° 40 ; — Exploit, n° 114.

—

ART. 7.

—

EXPLOIT.

DATE ERRONÉE. — COPIE. — VALIDITÉ. — ENREGISTREMENT.

L'erreur de date dans la copie d'un exploit dont l'original est régulier, n'est pas une cause de nullité si elle se trouve réparée par les énonciations qui se trouvent dans le corps de l'acte. — Dès lors c'est à la date portée dans l'original qu'il faut se reporter pour savoir si l'exploit a été enregistré en temps utile.

En tout cas les juges ne violent aucune loi en décidant, d'après les énonciations de la copie, que la date qui lui a été donnée est erronée, que la remise a réellement eu lieu à la date indiquée par l'original, et que l'enregistrement en a été opéré en temps utile.

FAITS.

Par exploit du 6 *octobre* 1838, enregistré le 10 du même mois, et portant mention d'une signification du 29 septembre précédent, les époux Albouy ont été assignés à la requête de la dame Gaffard, pour assister à une enquête ordonnée par la Cour royale de Montpellier. — La copie de cet exploit, délivrée à Albouy et femme, portant la date du 6 *septembre*, ceux-ci ont prétendu que l'exploit était nul aux termes des articles 20 et 34 de la loi du 22 frimaire an VII, pour n'avoir pas été enregistré dans les quatre jours. — La dame Gaffard a répondu que s'agissant d'une formalité extrinsèque qui devait être constatée sur l'original et non sur la copie, il fallait s'en tenir à la date de l'original, qui était du 6 octobre : d'où il résultait que l'enregistrement avait eu lieu le 10, en temps utile ; que d'ailleurs les énonciations de l'exploit, particulièrement celle qui était relative à la signification du 29 septembre, indiquaient que l'exploit dont la nullité était demandée n'avait pu être signifié le 6 septembre, et que sa date véritable était celle du 6 octobre.

Par arrêt du 19 janvier 1841, la Cour de Montpellier accueillit en ces termes le système de la dame Gaffard : — « Attendu que la citation n'est pas critiquée pour violation d'une formalité intrinsèque à l'acte, dont la copie pourrait par elle-même fournir la justification ; — qu'on fonde seulement la nullité sur un défaut d'enregistrement dans les délais déterminés par la loi du 22 frimaire an VII ; mais qu'au point de vue de l'application de cette loi fiscale, c'est l'original de l'exploit qui peut et doit être consulté, puisque c'est sur l'original que la mention de l'enregistrement doit être faite ; — et attendu qu'il résulte de l'original que la formalité a été remplie dans les délais prescrits par la loi ; — attendu, d'ailleurs, que l'erreur intervenue dans la date de la copie est réparée par les énonciations qui s'y trouvent ramenées, et qu'il résulte de ces énonciations, rapprochées de l'original, que la citation a été signifiée le 6 octobre et non le 6 septembre. »

Pourvoi en cassation de la part des sieur et dame Albouy. — M. Troplong, conseiller rapporteur, a présenté les observations suivantes :

« Vous êtes placés, messieurs, en présence de deux systèmes consacrés par deux arrêts de Cour royale : l'un, qui consiste à dire que la partie assignée qui veut connaître si l'enregistrement de l'exploit reçu par elle a été fait dans les délais, ne doit prendre pour point de départ que la date de ce même exploit telle qu'elle résulte de la copie (arrêt positif de Caen, du 25 avril 1826) ; c'est le système du pourvoi. — L'autre, qui consiste à soutenir que la date de l'original doit seule prévaloir, attendu que c'est sur l'original que se fait l'enregistrement ; ce système est celui de l'arrêt dénoncé, contraire de tout point à l'arrêt de Caen.

» L'arrêt dénoncé a fait une distinction très-spécieuse. — Toutes les formalités intrinsèques de l'ajournement doivent trouver leur preuve dans la copie ; c'est la copie *qui est l'original* pour la partie assignée. Elle ne peut vérifier ailleurs que dans la pièce remise dans ses mains, les renseignements que l'exploit doit lui faire connaître. — Mais il n'en est pas de même d'une formalité extrinsèque, telle que la formalité de l'enregistrement. Elle n'a pas lieu sur la copie, cette formalité ; et, pour en reconnaître l'exact accomplissement, si l'on doute de la copie, il faut revenir à l'original.

» Ainsi l'arrêt ne nie pas la maxime : *la copie tient lieu d'original à la partie qui la reçoit*, mais il la tempère par une distinction entre les formalités extrinsèques et intrinsèques.

» Du reste, on est d'accord, dans les deux systèmes, que si l'exploit n'était pas enregistré dans les quatre jours, il serait nul. (Boncenne, t. II, p. 241, 242.)

» La Cour sait quels sont les motifs qui ont fait introduire l'enregistrement des exploits, et la peine de nullité attachée au défaut d'enregistrement. — Dans les temps anciens, l'huissier devait être accompagné de deux recors ou témoins pour constater la *sincérité de l'acte et prévenir* les faussetés et les antidates (ord. 1667, tit. II, art 2). Mais on ne tarda pas à reconnaître combien cette précaution était illusoire. Les huissiers se servaient de recors les uns aux autres, et se faisaient toutes sortes de réciproques et fâcheuses concessions. On supprima donc les recors, et à cette garantie défectueuse on substitua la formalité du contrôle (ord. 1669), qui depuis est devenue la formalité de l'enregistrement. — On crut que la date des exploits se trouverait assurée, à quelques jours près, par cette formalité. C'est sur cette idée que reposent les articles invoqués de la loi du 22 frimaire an VII.

» Mais ce remède était au fond plus bursal qu'efficace. En effet, le contrôle et l'enregistrement ne peuvent constater que par un *à peu près* la date de l'exploit ; de plus (et c'est ici qu'il faut bien peser l'état des choses), cette assurance de la date, tout imparfaite qu'elle est, *n'est donnée qu'à l'original,* qui seul reçoit la mention de l'enregistrement ; mais la formalité en question ne prouve rien par rapport *à la copie,* qui ne reçoit pas la même mention ; de telle sorte que l'enregistrement reste entièrement étranger à la copie, il n'en prouve ni la remise, ni la date. — Cette observation, faite par Bouhier (sur la coutume de Bourgogne) dans l'ancien droit, a été répétée avec raison sous le nouveau, par M. Boncenne (t. II, p. 96).

» Maintenant une observation se présente : — Puisque l'enregistrement est une formalité de l'original seul, puisqu'il ne s'adresse pas à la copie, il est évident que, si le porteur de la copie veut savoir si l'original a été enregistré dans les quatre jours, ce n'est pas dans la copie qu'il pourra en avoir la preuve, car la copie ne dit pas un mot de l'enregistrement, qui est toujours une formalité postérieure au moment où la partie a reçu l'ajournement. Il devra donc s'éclairer ailleurs ; il devra sortir de sa copie, si je puis parler ainsi ; il ne pourra pas dire que sa copie est pour lui *son original,* car elle est muette à cet égard. — Dans toutes les énonciations que contient la copie et qu'elle doit contenir, on conçoit très-bien que la copie soit l'original pour le détenteur. Mais pour des circonstances que la copie ne doit pas mentionner, l'adage perd toute sa force. Il faut recourir à des preuves intrinsèques, et dès lors la copie n'a plus d'autorité.

» Ces réflexions expliquent la théorie un peu trop concise de la Cour de Montpellier, et la mettent dans tout son jour. Elles expliquent pourquoi *la copie* ne saurait se donner pour type en ce qui concerne les vérifications qui se font sur *l'original* et par *l'original*.

» Vous verrez si elles doivent l'emporter sur les raisons du pourvoi. — Après cela, que la cour ait cherché dans la copie même des preuves pour établir que la date du 6 septembre devait être remplacée par la date du 6 octobre ; qu'elle ait corroboré ces preuves par la comparaison de l'original, cela ne pourrait faire un grief spécieux qu'autant que nous serions dans une de ces matières où la copie doit se suffire à elle-même ; mais quand il s'agit d'une de ces énonciations auxquelles la copie est étrangère, il est difficile qu'elle puisse s'interposer comme seul élément du débat, et l'on est porté à croire que la Cour royale a usé d'une liberté qui était dans son droit, quand elle a été chercher dans l'original les termes de la comparaison.

» Au reste, nous le répétons, deux arrêts de Cour royale sont en présence. Vous déciderez si leur autorité se balance, ou bien si l'arrêt de Montpellier est plus jurique que celui de Caen.»

ARRÊT.

COUR DE CASSATION. — 23 MAI 1842.

La Cour, — considérant que l'arrêt attaqué constate, en fait, que c'est par erreur que la copie remise à la demanderesse contenait la date du 6 septembre, et qu'il a rétabli la véritable date au 6 octobre, par des rapprochements tirés du corps même de cette copie ; qu'en le décidant ainsi, la Cour royale n'a nullement violé les lois invoquées, et qu'il demeure, dès lors, constant que la formalité extrinsèque de l'enregistrement a eu lieu dans les quatre jours. — Rejette.

Jurisprudence. L'arrêt que nous venons de rapporter est conforme à plusieurs arrêts de cassation et de cours royales. V. au mot *Exploit*, nos 18 et suiv. — Toutefois un arrêt de la Cour royale de Caen du 25 avril 1826, appliquant d'une manière absolu ce principe que la copie tient lieu d'original à celui qui l'a reçue, a décidé qu'un exploit était nul pour n'avoir pas été enregistré dans les quatre jours de la date donnée à la copie.

A annoter au mot **Exploit**, nos 18, 224 et 272.

ART. 8.

PURGE.

COMMANDEMENT EXPROPRIATIF AU DÉBITEUR ORIGINAIRE.
— SOMMATION DE NOTIFIER AU TIERS DÉTENTEUR.

L'acquéreur d'un immeuble grevé d'inscriptions hypothécaires n'est régulièrement mis en demeure de notifier son contrat aux créanciers inscrits que par la sommation de notifier, payer ou délaisser, prescrite par l'article 2169 du Code civil et signifiée après le commandement au débiteur originaire dont parle le même article.

Une simple sommation de purger ne mettrait pas le tiers détenteur en demeure, et par conséquent, lors même qu'elle ne serait pas suivie d'effet, elle n'autoriserait pas le créancier à poursuivre la vente de l'immeuble hypothéqué.

FAITS.

Par exploit du ministère d'huissier du 28 mai 1842, le sieur Pagny, agissant comme créancier inscrit sur une maison cédée au sieur de Bouillé par un acte contenant échange, fit sommation à ce dernier de notifier son contrat conformément à l'art. 2183 du Code civil, qui oblige le nouveau propriétaire qui veut se garantir des poursuites des créanciers inscrits, à notifier son acte à ceux-ci au plus tard dans le mois, à *compter de la première sommation* qui lui est faite.

Le 8 juillet 1842, sommation nouvelle par Pagny à de Bouillé de payer la créance due à Pagny, ou de délaisser l'immeuble acquis par lui de Bouillé. Ce dernier a, seulement alors et dans le mois de cette dernière sommation, notifié son contrat aux créanciers inscrits sur l'immeuble par lui acquis et au nombre desquels se trouvait le sieur Pagny.

Pagny, nonobstant cette notification, fit procéder à la saisie de l'immeuble cédé à de Bouillé; mais ce dernier a demandé la nullité de la saisie, se fondant sur ce qu'elle avait été pratiquée au mépris d'une notification régulière de son contrat d'acquisition. — De son côté, Pagny a opposé la nullité de la notification comme faite plus d'un mois après la *première sommation ;* il a soutenu que c'était du jour de cet acte et non du jour de la sommation de payer ou de délaisser, que courait le délai d'un mois accordé par l'article 2183 au tiers détenteur pour notifier.

Jugement du tribunal de la Seine du 1er septembre 1842, ordonnant en ces termes la continuation des poursuites de saisie immobilière.

« Attendu que les poursuites auxquelles est soumis le détenteur de l'immeuble hypothéqué par le chapitre VI du titre des hypothèques, ne sont autorisées contre lui qu'à défaut de purge; que, notamment l'art. 2169 du Code civil le suppose déchu de la faculté de purger, puisqu'il ne lui laisse d'option que celle de payer la dette ou de délaisser l'héritage ; que, dès lors, la sommation énoncée audit article n'a pas pour objet de le mettre en demeure de faire les notifications, mais bien de parvenir à l'expropriation de l'immeuble à défaut par lui de les avoir faites ;

que, par une conséquence ultérieure, la sommation mentionnée dans l'art. 2169 ne peut être la même que celle de l'art. 2183, et que, soit d'après ce qui vient d'être dit sur la position, les droits, les obligations du tiers détenteur, soit d'après la rubrique sous laquelle elle est placée, soit d'après le caractère et les termes mêmes de la disposition dont elle forme l'un des éléments, elle ne peut être considérée que comme une mise en demeure de notifier;—Déclare le vicomte de Bouillé non recevable et mal fondé en sa demande. »

Appel par de Bouillé. Pagny lui a opposé une fin de non-recevoir tirée de ce que l'acte d'appel n'avait pas été signifié au domicile de l'avoué, et notifié au greffier du tribunal, ainsi que le prescrit l'article 732 du Code de procédure pour les incidents en matière de saisie immobilière.

ARRÊT.

COUR ROYALE DE PARIS. — 6 OCTOBRE 1842.

LA COUR, — En ce qui touche la fin de non-recevoir tirée de l'inobservation de l'art. 732, Cod. pr. civ.; — Considérant que les formalités imposées par ledit article ne sont applicables qu'aux appels interjetés sur les incidents en matière de saisie immobilière; qu'il s'agit au procès, non d'un incident, mais d'une demande principale; qu'ainsi la disposition de l'art. 732 est inapplicable à la cause;

Au fond : — Considérant que, d'après l'art. 2183, Cod. civ., le tiers-détenteur, pour se soustraire à l'obligation de payer ou de délaisser, est tenu de notifier soit avant les poursuites, soit dans le mois de la première sommation; — Que cette sommation n'est évidemment autre que celle de payer ou de délaisser dont parle l'art. 2169; — Que cette sommation est la véritable mise en demeure du tiers-détenteur; — Qu'il ne se rencontre nulle part une disposition qui oblige le créancier de la faire précéder d'une sommation de notifier; — Que dès lors Bouillé a dû considérer comme non avenue la sommation de notifier qui lui a été faite le 28 mai dernier; — Mais que sommé régulièrement de payer ou de délaisser, par exploit du 8 juillet, il a, avant l'expiration du mois, le 5 août dernier, fait aux créanciers inscrits les notifications prescrites par l'art. 2183, Cod. civ.; — Que la saisie immobilière faite sur requête des intimés est donc nulle; — Infirme; au principal, déclare ladite saisie nulle; ordonne la discontinuation des poursuites, etc.

Auteurs. — Pour : Delvincourt, t. III, p. 597, édit. de 1819; Grenier, *Des hypothèques*, t. II, n° 340; Pers. *Rég. hypoth.*, t. II, p. 175; Duranton, t. XX, n° 239; Troplong, *Priviléges et hypoth.*, t. IV, p. 916; Carré, *L. procéd.* n° 2216.

Jurisprudence. — Pour : Nîmes, 5 août 1812; Bruxelles, 20 octobre 1820 et 6 février 1823; Caen, 9 août 1824; Orléans, 4 juill. 1828; Toulouse, 7 déc. 1830; Amiens, 10 mai 1837. — Contre : Nîmes, 4 juin 1807, et 6 juill. 1812.

OBSERVATIONS.

La doctrine adoptée par l'arrêt que nous venons de rapporter paraît aujourd'hui incontestable. Elle est conforme à l'opinion que nous avons admise dans notre *Encyclopédie des Huissiers*, au mot *Action hypothécaire*, n° 18, où nous signalons l'usage vicieux qui s'est introduit chez quelques praticiens dans la manière d'intenter l'action hypothécaire, usage basé sur une fausse interprétation de l'art. 2183 du Code civil, et sur la jurisprudence produite par les deux premiers arrêts de la cour royale de Nîmes des 4 juin 1807 et 6 juillet 1812, mais bientôt abandonnée par la même cour, ainsi que l'atteste l'arrêt du 5 août 1812.

La difficulté est venue de ce que l'article 2183 voulant fixer, le point de départ du délai d'un mois dans lequel le tiers détenteur est tenu de notifier son contrat d'acquisition, s'est servi du mot : *première sommation*. Interprétant cette expression à la lettre, on s'est dit : Pour poursuivre un tiers détenteur, il faut d'abord, aux termes de l'art. 2183, lui faire une *première sommation* de purger son contrat dans le mois; s'il ne notifie pas dans ce délai, il est déchu de son droit, et il ne lui reste plus qu'à payer ou délaisser. Ensuite, pour obtenir le payement ou le délaissement, on doit, suivant l'art. 2169, faire commandement au débiteur originaire, et *seconde sommation* au tiers détenteur de payer ou délaisser.

Évidemment cette opinion est erronée. L'article 2183, placé sous le titre : *Du mode de purger les propriétés des priviléges et hypothèques*, n'a pas pour objet d'autoriser ni de régler la forme des poursuites contre le tiers détenteur de la part des créanciers, mais seulement d'indiquer au tiers détenteur le moyen de se garantir de ces poursuites, qui ne sont autorisées que par l'art. 2169. Ainsi, l'art. 2183 se réfère à l'art. 2169, et la sommation dont parle le premier de ces articles n'est autre que celle prescrite par le second.

Il suit de là que l'expression : *première sommation*, dont il est question dans l'art. 2183, doit être entendu en ce sens que, s'il y a plusieurs créanciers inscrits sur l'immeuble qui aient fait chacun au tiers détenteur la sommation de payer ou délaisser prescrite par l'article 2169, le délai pour notifier court de la date de la première de ces sommations, et non en ce sens que chaque créancier inscrit doive adresser deux sommations : l'une afin de purger, l'autre afin de délaisser.

A annoter au mot Action hypothécaire, n° 18.

ART. 9.

REBELLION.

HUISSIER. — EXÉCUTION. — ACTE NUL.

La résistance, avec voie de fait, à un huissier qui procède à l'en-
lèvement de meubles saisis, constitue une rébellion par cela seul
qu'il agit en exécution d'un jugement, encore bien que son procès-
verbal soit entaché d'une nullité de forme.

ARRÊT.

COUR DE CASSATION. 10 MARS 1842.

LA COUR, — Attendu que les irrégularités de forme que les demandeurs
prétendent exister dans les actes de l'huissier ne pouvaient les autoriser à les
outrager, ni à lui résister avec voies de fait, puisqu'il est reconnu dans l'arrêt
attaqué que cet officier ministériel procédait en exécution d'un arrêt de justice à l'enlèvement de meubles saisis régulièrement ; — Rejette.

Auteurs. —Pour : Bourguignon, *Jurisprud. des Codes crimin.*
t. I, p. 227 ; Chauveau et Hélie, *Théorie du Code pénal,* 4309
et suiv. ; Chassan, *Des délits de la parole.* t. I, p. 302, qui pensent que
l'irrégularité du titre ne suffit pas pour autoriser la résistance ;
Encyclopédie des huissiers, au mot *Rébellion,* n° 2.

Jurisprudence. —Pour : Cassation, 5 janvier 1821, 16 mai 1817,
14 avril 1820, 15 juillet 1826. — Contre : Lyon, 24 août 1826 ;
Nîmes, 21 nov. 1826 ; Riom, 4 janv. 1827.

OBSERVATIONS.

L'arrêt que nous venons de rapporter, conforme à la jurisprudence constante de la cour de cassation, pose en principe
que l'irrégularité des formes employées par les agents de l'autorité n'admet ni ne détruit la rébellion. — La même cour et
les auteurs admettent également que l'irrégularité ou l'illégalité
de l'ordre ou du titre dont les agents sont porteurs, n'autorise
pas la résistance avec voies de fait.

Doit-on conclure de là que l'on ne doive jamais résister avec
violences à une exécution ? Nous ne le pensons pas.

Remontant à l'origine de la loi, nous voyons que la constitution du 24 juin 1793 s'est exprimée dans les termes les plus

énergiques. L'art. 11 de son préambule, intitulé : *Déclaration des droits de l'homme et du citoyen*, portait en effet : « Tout acte exercé contre un homme *hors des cas et sans les formes* que la loi détermine, est attentatoire et tyrannique. *Celui contre lequel on voudrait l'exécuter par la violence a le droit de le repousser par la force.* »

Cette disposition, qui constituait pour ainsi dire le citoyen juge de la légalité du mandement décerné contre lui, et de la régularité des formes employées pour sa mise à exécution, et qui pouvait singulièrement entraver l'action de la justice, fut rejetée avec raison de la constitution du 5 fructidor an 3, et on en était revenu au régime du Code pénal de 1791, qu'il importe de connaître. L'art. 1er, sect. IV, tit. I, partie 2e de ce Code, était ainsi conçu : « Lorsqu'un ou plusieurs agents préposés, soit à l'exécution d'une loi, soit à la perception d'une contribution légalement établie, soit à l'exécution d'un jugement, mandement, d'une ordonnance de justice ou de police; lorsque tout dépositaire quelconque de la force publique, *agissant légalement dans l'ordre de ses fonctions*, aura prononcé la formule : obéissance à la loi, quiconque opposera des violences et voies de fait sera coupable du crime d'offense à la loi. »

Tel était l'état de la législation lors de la promulgation du Code pénal de 1810, dont l'art. 209, non modifié par la loi du 28 avril 1832, dispose ce qui suit : « Toute attaque, toute résistance avec violences et voies de fait envers les officiers ministériels, les gardes champêtres ou forestiers, la force publique, les préposés à la perception des taxes et des contributions, les porteurs de contraintes, les préposés des douanes, les séquestres, les officiers ou agents de la police administrative ou judiciaire, agissant pour l'exécution des lois, des ordres ou ordonnances de l'autorité publique, des mandats de justice ou jugements, est qualifié, selon les circonstances, crime ou délit de rébellion. »

En rapprochant cette dernière disposition de celle du Code de 1791, on reconnaît facilement qu'elles ont été à peu près calquées l'une sur l'autre. On remarque cependant dans l'article 209 la suppression significative de ces mots de la loi de 1791 : *agissant légalement dans l'ordre de ses fonctions.* De là découle cette grave conséquence que le législateur de 1810 et celui de 1832 n'ont pas entendu, comme ceux de 1791 et 1793, reconnaître la résistance comme un droit, et qu'au contraire ils ont proclamé l'obéissance comme un devoir.

Toutefois, l'application générale, absolue, d'un pareil principe ne tendrait à rien moins qu'à la confiscation de la plus précieuse des garanties sociales. Aussi les auteurs voulant concilier les dispositions de l'art. 209 du Code pénal avec nos mœurs constitutionnelles, ont-ils admis la distinction suivante : il existe en faveur des agents de l'autorité une présomption de légalité qui couvre leurs actes et protége leurs personnes lorsqu'ils ont par-devers eux l'apparence du droit, parce que la provision est due au titre, et que les particuliers ne peuvent pas se rendre juges de son mérite. — Mais la présomption cesse dès qu'il y a preuve patente d'un excès de pouvoir ou violation flagrante d'un droit. Dans ce cas, la loi ne doit aucune protection à l'agent qui transgresse ses ordres, et la résistance est permise. Chauveau et Hélie, *Théorie du Code pénal*, t. IV, p. 309 et suiv.

Carnot (sur l'art. 209 du Cod. pén. t. I, p. 611, n° 10) s'appuyant sur l'art. 4 de la Charte, et l'art 781 du C. pr. soutient que celui qui s'oppose, la loi à la main, à la violation de son domicile, ne peut pas être coupable de rébellion. — « S'il y a un coupable, dit-il, n'est-ce pas plutôt celui qui a provoqué la résistance ? La punition tardive de l'agent prévaricateur réparera-t-elle le mal qu'il aura causé ? Il nous semblerait aussi juste que raisonnable de ne pas demander à un homme plus qu'il ne peut être permis d'attendre de sa faible nature. »

Enfin Bourguignon pense qu'on a le droit de résister aux arrestations illégales qui constituent les crimes prévus par les art. 341 et suiv. du Code pén. *Jurispr. des Codes crim.* t. I, 227.

Ainsi, lorsqu'un huissier procède à une exécution sans titre ou sans jugement, lorsqu'il instrumente hors de l'arrondissement où il est reçu, lorsqu'il veut pratiquer une contrainte par corps, soit un dimanche ou un jour de fête légale, soit un jour ouvrable, avant le lever ou après le coucher du soleil, lorsqu'il emprisonne un débiteur dans un lieu non destiné ou non désigné à cet effet, il n'agit point pour l'exécution des mandats de justice ou jugements, ou il agit en dehors de ses fonctions, et alors il ne peut plus être considéré comme fonctionuaire. La résistance qui lui est opposée ne rentre donc pas dans les termes de l'art. 209 du Code pénal ; il y a plus, celui qui aurait résisté devrait être considéré comme ayant été provoqué par l'huissier, et s'étant trouvé dans le cas de légitime défense.

Mais lorsque le fonctionnaire est compétent sur le territoire où il procède à jour et heure permis, la rébellion commise envers lui ne peut être excusée ni par l'illégalité ou l'irrégularité du titre en vertu duquel il agit, ni par le défaut d'accomplissement d'une formalité prescrite à peine de nullité, ni par le défaut de représentation d'un pouvoir régulier, ni enfin par la nullité du procès-verbal de saisie, ou d'enlèvement de meubles ou de capture. Dans ces divers cas, l'huissier agit dans les limites de sa compétence, et pour l'exécution des mandats de justice ou jugements, et l'art. 209 doit recevoir une entière application.

Faisons observer en terminant cet article :

1° Que la résistance passive ne constitue jamais un fait pu-

nissable. Il n'y aurait donc pas rébellion dans le fait d'un individu capturé qui ne voudrait pas marcher, ou dans le fait d'une
personne qui ne voudrait ouvrir ni sa porte ni ses meubles pour
qu'on puisse les saisir; car la violence et les voies de fait qui,
d'après l'art. 209, peuvent seules constituer la rébellion, n'exis-
teraient pas.

2° Que l'art 186 du Code pénal défend aux fonctionnaires, aux
exécuteurs des mandats de justice ou de jugement, d'user de
violences envers les personnes dans l'exercice ou à l'occasion
de l'exercice de leurs fonctions. Si donc un huissier, oubliant
ses devoirs, se constituait l'agresseur, les excès qu'il se permettrait devraient servir d'excuse aux excès qu'il attirerait sur sa
personne.

A annoter au mot Rébellion, n° 2.

ART. 10.

OFFICE.

CESSION. — FRAUDE. — ESCROQUERIE.

*Les manœuvres frauduleuses employées par le vendeur d'un of-
fice pour faire croire à des produits plus considérables qu'ils ne le
sont en effet, et donner ainsi au cessionnaire l'espérance chimérique
de produits qui ne doivent pas se réaliser, constituent le délit d'escroquerie.*

FAITS.

Le sieur Gérard, notaire, prévenu d'avoir commis le délit
d'escroquerie en trompant le cessionnaire de son office, sur la
valeur vénale de cet office, par des moyens ou manœuvres frauduleuses, tels qu'interpolation de chiffres sur ses registres et al-
légations mensongères, fut poursuivi correctionnellement, et
acquitté en première instance. — Mais sur l'appel, le tribunal
du Mans déclara la culpabilité de Gérard, et le condamna à six
mois de prison. Les motifs de ce jugement se réduisent en sub-
stance à constater que des manœuvres frauduleuses ont eu lieu,
et qu'elles ont eu pour effet l'obtention d'un prix beaucoup au-
dessus de la valeur de l'étude cédée.

Pourvoi de la part du notaire Gérard pour fausse application et violation de l'art. 405 du Code pénal. — On soutient pour le demandeur que les faits qui lui sont reprochés ne présentent pas tous les caractères du dol criminel ou de l'escroquerie, savoir : manœuvres frauduleuses capables d'égarer la prudence ordinaire, persuasion d'un crédit ou succès imaginaire, enfin obtention d'une obligation sans équivalent ; que la loi civile elle-même ne permettrait pas l'annulation du contrat, parce qu'il n'y avait pas eu dol principal, *dolus dans causam contractui*, mais seulement dol sur le prix ou la condition, *dolus incidens*, donnant lieu à une simple action en réduction de prix. (L. 3, ff. *de act. empt. et vend.* Cod. civ. art. 1116.) Qu'au surplus, si l'article 405 Cod. pén. peut être appliqué au cas de cession d'office, ce ne saurait être relativement au prix convenu dans un traité ostensible qui a dû être contrôlé par la chambre de discipline, le ministère public et la chancellerie.

ARRÊT.

COUR DE CASSATION. — **13 AOUT 1842.**

(Après délibéré en la Chambre du Conseil.)

LA COUR, — Attendu que le jugement attaqué a déclaré en fait qu'en présentant les produits de son étude de notaire, par l'acte notarié du 8 septembre 1841. Gérard les avait dénaturés en ajoutant frauduleusement des chiffres sur les registres qui avaient servi de base à ce contrat, et s'était servi de manœuvres aussi frauduleuses pour en empêcher la vérification de la part de son cessionnaire ; — Que ce jugement a de plus constaté que le résultat de ces manœuvres et interpolations avait été de faire croire à l'existence de produits bien plus considérables qu'ils n'étaient en effet, et de donner au cessionnaire de son office l'espérance chimérique de profits qui ne devaient pas se réaliser ; — Attendu que la réunion de ces diverses circonstances constituait le délit prévu par l'art. 405 Cod. pén. ; — Qu'en le déclarant coupable de ce délit et en lui en appliquant la peine, le jugement attaqué n'a fait qu'une saine interprétation de la loi ; — Rejette.

Jurisprudence. — Aucun précédent spécial.

OBSERVATIONS.

Toutefois nous devons faire observer que par arrêt du 2 août 1811, la Cour de cassation a décidé que les manœuvres pratiquées pour vendre des marchandises à un prix supérieur à leur valeur ne constituent pas le délit d'escroquerie, surtout lorsqu'elles ont lieu à l'égard d'une personne qui fait le commerce de ces sortes de marchandises, et qu'elles ne sont pas de nature à tromper la prévoyance du commun des hommes. — Cet arrêt nous paraît contrarier le précédent, en ce sens que la prudence la plus ordinaire commandait la vérification du produit de l'étude, et qu'il était facile de découvrir la fraude commise sur les registres en examinant la taxe des actes, et en vérifiant les calculs. — Dès lors, l'un des caractères constitutifs de l'escroquerie, l'espérance chimérique de produits irréalisables, manquerait, puisque le cessionnaire, agissant dans les limites ordinaires de la prévoyance la plus commune, ne devait pas traiter avant d'avoir vérifié les bénéfices annuels, lesquels devaient nécessairement l'instruire des bénéfices à venir.

A annoter au mot Office, n° 29.

ART. 11.

ACTION POSSESSOIRE.

Le propriétaire dans l'intérêt duquel des actes de possession ont été faits par son fermier ou représentant, actes condamnés sur l'action possessoire formée par un tiers contre ce dernier, ne peut ensuite s'en prévaloir contre ce tiers, sous le prétexte qu'il n'a pas été partie au jugement.

En d'autres termes, le bailleur ne peut se prévaloir, pour établir sa possession, des actes faits par son fermier, lorsque sur une poursuite dirigée uniquement et personnellement contre ce dernier, ces actes ont été déclarés attentatoires à la possession d'un tiers.

FAITS.

En 1832, il existait entre le domaine *des Forêts* appartenant à la dame veuve Chamblant et à ses fils, et le domaine *des Choppins*, appartenant au marquis de Tillières, une brande en friche, séparant les deux propriétés, et à laquelle les deux parties prétendaient également droit.

Le sieur Giraud, fermier du marquis de Tillières, fit défricher une partie de cette brande de terre par le sieur Bernard, ouvrier terrassier, et l'ensemença, le tout par les ordres et pour le compte du sieur de Tillières. Aussitôt la veuve et les sieurs Chamblant firent citer les sieurs Bernard et Girand devant le juge de paix, pour se voir faire défense de continuer les travaux commencés et de troubler la possession des demandeurs, enfin pour se voir condamner en des dommages-intérêts.

Devant le juge de paix, les sieurs Bernard et Giraud excipèrent de ce qu'ils n'avaient agi que par les ordres du sieur de Tillières, et demandèrent un délai pour le mettre en cause. Ce délai leur fut accordé, mais il expira sans que cette mise en cause eût eu lieu, et le 18 juin 1832, il intervint une sentence qui, « attendu que le fait qui servait de base à l'action était constant, » condamna les sieurs Bernard et Giraud aux dommages-intérêts réclamés.

Au mois de juillet suivant, les veuve et sieurs Chamblant, dont ce jugement reconnaissait la possession, récoltèrent le seigle ensemencé sur la brande litigieuse par Bernard et Giraud. C'est alors que de Tillières, fondant sa possession sur le fait même de défrichement et d'ensemencement réprimé par la sentence du 18 juin, fit citer les sieur et veuve Chamblant au possessoire, en prenant pour trouble la récolte faite par ces derniers.

A cette demande, les défendeurs opposèrent que la sentence du 18 juin avait eu pour effet de les maintenir en possession, et que de Tillières ne pouvait se prévaloir pour établir sa prétendue possession d'un fait condamné et déclaré coupable par cette sentence.

17 décembre 1832, sentence du juge de paix de Saint-Gaultier, qui accueille ce système et maintient les Chamblant dans la possession annale de l'objet litigieux.

Appel par de Tillières ; — 28 août 1833, jugement du tribunal du Blanc, qui, statuant sur cet appel, réforme la sentence du juge de paix, et maintient de Tillières dans la possession annale des terrains. Ce jugement est ainsi motivé :

« *Sur la question de savoir si le sieur Taupinard de Tillières est recevable dans son appel du jugement du 17 déc.* 1832 : — Considérant que la demande sur laquelle ce jugement a statué était une action en maintenue de possession qui, d'après la quotité des dédommagements réclamés, sortait de la compétence en dernier ressort du juge de paix ; — que l'appel a été interjeté dans les formes et dans les délais prescrits ; — que conséquemment il est recevable. — *Sur la question de savoir si l'appelant est bien fondé dans son appel :* — Considérant qu'il est établi par l'enquête, et que même il n'est pas contesté par les intimés que le sieur de Tillières a fait défricher environ cinquante boisselées de terrain litigieux dans le courant des mois d'avril, mai et juin 1831, qu'il les a ensuite cultivées dans les mois suivants et ensemencées en octobre de la même année ; - que dans l'hiver 1831 et 1832, il a fait défricher le restant de ce terrain, d'une étendue de dix hectares environ ; — Que c'est au mois de juillet 1832 que la dame Chamblant et ses enfants ont fait enlever la récolte produite par la terre cultivée et ensemencée par le sieur de Tillières ; — que d'après le rapprochement de ces époques, et sans qu'il soit besoin de s'occuper des faits de possession antérieurs à avril 1831, allégués par l'une et par l'autre des parties, l'appelant avait une possession paisible, publique, à titre de propriétaire, depuis plus d'un an, du terrain le premier défriché, lorsque les intimés l'ont troublé par l'enlèvement de la récolte ; — qu'avant cette voie de fait publique, l'appelant, depuis son défrichement,

avait joui constamment et sans interruption de fait; — qu'à la vérité, les sieurs Chamblant et leur mère, voyant le défrichement
fait par les ordres et dans l'intérêt de de Tillières, avaient exercé
une action possessoire contre le métayer et le terrassier qui avaient
opéré les travaux, et ce, avant qu'un an se fût écoulé depuis
leur exécution; — mais que, dès leur première comparution devant le juge de paix, le métayer et le terrassier ont déclaré qu'ils
n'avaient pas travaillé dans leur intérêt, mais dans celui du sieur
de Tillières, dont ils ne faisaient que suivre les ordres, et demandé un délai pour mettre le sieur de Tillières en cause, délai
qui leur fut accordé sans qu'ils aient appelé ledit sieur de Tillières; — que dès lors la dame Chamblant et ses enfants, connaissant le véritable prétendant à la possession litigieuse, auraient dû, dans leur intérêt, l'appeler eux-mêmes pour faire juger
la question avec lui, si les défendeurs primitifs ne le faisaient
pas; — que loin d'agir ainsi, ils ont demandé et obtenu jugement de maintenue possessoire contre le terrassier et le métayer;
— que ce jugement, étranger au sieur de Tillières, ne peut lui
être opposé comme interruptif de sa possession, et qu'on ne peut
de même lui opposer la citation donnée aux gens qu'il avait employés; car, d'après l'art. 2244 du Code civil, la seule citation
qui interrompt la prescription est celle qui est signifiée à celui
qu'on veut empêcher de prescrire; c'est, du reste, ce qu'explique
précisément Pothier, pour le cas en contestation, dans son *Traité
de la Prescription*, n° 52. Ainsi, d'après ces faits et ces principes, le sieur de Tillières avait la possession annale du terrain
par lui défriché d'abord, lors de l'interruption de fait qui a
amené l'instance actuelle. — *Quant aux dix boisselées cultivées
dans l'hiver* 1831 à 1832; — Considérant que cette portion ne
fait qu'un seul tout avec les cinquante autres boisselées; — que
la culture des dernières n'a été que la continuation de celle des
autres; — que les parties ont toujours considéré les deux portions de ce terrain comme litigieuses au même titre, et ne consti-
tuant qu'un seul et même ensemble; — que, conséquemment,
les actes de possession exercés sur une portion s'appliquent à
la totalité qu'elles regardaient comme indivise, et, en quelque
sorte, indivisible, n'entendant l'une et l'autre prétendre exercer
aucun droit sur une portion qu'elles ne l'exerçassent également
sur le tout; de telle sorte que les dix boisselées défrichées en
dernier ont suivi le sort des cinquante autres, dont la possession
est acquise par plus d'un an et jour à l'appelant. »

« Sur la question de savoir s'il y a lieu de donner acte au sieur de
Tillières de la déclaration faite par les sieurs et dame Chamblant
qu'ils ne prétendent droit qu'au terrain défriché, reconnaissant
la propriété du sieur de Tillières sur le surplus de la brande
qu'il a réclamée par ses exploits introductifs, devant le juge de

paix, de l'instance pendante en appel : — Considérant que cette déclaration peut avoir de l'intérêt pour le sieur de Tillières ; — que les sieurs et dame Chamblant intimés l'ont faite spontanément, et que l'appelant, en en demandant acte, et les intimés ne s'opposant pas à ce que cet acte soit donné, il n'y a plus de motif pour les refuser. »

Pourvoi de la dame Chamblant et de ses fils, admis, au rapport de M. Bayeux, sur les conclusions de M. Hébert, alors avocat général, pour violation de l'art. 23 Code procédure, et de l'art. 2233 Code civil, de l'autorité de la chose jugée, et de la règle, complainte sur complainte ne vaut, et fausse application de l'art. 2244 Code civil. — Les deux conditions exigées pour qu'on puisse exercer l'action possessoire, ont dit les demandeurs, manquent à l'égard de M. de Tillières, savoir : le trouble à la possession, une possession par soi ou les siens paisible et remontant à plus d'une année. L'enlèvement de la récolte des brandes litigieuses ne peut constituer le trouble dans le sens de la loi, car cet enlèvement n'était que l'exercice d'un droit reconnu au profit des demandeurs par deux jugements obtenus au possessoire contre le terrassier et le fermier de M. de Tillières, tous deux ayant agi par l'ordre de celui-ci. Or, l'un de ces jugements a acquis l'autorité de la chose jugée, l'autre est sous le coup d'un appel non encore vidé. En vain M. de Tillières objecterait que ces jugements n'ont pas été rendus contre lui ; il devait y former tierce-opposition, s'il pensait que ces jugements pussent consacrer des droits capables de lui préjudicier. Quant à la condition d'une possession paisible par lui ou par les siens, les faits desquels le jugement la fait résulter consistent précisément dans le défrichement et l'ensemencement qui ont été l'objet d'actions possessoires accueillies par le juge ; ces faits ne sont pas personnels à M. de Tillières, et déclarer qu'ils établissent une possession paisible, c'est violer l'autorité de la chose jugée. Ces faits ne peuvent donc légalement constituer que des actes de violence ; admettre qu'ils puissent fonder une possession paisible, c'est violer de plus les art. 23 Code proc., et 2233 Code civ. Enfin l'action possessoire aujourd'hui formée par le sieur de Tillières, et admise par le jugement attaqué, se trouve en définitive fondée sur des faits qui ne sont autres que ceux inutilement invoqués dans le principe par le métayer et le terrassier dudit sieur de Tillières pour repousser la complainte que les Chamblant avaient eux-mêmes primitivement formée contre eux. Le jugement n'a donc pu l'accueillir sans violer la règle *complainte sur complainte ne vaut* (Henrion de Pansey, *Compét.* chap. 47). On cite encore, à l'appui du pourvoi, Pothier, *De la Possession*, n° 101 et 102 ; Merlin, *Rép.* v° Possession, § 4 ; Cass. 12 oct. 1814 ; 19 nov. 1828 ; 15 juill. 1834.

On a répondu : — Quant à l'objection tirée de ce que la

possession du sieur de Tillières, objet d'une action possessoire et de deux décisions du juge de paix déclarant illégaux les actes qui la constituaient, n'était pas paisible, cette objection serait fondée si les jugements invoqués avaient été rendus avec le sieur de Tillières lui-même ou ses représentants ; cette qualité ne saurait appartenir à son métayer, encore moins à son terrassier : en principe, le métayer, assimilé même au fermier, ne représente pas le propriétaire, lorsqu'il s'agit d'actions possessoires (Duvergier, t. IV de la continuation, *Contrat de louage*, p. 124). Les sieur et dame Chamblant cherchent à établir que le principe, exact peut-être quant au pétitoire, reste sans application en matière d'action possessoire, où le fermier serait, selon eux, le représentant naturel, légal, du propriétaire. Rien ne justifie une telle distinction : le fermier, en présence des tiers, n'a jamais qualité pour défendre aux troubles de droit, même concernant la possession (Duvergier, *loco citato*), pas plus qu'il ne pourrait, pour les faire cesser, intenter une action possessoire ; les jugements rendus à cet égard entre le fermier et les tiers seraient, pour le propriétaire, *res inter, alios acta*. Le propriétaire, en effet, n'a point abdiqué sa possession en faveur de son fermier, simple détenteur à titre précaire, par le fait duquel la possession peut bien se perdre ou se conserver, parce qu'il s'identifie avec le propriétaire, mais qui s'efface et cède la place au propriétaire, quand il faut contredire un trouble de droit. D'ailleurs, pourquoi, dans l'espèce, les sieur et dame Chamblant, avertis devant le juge de paix, par le fermier et le métayer qu'ils actionnaient, du nom du véritable possesseur, n'ont-ils pas régularisé la procédure en appelant M. de Tillières au procès ?—Quant au moyen tiré de la violation de l'art. 2233, le défrichement et l'ensemencement des brandes opérés par le métayer et le terrassier de M. Tillières n'étaient pas des actes de violence, puisqu'ils n'ont point été accompagnés d'attentat contre les personnes, de recours à la force (Cass. 20 août 1832. Voy. Troplong, *Prescription*, t. I, n° 416, p. 613). Ces mêmes défrichements, déclarés illégaux vis-à-vis du terrassier et du métayer de M. de Tillières, par des sentences étrangères à ce dernier point, d'après ce qui a été dit ci-dessus, n'étaient donc, quant à lui, frappés d'aucune illégalité. — Quant à la règle, *complainte sur complainte ne vaut*, elle n'est point applicable, puisqu'il demeure toujours établi que M. de Tillières n'était point partie ni représenté au procès relatif à la complainte originairement formée par les sieur et dame Chamblant, laquelle n'existait donc pas réellement quant à lui.—Enfin, quant à l'autorité de la chose jugée, ce moyen tombe sous un double rapport : d'abord, ce qui est décidé par la sentence qu'on soutient avoir force de chose jugée a été remis en question par l'appel du métayer, et cela vis-à-vis du terrassier comme de ce dernier, et, dans tous les cas, on le répète, rien n'a été jugé contre M. de Tillières.

ARRÊT.

COUR DE CASSATION. — 31 AOUT 1842.

LA COUR, — Vu l'art. 23, Cod. pr. civ., et l'art. 2233, Cod. civ. ; — Attendu en fait que le jugement attaqué, en déclarant maintenir de Tillières en possession des terrains litigieux, n'a mentionné qu'une preuve unique de cette possession, et l'a tirée des travaux de défrichement et d'ensemencement opérés pour ce défendeur ;

Attendu que ces mêmes travaux avaient été précédemment l'objet d'une action en complainte exercée, par les demandeurs en cassation, contre le colon et le terrassier, auteurs personnels de ces actes, et sur laquelle deux jugements rendus le 18 juin 1832 avaient maintenu lesdits défendeurs dans la possession par eux alléguée ;

Attendu que celui dans l'intérêt duquel ont été commis des actes attentatoires aux droits du possesseur et objet d'une complainte, ne peut invoquer ces mêmes actes comme fondant, à son profit, une possession contraire, et établissant de sa part la possession paisible, par lui ou les siens, dont parle l'art. 23, Cod. pr. civ. : d'où il suit que le jugement attaqué a expressément violé les lois précitées ; — Sans qu'il soit besoin de statuer sur les autres moyens ; — Casse.

Auteurs. — Pour : Merlin, *Répertoire*, vº Possession, § 4, et *Questions*, vº Complainte, § 3. Le célèbre jurisconsulte se fonde principalement sur les termes de l'art. 23 du Code de procédure, et dit : « Par ces mots : *les leurs*, employés dans cet article, le législateur désigne manifestement les fermiers, les régisseurs, les agents des demandeurs en complainte ; d'où la conséquence que si les demandeurs en complainte n'ont pas possédé eux-mêmes depuis une année au moins, il faut qu'ils aient possédé par leurs agents, leurs régisseurs ou leurs fermiers ; d'où la conséquence encore, que si les agents, les régisseurs ou les fermiers ont été dépossédés pendant l'année qui précède la demande en complainte, sans que les demandeurs aient eux-mêmes repris personnellement la possession, ceux-ci ne peuvent être écoutés. » — M. Merlin s'appuie encore sur l'art. 1768 du Code civil, portant que « le preneur d'un bien rural est tenu, sous peine de tous dépens, dommages et intérêts, d'avertir le propriétaire des usurpations qui peuvent être commises sur les fonds. » D'où il conclut que la loi ayant ainsi pourvu à la conservation des droits du propriétaire ou bailleur, il ne peut alléguer la négligence de son fermier pour se soustraire vis-à-vis des tiers aux conséquences de la possession que ces tiers ont pu acquérir contre lui. — Chauveau sur Carré, *L. Procéd. civile*, quest. 109 ; — Garnier, des *Actions possessoires*, p. 90 ; Favard, *Répert.* vº Complainte, sect. 1, § III, nº 6 ; — Carou, des *Actions possessoires*, nº 793, 2ᵉ édit. Ce dernier auteur réserve la tierce-opposition au propriétaire.—Contre : Belime, du *Droit de possession*, p. 139, n° 143, qui admet que le *trouble de fait* pratiqué contre le fermier est opposable au propriétaire, mais qu'il n'en est pas ainsi du *trouble de droit.*

Jurisprudence. — Pour : Cassation.

1°. Arrêt du 1er octobre 1814, qui décide que le trouble de droit peut résulter contre le propriétaire d'actes notifiés au fermier, alors même que le propriétaire n'en a pas eu connaissance ;

2°, Arrêt du 19 novembre 1828, qui décide qu'une action en complainte est valablement dirigée contre le fermier auteur du trouble, lequel ne peut être mis hors d'instance qu'en appelant son bailleur en garantie. Cet arrêt réserve au propriétaire le droit de former tierce-opposition ;

3°. Arrêt du 15 juillet 1834, qui décide que l'auteur du trouble possessoire qui prétend n'avoir agi que par l'ordre d'un tiers dans l'intérêt duquel ce trouble a été effectué, doit être personnellement condamné au rétablissement des choses dans leur état primitif, s'il n'a pas appelé ce tiers en garantie.

A annoter au mot Action possessoire, n° 356.

ART. 12.

—

EXPLOIT.

REMISE A UN TIERS. — NULLITÉ. — NON CULPABILITÉ.

La remise d'un exploit à une personne autre que celle à laquelle il est destiné et dans un lieu autre que celui où il devrait être signifié, est nulle, mais ne rend pas l'huissier passible des peines prononcées par l'art. 45 du décret du 14 juin 1813, lorsque, d'ailleurs, il a énoncé dans l'exploit même, la remise telle qu'elle a été faite.

FAITS.

M. Thiébault, huissier, protesta, par exploit du 11 décembre 1840, un effet de commerce payable au domicile du débiteur, le sieur Jost Lang, négociant à Wisclocs; mais au lieu de remettre la copie à Lang lui-même ou à son domicile, l'huissier la remit à Lang fils, qu'il avait trouvé à Schirmek.

Citation de l'huissier en police correctionnelle pour application des peines prononcées par l'art. 45 du décret du 14 juin 1813, et jugement de première instance qui le renvoie de la prévention. Appel. 4 mars 1832, jugement du tribunal correctionnel supérieur d'Épinal ainsi conçu :

« Attendu qu'il est constant qu'en dressant le 11 déc. 1840 un protêt contre un nommé Jost Lang, négociant de Wisclocs, Thiébault, au lieu de remettre la copie de ce protêt à Lang lui-même ou à son domicile, l'a remise au fils de celui-ci, qu'il a trouvé à Schirmek ; — mais que cette remise est énoncée dans l'acte lui-même telle qu'elle a été faite ; qu'elle a pu sans doute entraîner la nullité de cet acte, mais qu'elle ne doit pas donner lieu à l'application de l'art. 45 ; qu'en effet, l'huissier n'est punissable, aux termes de cet article, que lorsque, pour la remise des copies des actes qu'il notifie, il atteste, contrairement à la vérité, mais sans fraude, l'accomplissement de ce qui lui est prescrit pour la validité de ces actes... — Confirme. »

Pourvoi en cassation.

ARRÊT.

COUR DE CASSATION. — 6 MAI 1842.

LA COUR, — Attendu que le jugement déclare, relativement au protêt signifié à Lang, que l'exploit constate la remise de la copie telle qu'elle a été faite : — Qu'en cet état des faits, et indépendamment des motifs de droit donnés par le jugement, le tribunal correctionnel supérieur d'Epinal, en refusant de prononcer contre l'huissier les peines déterminées par l'art. 45 du décret du 14 juin 1813, n'a violé ni cet article ni aucune autre loi ; — Rejette.

Jurisprudence. Aucun précédent.

OBSERVATIONS.

L'arrêt que nous venons de rapporter nous paraît avoir sainement interprété l'art. 45 du décret du 14 juin 1813. Cet article, en effet, ne règle pas le mode de signification des exploits, et par conséquent ne prescrit pas à quelle personne et à quel domicile une copie doit être remise, ce cas ayant été prévu par l'art. 68 du Code de procédure. Donc les peines qu'il prononce ne peuvent être appliquées à une signification irrégulière faite par l'huissier lui-même.

Ce que l'art. 45 a voulu, c'est que l'huissier remît personnellement l'exploit et les copies qu'il a été chargé de signifier, soit à la personne à laquelle ils s'adressent, soit à son domicile ; c'est qu'il n'employât pour cette remise ni ses clercs, ni aucun commissionnaire quel qu'il fût. On comprend facilement toute l'importance que le législateur attache à l'accomplissement d'une formalité qui présente une garantie sérieuse aux justiciables contre les abus que pourraient engendrer la signification d'un exploit par un individu irresponsable. Les peines prononcées par l'art. 45, même contre l'huissier qui agit sans fraude, sont assez sévères pour qu'on ne les applique pas à un cas non prévu par cet article, et qui d'ailleurs est réglé, quant à la peine à prononcer contre l'huissier, par l'art. 1031 du Code de procédure.

Sans doute l'exploit remis à un tiers, hors du domicile de la partie, est nul ; la jurisprudence (Cass. 26 fructidor an XI ; Liége, 19 mars 1812 ; Bruxelles, 27 juin 1810 ; Rennes, 28 déc. 1812, 16 avril 1816, 9 août 1819 ; Toulouse. 22 déc. 1830), et les auteurs (Dalloz, t. VII, p. 779 ; Thom. t. I, p. 169 ; Boncenne, t. II, p. 206 ; Boitard, t. I, p. 271), sont d'accord à cet égard ; sans doute l'huissier est passible de dommages-intérêts, mais il y a loin d'une action civile à une action correctionnelle et d'une suspension et une amende considérable au payement d'une somme qui pourra toujours être déterminée à l'amiable, et qui la plupart du temps sera peu élevée.

Voici la première tentative faite pour étendre l'application du trop rigoureux article 45 à un cas non prévu, tentative dans laquelle le ministère public a échoué fort heureusement pour les huissiers. Espérons que s'il en fait de nouvelles pour aggraver la position de ces fonctionnaires, souvent en butte aux indignes tracasseries des plaideurs de mauvaise foi, elles tomberont également devant la résistance éclairée des magistrats.

A annoter aux mots : — **Exploit**, n° 133 ; — **Huissier**, n°s 135 et suiv.

ART. 13.

CONCUSSION.

HUISSIER. — SURTAXE. — AMENDE. — JURY. — QUESTIONS.

Est coupable du crime de concussion l'huissier qui exige au delà de ce qui lui est alloué par les tarifs.

L'arrêt portant condamnation à l'amende d'un fonctionnaire cou-

*pable de concussion, doit, à peine de nullité, déterminer le montant
des restitutions sur lesquelles doit être proportionnée l'amende.*

*Il suffit de poser au jury, dans une accusation de concussion, la
question de savoir si l'accusé a fait des perceptions illégales, sans
qu'il soit nécessaire de déterminer, dans cette question, le montant
des perceptions.*

ARRÊT.

COUR DE CASSATION. — 7 AVRIL 1842.

LA COUR, — ..... Sur le troisième moyen, pris soit de la violation de
l'art. 337, Cod. inst. crim., soit du préjudice qui serait résulté pour l'accusé
de l'insuffisance prétendue des questions posées au jury; — Attendu, d'une
part, qu'il n'appartient pas au jury de qualifier le fait dont l'appréciation lui
est soumise; qu'ainsi il suffisait de spécifier les circonstances constitutives du
crime de concussion, sans attribuer à ce crime son caractère légal; — Attendu, d'autre part, que l'art. 174, Cod. pén., n'exigeant pas que le montant
des surtaxes soit, à raison de sa gravité, un élément nécessaire du fait de
concussion; que la quotité de cette perception n'étant ni une circonstance
constitutive de ce fait, ni une circonstance distinctement aggravante de ce
fait, il n'était pas indispensable de l'énoncer dans les questions dont la solution affirmative a déterminé l'application de la peine; .

Sur le quatrième moyen, consistant en ce qu'un huissier n'est pas au
nombre des fonctionnaires auxquels s'applique l'art. 174 précité : — Attendu que les mots *salaires* et *traitements*, employés par ledit article, se
rapportent à tout homme public, qui, à ce titre, exige au delà de ce qui lui
est dû; — Attendu au surplus que le décret du 18 juin 1811 étend expressément aux huissiers celles de ses dispositions qui déclarent les greffiers et leurs
commis passibles des peines de la concussion ;—Mais attendu, en premier lieu,
que l'art. 174, Cod. pén., proportionne la fixation de l'amende au montant
des restitutions et dommages-intérêts; — Que, dans l'espèce, aucune quotité
de restitutions ou de dommages n'est déterminé par l'arrêt attaqué, d'où la
conséquence que la condamnation à 200 francs d'amende manque de base légale; — Casse.

Auteurs. — Pour : Carnot, *Comment. du Cod. pén.*, art. 174,
t. I, p. 530, n° 11; Rolland de Villargues, *Répert. du notariat,*
v° Concuss., n° 4. — Contre : Chauveau et Faustin Hélie, *Théor.
du Cod. pén.*, t. IV, p. 110.

Jurisprudence. — Pour : Cassation, 15 juillet 1808, 15
mars 1821.

OBSERVATIONS.

Dans notre *Encyclopédie*, au mot *Concussion*, n° 2, nous avons
adopté l'opinion consacrée par les arrêts des 15 juillet 1808 et 15
mars 1821, et confirmés par l'arrêt du 7 avril 1842 que nous venons de rapporter. La prudence ne nous permettait pas d'avoir

une opinion contraire, et l'espace nous manquait pour examiner les motifs admis par la Cour de cassation, comme nous allons le faire aujourd'hui, tout en conseillant aux huissiers de ne pas s'écarter de la voie tracée par une jurisprudence qui paraît constante, et qui ne veut admettre aucune distinction dans l'application de l'art. 174 du Code pénal.

Cet article 174 du Code pénal est ainsi conçu : « Tous fonctionnaires, *tous officiers publics*, leurs commis ou préposés ....., qui se seront rendus coupables du crime du concussion, en ordonnant de percevoir on en exigeant ou recevant ce qu'ils savaient n'être pas dû, ou excéder ce qui était dû pour droits, taxes ....., salaires ou traitements, seront punis, savoir : les fonctionnaires ou les officiers publics, de la peine de la réclusion ; et leurs commis ou préposés, d'un emprisonnement de deux ans au moins et de cinq ans au plus. — Les coupables seront de plus condamnés à une amende dont le maximum sera le quart des restitutions et des dommages-intérêts, et le minimum le douzième. »

Voilà le droit commun, droit applicable à tous les officiers publics, et par conséquent aux huissiers ; mais seulement, suivant nous, pour les cas non réglés ni prévus par la législation spéciale à ces fonctionnaires. Il est évident que le même fait ne peut être puni deux fois, et qu'entre deux peines prononcées, l'une par le droit commun, l'autre par le droit spécial, applicables au même délit, la préférence doit être accordée à celle qui a eu particulièrement en vue la répression de l'acte coupable qu'elle désigne nommément, acte commis par le fonctionnaire dont elle trace les devoirs.

Voyons donc le droit spécial :

1° L'article 66, troisième alinéa, du décret du 16 février 1807, sur la taxe des frais des huissiers *en matière civile*, contient la disposition suivante : « Les huissiers qui seront commis pour donner des ajournements, faire des significations de jugements et tous autres actes, ou procéder à des opérations, ne pourront prendre de plus forts droits que ceux énoncés au présent tarif, à peine de restitution et d'interdiction, quels que soient la cour ou le tribunal auxquels ils sont attachés. »

2° En matière criminelle la loi est plus sévère ; l'art. 64 du décret du 18 juin 1811, rendu applicable aux huissiers par l'article 86 du même décret, porte en effet : « Nous défendons très-expressément aux greffiers et à leurs commis d'exiger d'autres ou plus forts droits que ceux qui leur sont attribués par notre présent décret, soit à titre de prompte expédition, soit comme gratification, ni pour quelque cause et sous quelque prétexte que ce soit. En cas de contravention, nous voulons qu'ils soient destitués de leurs emplois, et condamnés à une amende qui ne

pourra être moindre de 500 fr. ni excéder 6,000 fr. , *sans préju-*
dice toutefois, suivant la gravité des cas, de l'application des disposi-
tions de l'art. 174 du Code pénal. »

Les mots qui terminent cet article, et que nous avons souli-
gnés, en ne permettant l'application de l'article 174 du Code
pénal au *fait* d'avoir exigé plus que le tarif n'alloue, *que suivant*
la gravité des cas, c'est-à-dire, que lorsqu'à ce fait il vient se
joindre une circonstance aggravante, par exemple la réclamation
de copies qui n'ont pas été faites ou de transports qui n'ont pas
eu lieu, ne veut pas évidemment que ce même art. 174 soit invoqué dans tous les cas où aucune circonstance ne vient empirer
la faute de l'huissier qui a pris plus qu'il ne lui était accordé;
et, par conséquent, confirme ce que nous avons dit ci-dessus,
que là où il y avait une peine spéciale, elle devait être appliquée
à l'exclusion de la peine générale.

Ainsi les surtaxes devraient être punies, selon nous, savoir :

Premièrement : — *En matière civile* :

1° Lorsqu'elles ont lieu au sujet des actes signifiés en vertu de
commission judiciaire, par l'art. 66, troisième alinéa du décret
du 16 février 1807 ;

2° Lorsqu'elles ont été commises dans tous autres actes, par
l'art. 174 du Code pénal, ce cas n'étant prévu par aucune loi
particulière aux huissiers.

Remarquons toutefois que cet article ne pourrait être appliqué
au cas où un huissier en convertissant, pour les taxer, en rôles
d'expéditions de jugement, les rôles de copie d'expéditions
d'actes notariés ou d'actes sous seing-privé, les porterait à une
quantité supérieure à celle allouée par le juge taxateur. Dans
cette hypothèse, en effet, aucune base n'existant pour la conversion ou l'évaluation, l'huissier doit être considéré comme
ayant agi de bonne foi, et dès lors on ne peut dire qu'il a exigé,
le sachant, de plus forts droits que ceux qui lui étaient dus.

Mais la peine serait applicable :

1° Si l'huissier élevait le droit d'original ou de copie de cet
original ;

2° S'il exagérait le nombre des rôles de copie de jugements ;

3° S'il percevait des transports qui ne sont pas dus, puisqu'il
existe dans chaque département un tableau des distances légales
auquel les huissiers doivent se conformer.

Deuxièmement : — *En matière criminelle,* par l'art. 64 du décret du 18 juin 1811.

Admettons qu'un huissier ait surtaxé un exploit en matière
criminelle, et que pour ce fait il ait été, conformément à l'art. 64
du décret du 18 juin 1811, destitué et condamné à une amende
de 6,000 fr. Eh bien, sera-t-il possible de venir ensuite, à raison
de ce fait déjà puni si rigoureusement, puni de telle sorte qu'il

entraînera presque toujours la ruine de l'huissier, traduire ce fonctionnaire devant la Cour d'assises comme concussionnaire? Non, évidemment, car il y aurait violation flagrante de la chose jugée.

En résumé, nous pensons que l'art. 174 du Code pénal n'est applicable :

1° Qu'à la surtaxe commise dans des exploits en matière civile, pour lesquelles il n'y a point eu commission judiciaire;

2° Qu'au fait prévu par l'art. 625 du Code de procédure, qui déclare concussionnaire l'huissier qui procède à une vente, et qui reçoit une somme au-dessus de l'enchère.

Ce système, qui n'a pas encore été présenté devant la Cour de cassation, pourrait peut-être être soutenu avec quelque espoir de succès.

Chauveau (Adolphe) et Faustin Hélie (*Théorie du Code pénal*, t. I, p. 110) prétendent que l'art. 174 du Code pénal n'a eu en vue que les fonctionnaires ou officiers chargés d'une recette publique, et que dès lors cet article ne peut être invoqué contre les huissiers que dans un seul cas, celui prévu par l'article 625 du Code de procédure. Dans tous les autres cas, ils appliquent les dispositions ci-dessus transcrites des tarifs civil et criminel.

Carnot (sur l'art. 174, t. I, p. 530) pense au contraire que l'art. 174 comprend les huissiers, mais il excepte le cas où ces officiers ministériels « auraient reçu des sommes offertes volontairement par leurs clients pour démarches particulières. » — Cette opinion est la nôtre; toutefois nous devons dire que la Cour de cassation, par arrêt du 5 mai 1837, a déclaré concussionnaire un officier public (un garde champêtre) qui avait reçu une somme de 5 fr. à lui volontairement offerte, par suite d'une transaction entre les intéressés au sujet d'un délit rural. — « Attendu, dit cet arrêt, que le crime de concussion de la part des fonctionnaires ou officiers publics ne consiste pas seulement à exiger, mais aussi à recevoir ce qu'ils savent n'être pas dû pour salaires et traitements; que les gardes champêtres n'ont droit à aucun salaire de la part des particuliers sur les propriétés desquels ils constatent des délits ou contraventions; qu'il suit de là que s'ils reçoivent d'eux quelque somme d'argent pour un acte de leurs fonctions, ce fait rentre dans les termes de l'article 174 du Code pénal. »

A annoter au mot Concussion, n°s 2 et 3.

ART. 14.

QUESTIONS PROPOSÉES [1].

EXÉCUTION.

JUGEMENT DE PREMIÈRE INSTANCE. — DÉLAI DE HUITAINE. — COMMANDEMENT.

Un jugement en premier ressort, définitif, non exécutoire par provision, rendu par un tribunal civil de première instance le 8 d'un mois, peut-il être mis à exécution le 19 du même mois ?

Un commandement de payer en vertu d'un tel jugement est-il considéré comme un acte d'exécution ?

L'art. 449 du Code de procédure, tiré du texte de l'art. 14, titre V, de la loi du 21 août 1790, a défendu d'interjeter, dans la huitaine du jour du jugement, aucun appel des jugements non exécutoires par provision. Les motifs de cette sage disposition ont été, ainsi que le fait remarquer Bigot de Préameneu, de donner aux mouvements qui d'abord agitent un plaideur condamné, le temps de se calmer, de se rapprocher de sa partie adverse, d'accepter la médiation de parents, d'amis, de conseils, de se rendre enfin à la réflexion dont il a besoin pour décider avec sagesse s'il exécutera le jugement ou s'il l'attaquera.

Comme conséquence de la règle posée par l'art. 449, le législateur a défendu « l'exécution des jugements non exécutoires par provision pendant ladite huitaine (art. 450). » Sans cette prohibition, la partie qui aurait obtenu gain de cause pourrait *faire saisir* son adversaire dans la huitaine du jugement, sans que celui-ci puisse suspendre les poursuites en formulant un appel prohibé par l'art. 449.

Ainsi, dans la première huitaine depuis le jugement prononcé, l'exécution n'en peut pas être poursuivie. Pourquoi cela ? Pré-

---

[1] Par M. Jeandel, huissier à Mirecourt (Vosges).

cisément parce que dans cette première huitaine, l'appel n'en peut pas être interjeté; il serait trop dur de dire à la partie qui a perdu : Il vous est défendu d'interjeter appel dans la huitaine, et comme vous n'interjetterez point d'appel, l'exécution va marcher contre vous. Il serait trop dur d'obliger la partie qui vient de succomber à rester spectatrice immobile et impuissante de poursuites, d'actes d'exécution pratiqués contre elle, en vertu d'un jugement de premier ressort dont on lui défendrait d'appeler. — Boitard, *Leçons de procéd. civ.*, t. II, p. 245.

Le délai de huitaine dont parlent les articles 449 et 450 est franc. — Si, dit Thomine-Desmazures (*Comment. C. pr. civ.*, t. I, p. 686), le jugement est rendu le premier jour du mois, ce jour ne peut être compté; c'est au second que la huitaine commence à courir; le neuvième jour du mois fait partie de cette huitaine, pendant laquelle l'appel ne peut être signifié; il ne pourra donc être interjeté au plutôt que le 10 du mois.

Faisant application de ces principes à la première question ci-dessus, nous dirons que le jugement dont elle parle, rendu le 8 du mois, pouvait valablement être mis à exécution, non-seulement le 19, mais même le 17 du même mois, la huitaine prescrite par l'article 450 étant expirée à la fin de la journée du 16.

Maintenant que doit-on entendre par le mot *exécution* dont se sert l'article 450? Suivant nous ce mot prohibe tout acte qualifié *acte d'exécution*, tout acte capable par sa nature de contraindre le débiteur dans sa personne ou ses biens, à exécuter la condamnation immédiatement, s'il ne veut pas que sa considération ou son crédit éprouve un notable échec. Telles seraient, par exemple, une saisie-exécution, une saisie immobilière, un emprisonnement. — Cette interprétation est d'ailleurs d'accord avec celle donnée au même mot *exécution* placé dans les articles 158 et 159 du Code de procédure, par de nombreux documents de jurisprudence.

Mais on ne pourrait considérer comme défendus dans la huitaine par l'article 450, soit des actes conservatoires, soit même des actes tendant à exécution, tels qu'une signification du jugement, une mise en demeure effectuée par un commandement. Ces actes, en effet, qui jamais n'ont été considérés comme acte d'exécution, ne peuvent porter aucune atteinte au crédit du débiteur, ni par conséquent l'obliger à appeler plutôt qu'il ne voudrait le faire.

Nous ne voyons aucun inconvénient à admettre notre opinion, car si la partie qui a gain de cause peut exécuter le jugement le neuvième jour, ce jour-là même la partie condamnée peut arrêter l'exécution en interjetant appel. Au surplus si l'on admettait que le commandement ne pût être signifié dans la huitaine, il s'ensuivrait que l'exécution ne pourrait avoir lieu que le onzième jour après le jugement, et qu'on accorderait ainsi deux jours de plus à un débiteur qui, s'il était de mauvaise foi, les emploierait à soustraire le gage de son créancier en enlevant frauduleusement ses meubles ou en dénaturant ses autres valeurs.

Concluons donc qu'il est permis de faire un commandement en vertu d'un jugement non-exécutoire par provision pendant la huitaine de la prononciation de ce jugement, sauf à ne saisir qu'après l'expiration de cette huitaine.

A annoter au mot Exécution, n° 106.

ART. 15.

QUESTIONS PROPOSÉES [1].

EXÉCUTION.

EXPULSION. — LOCATAIRE. — NOTAIRE. — MINUTES.

L'huissier chargé d'exécuter un jugement qui ordonne l'expulsion d'un notaire des lieux par lui loués, peut-il déposer les minutes sur le carreau comme les autres meubles, alors surtout que le procureur du roi a été mis en demeure de prendre les mesures convenables à la conservation des minutes, et que ce magistrat est resté dans l'inaction?

Le procureur du roi a-t-il le droit de laisser les minutes sous le scellé dans les lieux d'où le notaire doit être expulsé?

Comment l'huissier doit-il procéder à l'expulsion?

FAITS.

M. N..., notaire, a été condamné, par jugement du tribunal de première instance d'Abbeville, rendu par défaut, à quitter les lieux qu'il habitait en qualité de locataire.

Opposition de la part du notaire. A l'audience le défendeur à l'opposition a requis qu'il fût ordonné que les minutes seraient

---

[1] Par M. A....., huissier à Abbeville.

déposées dans un lieu indiqué par le tribunal. Le ministère public n'a point pris de conclusions.

Jugement qui déboute le notaire de l'opposition, confirme le premier jugement et ordonne que l'expulsion n'aura lieu qu'après les trois jours de la sommation faite au procureur du roi, chargé de prendre, à l'égard des minutes des notaires, les soins que réclame leur conservation.

DISCUSSION.

1° *Prohibition de jeter les minutes sur le carreau.* — L'huissier chargé d'expulser un notaire ne peut mettre les minutes de ce fonctionnaire sur le carreau comme ses autres meubles. La raison de cette décision est simple : c'est que les minutes d'un notaire ne sont pas une propriété privée et ne lui appartiennent pas, c'est qu'au contraire elles constituent un dépôt public qui intéresse la société. Si l'huissier les jetait sur le carreau, il encourrait une grave responsabilité et pourrait même, suivant nous, être poursuivi conformément à l'article 173 du Code pénal, comme ayant contribué sciemment à la destruction de titres.

2° *Prohibition au procureur du roi de mettre les scellés.* — Le procureur du roi n'a pas le droit de faire apposer les scellés sur les minutes, car ici ne s'applique pas l'article 61 de la loi du 25 ventôse an XI ; il ne peut également les laisser contre le gré du propriétaire, dans une maison d'où un jugement en a ordonné l'expulsion, même en invoquant l'intérêt de la société. N'existe-t-il pas d'autres lieux où les minutes peuvent être déposées ? Et d'ailleurs quel serait le gardien ? Comment priver le public, pendant la durée des scellés, du droit de se faire délivrer des extraits et expéditions et du droit, plus simple mais plus communément exercé, de se faire donner communication des actes. Enfin, dernière et convaincante raison, le propriétaire doit rentrer dans la possession de sa maison, et il faut qu'il y rentre, il faut que le jugement soit exécuté n'importe comment, en prenant toutefois les précautions convenables pour la conservation des minutes.

3° *Précautions à prendre.* — L'indication de ces précautions n'entre ni dans la compétence de l'huissier ni dans le droit du requérant. Ce soin appartient et ne peut appartenir qu'au président du tribunal civil, puisque le tribunal n'a pas statué sur les conclusions relatives à la translation et au dépôt des minutes.

Voici ce que nous pensons qu'il est prudent de faire en cette circonstance :

1° Signifier le jugement d'expulsion au notaire condamné;

2° Faire commandement au même de payer les frais et d'enlever les meubles (si on ne veut les saisir) et les minutes, avec déclaration que faute d'obéir dans les vingt-quatre heures, il sera procédé tel que de droit ;

3° Signifier le jugement au procureur du roi et sommation, en conséquence, de pourvoir dans le délai de huit jours à la translation et au dépôt des minutes ;

4° Commencer le procès-verbal d'expulsion, et après avoir constaté : 1° que le procureur du roi n'a point obéi à la sommation; 2° que le sieur ..... notaire, refuse d'enlever son mobilier et ses minutes, au moment où on arrive à mettre les meubles sur le carreau, introduire un référé de la manière suivante :

Attendu que pour exécuter complétement le jugement du..... et opérer l'expulsion définitive du sieur..... des lieux qu'il est condamné à déguerpir par ledit jugement, il est indispensable que les minutes dont, en sa qualité de notaire, il est dépositaire et gardien, soient transportées dans un lieu de sûreté et confiées à la garde d'un fonctionnaire compétent.

Attendu que ledit sieur.... refusant d'emporter ses minutes, et celles-ci ne pouvant, comme les autres meubles et effets mobiliers, être jetées sur le carreau, il n'appartient point au requérant ni à l'huissier instrumentaire, de désigner le lieu du dépôt ni le dépositaire ; qu'ainsi il y a obstacle à l'exécution du jugement susdaté, et dès lors nécessité de se pourvoir en référé. (C. pr. 806.)

Attendu que l'huissier ne peut commencer par expulser les meubles et la personne du sieur...., puisqu'en agissant ainsi il laisserait les minutes sans gardien, ce qu'il ne pourrait faire sans engager gravement sa responsabilité.

Attendu enfin que l'exécution du jugement en ce qui concerne l'expulsion des meubles en la personne du sieur.... est subordonnée à la translation préalable des minutes dans d'autres lieux que ceux qu'elles occupent, et que le jugement dudit jour.... n'a point réglé les formes de cette translation.

Donner assignation au notaire à être et se trouver à jour et heure indiqués devant le président du tribunal civil, statuant en état de référé.

Pour voir dire et ordonner que faute par le sieur.... d'enlever ses minutes de la maison appartenant au requérant dans le jour de l'ordonnance à intervenir, il sera par M°...., notaire à....; commis à cet effet, ou par tel autre notaire désigné d'office, ou par le sieur.... intimé (analogie : art. 61, L. 25 vent. an XI), procédé dans le délai de...., à la vérification des minutes et répertoires dudit sieur...., et dressé état des minutes qui ne se trouveront pas et qui ne seront pas représentées, en présence dudit sieur.... ou lui dûment appelé. — Que lesdites minutes et répertoires et généralement tous. les titres étant au dépôt du sieur...., seront transférés par les soins dudit M°.... et resteront là provisoirement sous sa garde et sa responsabilité. — Que ledit M°.... sera autorisé à délivrer tous extraits, grosse et expéditions desdites minutes, et à donner toutes communications à qui de droit. — Que procès-verbal de la vérification et de la translation de ces minutes sera dressé par M°.... — Enfin que M. le procureur du roi sera prévenu du jour où ces opérations auront lieu, afin d'y assister si bon lui semble et de veiller à leur accomplissement.

5° Cette ordonnance obtenue ou toute autre équivalente, la signifier : 1° au notaire débiteur, avec sommation d'enlever ses minutes, et, en cas de refus, intimation de se trouver à leur vérification ; 2° au notaire commis, avec sommation de procéder à jour désigné ; 3° et au procureur du roi, afin d'être présent s'il le croit convenable.

6° Assister à l'enlèvement des minutes et constater cet enlèvement, puis immédiatement et par le même procès-verbal consommer l'expulsion.

Telle est suivant nous, les questions soumises étant entièrement neuves, la seule manière de procéder régulièrement. Ce qu'il y a de certain c'est qu'en se conformant à notre opinion, l'huissier mettra sa responsabilité à couvert et atteindra le but proposé. On ne peut en demander davantage.

Les formes que nous indiquons peuvent paraître coûteuses, et occasionner un peu de lenteur dans l'exécution du jugement; mais la matière exige qu'on prenne les plus grandes précautions, et qu'on ne dépouille le notaire de la garde de ses minutes qu'à la dernière extrémité, et après avoir en vain employé tous les moyens pour vaincre son opiniâtreté.

Le président du tribunal régulièrement saisi du référé ne peut se dispenser de statuer et d'ordonner la translation des minutes, autrement il empêcherait l'exécution du jugement d'expulsion. Il commettrait un véritable déni de justice s'il basait son refus sur ce qu'aucune loi ne statue sur la difficulté qui lui est soumise (Cod. civ., art. 4).

En résumé, le notaire condamné à déguerpir pourrait seul se plaindre. Mais quel intérêt pourrait-il invoquer pour fonder sa réclamation? N'est-ce pas sa faute si ses minutes ne sont plus en sa possession? et en tout cas ne sont-elles pas en sûreté? et ne peut-il pas les reprendre quand il voudra, en justifiant d'un lieu où il pourra les déposer? Au surplus aucun tribunal n'admettra une demande fondée sur le préjudice causé au débiteur par l'exécution régulière d'un jugement.

A annoter au mot **Bail**, n°s 105, et sect. 2, § 1, n° 70.

ART. 16.

PATENTE.

HUISSIERS. — NOTAIRES. — AVOUÉS.

Est-il juste d'assujettir les huissiers, notaires et avoués, à l'impôt de la patente, alors surtout : 1° qu'ils doivent fournir un cautionnement ; 2° qu'ils doivent faire enregistrer les traités portant cessions d'offices ?

OBSERVATIONS.

Le gouvernement vient de soumettre à la Chambre des Députés un nouveau projet de loi sur les patentes, précédé d'un long exposé des motifs dans lequel le ministre des finances reconnaît que la loi du 1er brumaire an VII est devenue insuffisante par suite des progrès que le temps et la science ont fait faire au *commerce* et à *l'industrie.*

Nous avons lu attentivement l'exposé des motifs et le projet de loi, et c'est avec peine que nous avons remarqué que les huissiers, qui ne sont ni industriels, ni commerçants, ni artisans, restaient soumis à un impôt qui pèse injustement sur eux depuis près d'un demi-siècle.

Le projet de loi assujettit également à la patente, les notaires et les avoués, et il en exclut, on ne sait pourquoi, les avocats à la Cour de cassation et les greffiers des tribunaux, puisque le motif qu'il invoque pour imposer les notaires et avoués est qu'ils sont *possesseurs de charges transmissibles.*

Après avoir examiné la législation des patentes depuis la loi du 2-17 mars 1791, portant abolition des maîtrises et jurandes jusqu'à ce jour, l'administration du *Journal encyclopédique des Huissiers*, pénétrée de l'injustice de la disposition de la loi du 1er brumaire an VII, confirmé par le nouveau projet de loi, qui assujettit un officier public à un impôt qui doit peser exclusivement sur les commerçants, n'a pas hésité à rédiger une pétition pour demander que les huissiers soient déchargés de la patente. Cette pétition, dont le texte est ci-dessous, a été remise à la commission chargée de l'examen du projet de loi par l'honorable M. de Salvandy, vice-président de la Chambre des Députés, qui a bien voulu nous faire l'honneur d'accepter cette mission.

Fidèle à la mission qu'elle s'est imposée, l'administration du *Journal encyclopédique des Huissiers* défendra avec énergie les intérêts des huissiers ; elles les défendra à ses *frais*, à ses *risques et périls*, et sans réclamer de qui que ce soit une *cotisation quelque minime qu'elle puisse être.* Elle trouvera sa récompense dans la satisfaction que procure l'accomplissement d'un devoir et dans la confiance que lui témoigneront ceux de MM. les huissiers qui voudront bien souscrire à sa publication, surtout s'ils la croient digne du corps éclairé auquel elle s'adresse.

PÉTITION.

A MESSIEURS

MESSIEURS LES MEMBRES DE LA CHAMBRE DES DÉPUTÉS.

Le Directeur du *Journal encyclopédique des Huisssiers*.

MESSIEURS,

Organe des abonnés au journal que je dirige, et sur la demande de plusieurs d'entre eux, je viens, au moment où le gouvernement du roi soumet à vos lumières un nouveau projet de loi sur les patentes, vous présenter quelques observations sur l'impôt de cette nature qui pèse injustement sur les huissiers depuis près d'un demi-siècle, malgré de nombreuses réclamations.

La contribution mobilière, connue sous le nom de *patente*, a été établie par la loi du 2–17 mars 1791, laquelle portant abolition des anciennes maîtrises et jurandes et proclamant la liberté de l'industrie, permit, art. 7, à toute personne de faire tel *négoce*, ou d'exercer telle profession, *art* et *métier* qu'elle trouverait bon, à la seule condition de se pourvoir d'une patente. Ainsi, d'après le texte, comme d'après l'esprit de cette loi fondamentale, ceux dont la profession était rendue libre par l'abolition des maîtrises et jurandes, c'est-à-dire les négociants, artisans et gens de métier, étaient seuls soumis à la patente. Au surplus cet impôt, qui n'était envers l'état qu'une faible compensation des libertés accordées aux contribuables, dut paraître d'autant plus doux à ceux-ci qu'il les affranchissait d'entraves considérables, et que pour l'immense majorité d'entre eux il était la source de bénéfices qu'ils n'auraient jamais réalisés.

La loi du 4 thermidor an III, en rétrécissant le cercle des patentables par son art. 6, qui déchargea les arts, métiers et professions imposés par la loi du 2–17 mars 1791, ne soumit à la patente que les commerçants : « Nul (dispose l'art. 1er de cette » loi) ne pourra exercer un commerce, négoce quelconque et de » quelque genre que ce puisse être, en gros ou en détail, sans » être pourvu d'une patente qui indiquera la nature de son com- » merce. » Les fonctionnaires publics, notaires, avoués, huissiers, ne pouvant être considérés comme commerçants, n'ayant d'ailleurs retiré aucun bénéfice particulier de l'abolition des maîtrises et jurandes, furent exemptés de la patente.

Mais bientôt fut promulguée la loi du 1ᵉʳ brumaire an VII; adoptant pour l'impôt de la patente la même base que les lois de 1791 et de l'an III, c'est-à-dire le *commerce* ou l'*industrie* (art. 3), frappant de nouveau de la contribution les *métiers* ou *professions* (art. 3), cette loi, par une choquante anomalie, obligea les notaires et les huissiers à la patente, les assimilant ainsi à des commerçants ou artisans.

Bien qu'imposés en dehors du principe qui a présidé à l'établissement de la patente, puisqu'ils ne sont ni *commerçants* ni *artisans*, les notaires et les huissiers pouvaient se rendre compte, jusqu'à un certain point, de l'impôt dont la loi de l'an VII les grévait, et l'accepter sans réclamation. — Alors, en effet, ils n'achetaient point leurs offices, ne fournissaient aucun cautionnement et ne contribuaient en rien aux charges de l'état à raison de l'exercice de leur profession; il était donc équitable, sinon logique, de faire peser sur eux, plus que sur les autres citoyens, le poids des charges publiques.

Quoi qu'il en fût alors, les notaires, obligés par la loi du 7 ventôse an VIII à verser un cautionnement augmenté par les lois du 25 ventôse an XI, 2 ventôse an XIII et 28 avril 1816, ne tardèrent pas à être déchargés de la patente par l'art. 33 de cette même loi du 25 ventôse an XI, qui considère le cautionnement comme l'équivalent de cet impôt. « Les notaires, y est-il dit, exercent sans patente, *mais ils sont assujettis à un cautionnement.* » Le rapporteur de la loi de l'an XI disait, au sujet de l'art. 33 : « Cette disposition est la conséquence nécessaire de l'article premier, qui définit le notaire un *fonctionnaire public.* » C'est ainsi que disparut, en ce qui concerne les notaires, la contradiction qui existait dans la loi du 1ᵉʳ brumaire an VII.

Il n'en a point été de même pour les huissiers : assujettis par la loi du 27 ventôse an VIII (art. 97), à fournir un cautionnement successivement grossi par les lois du 2 ventôse an XIII et 28 avril 1816, ils n'en restèrent pas moins soumis à la patente. Fonctionnaires publics comme les notaires, comme eux obligés de fournir un cautionnement, ayant les mêmes devoirs à remplir pour la transmission de leurs offices, les huissiers, de plus que les notaires, ont été soumis à un tarif insuffisant, exécuté avec sévérité, et à une patente dont le droit fixe varie de 15 à 75 francs, et dont le droit proportionnel est souvent plus élevé.

Donc, par la nature de leurs fonctions, par les devoirs qui leur sont imposés et les charges qui en dérivent, par les prohibitions qui leur sont faites, les huissiers sont considérés comme *officiers publics*. Or un officier public, qui se renferme dans l'exercice de ses fonctions, peut-il être assimilé à un *négociant, commerçant* ou *artisan ?* Evidemment non. Dès lors pourquoi lui imposer une patente, lorsque surtout par la perte des intérêts qu'il fait sur son cautionnement, il paye déjà un impôt auquel aucun commerçant n'est soumis?

Le projet de loi soumis à vos délibérations, messieurs, sanctionne la disposition de la loi de l'an VII en ce qui concerne les huissiers, et en étend l'application aux *notaires* et aux *avoués*, à l'exclusion des avocats à la Cour de cassation et des greffiers des tribunaux. « Possesseurs de charges transmissibles, a dit M. le garde des sceaux dans l'exposé des motifs, en parlant des notaires et des avoués, possesseurs de charges transmissibles, il est juste qu'ils supportent une part de l'impôt sur les bénéfices qu'ils en retirent, d'autant plus qu'ils ont, comparativement à la plupart des autres professions, cet avantage que la limitation de leur nombre restreint les effets de la concurrence. »

Ainsi le gouvernement, tout en adoptant la base de la loi de l'an VII, tout en reconnaissant que cette loi n'est incomplète « que par suite des progrès que le temps et la science ont fait faire au *commerce* et à l'*industrie* (*Exposé des motifs*), » vient cependant vous demander, messieurs les députés, d'assimiler des fonctionnaires publics à des commerçants, par la raison qu'ils sont possesseurs de charges transmissibles, et qu'à raison des bénéfices qu'ils retirent de ces charges doivent supporter un impôt. — Ainsi il méconnaît ce principe écrit dans la loi du 25 ventôse an XI et dans les motifs de cette loi : — 1° Que par cela seul qu'on est officier public on n'est pas patentable ; — 2° Que le cautionnement fourni par les officiers ministériels est l'équivalent de la patente. — Mais d'autres objections qui nous paraissent plus importantes doivent vous être signalés, messieurs, contre le projet du gouvernement.

D'abord, s'il est juste d'imposer à la patente les notaires, avoués et huissiers, parce qu'ils sont possesseurs de charges transmissibles qui leur procurent des bénéfices, pourquoi ne pas imposer également les avocats à la Cour de cassation et les greffiers des tribunaux qui, eux aussi, sont possesseurs de charges transmissibles qui leur procurent des bénéfices? Pourquoi deux poids et deux mesures? Là où il y a égalité parfaite de position ne doit-il pas y avoir égalité d'impôt? Sous un gouvernement constitutionnel, juste par conséquent; sous un gouvernement qui met au rang de ses premiers devoirs la mise en pratique du principe de l'égalité civile devant la loi, on ne peut comprendre que de fonctionnaires jouissant des mêmes avantages, les uns soient soumis à un impôt, et les autres dispensés. N'est-ce pas là une preuve que le gouvernement n'a pas foi dans les motifs qu'il invoque contre les notaires, avoués et huissiers, puisqu'il reconnaît, tacitement du moins, que ces motifs ne pèsent pas sur des fonctionnaires placés dans la même position que ceux-ci relativement à la propriété de leurs offices?

Deuxièmement, les notaires, avoués et huissiers sont, pécuniairement parlant, dans une situation beaucoup plus défavorable que celle dans laquelle ils se trouvaient lors de la loi de l'an VII.

En effet :

En l'an 7, leurs charges n'étaient pas transmissibles, ils les tenaient en quelque sorte de la munificence du gouvernement, tout ce qu'ils gagnaient était pour eux bénéfice certain, ils n'avaient à exposer ni leur fortune personnelle ni le patrimoine de leur famille pour arriver à posséder un titre de notaire, avoué ou huissier, enfin ils ne fournissaient point de cautionnement.

Aujourd'hui, leurs charges sont transmissibles, il est vrai, mais cette transmissibilité sur laquelle le gouvernement s'appuie pour les grever d'un nouvel impôt est beaucoup plus onéreuse que profitable. Et voyez plutôt, messieurs les députés : — Le droit de présenter un successeur à l'agrément du roi a été accordé aux notaires, avoués et huissiers, par la loi du 28 avril 1816, en raison de l'augmentation des cautionnements exigés d'eux par cette même loi. — Nul doute que cette faculté a procuré d'assez grands bénéfices à ceux qui alors se trouvaient en fonctions, et qui ont pu transmettre, à prix d'argent, une chose qui ne leur avait pas été transmise, qui leur avait été donné pour ainsi dire. — Mais de ceux-là combien en reste-t-il aujourd'hui? Très-peu assurément, si toutefois il en reste encore. Ainsi les notaires, avoués et huissiers en exercice, possesseurs de charges transmissibles, ont acheté ces mêmes charges moyennant un prix très-élevé, c'est-à-dire dix fois le produit de l'année commune; ils ont couru la chance de voir diminuer leur clientèle, et par conséquent leurs bénéfices et le prix de leurs offices; ils ont la crainte de mourir étant titulaires, et de laisser à leurs familles un titre qui souvent compose toute leur fortune, et qui se déprécie toujours en pareil cas; enfin, par une foule de circonstances indépendantes de leur volonté, ils sont exposés à vendre moins cher qu'ils n'ont acheté. — Et c'est parce qu'ils peuvent user d'un droit dont on a usé à leur égard qu'on veut les assujettir à la patente! et c'est à eux qu'on veut faire payer le droit accordé à leurs prédécesseurs de leur transmettre leurs charges à prix d'argent! Ce n'est pourtant pas aux battus à payer l'amende.

Troisièmement, suivant le gouvernement, les bénéfices que les notaires, avoués et huissiers retirent de leurs offices doivent payer un impôt; — mais cet impôt, ils le payent déjà :

1° Les traités portant cession d'office doivent être enregistrés au droit de 2 fr. 20 c. par cent francs avant d'être soumis à la chancellerie. C'est donc, en supposant un prix de 100,000 fr., une somme de 2,200 fr. que le titulaire doit débourser. En répartissant ces 2,200 fr. sur dix ans, temps ordinaire d'exercice des fonctionnaires, on trouvera que le titulaire débourse tous les ans, pour ce seul objet, plus de 220 fr., sans compter les intérêts du capital de 2,200 fr. déboursé. — Y a-t-il beaucoup de commerçants qui payent une patente plus forte?

2° Les fonctionnaires ne reçoivent que 4 pour cent d'intérêts de leurs cautionnements, et perdent ainsi tous les ans sur l'intérêt légal une somme plus ou moins forte, selon l'importance de celles par eux versées, pour cet objet, au trésor public.

Comme on le voit un fonctionnaire, possesseur d'une étude qui lui rapporte 10,000 francs est obligé de payer annuellement, pour intérêt de sa charge, 5,000 francs, et pour impôt dérivant nécessairement de son titre, une somme d'au moins 300 fr. — Reste donc 4,700 fr. pour faire face aux loyers, à l'intérêt des avances de timbre et enregistrement, aux frais de l'exploitation de l'étude, aux pertes sur les recouvrements, aux dommages-intérêts que peut entraîner la responsabilité. Toutes ces choses déduites, que restera-t-il au fonctionnaire pour l'indemniser de ses travaux, de ses démarches et des mille tracasseries auxquelles il est soumis par le temps qui court? De quoi vivre très-médiocrement. Le gouvernement, qui veut, avec raison sans nul doute, que les fonctionnaires donnent l'exemple de la probité la plus sévère, ne devrait pas au moins leur imposer des charges qui les obligent pour ainsi dire à se créer des bénéfices en dehors de leurs fonctions.

3° De plus, les notaires, avoués et huissiers, obligés, à raison de l'exercice de leurs fonctions, d'avoir des locaux considérables, payent une contribution mobilière beaucoup plus élevée que les autres citoyens, contribution fixée dans la plupart des localités eu égard à la valeur et aux produits de l'étude, bien que la loi ait pris pour base la valeur locative.

D'ailleurs, messieurs les députés, veuillez remarquer la différence qui existe entre un commerçant et un fonctionnaire public :

Le commerçant patenté peut pendre son enseigne où il veut; il a, pour fixer son choix, toute l'étendue du royaume ; il peut faire écouler sa marchandise sur toutes les villes de France. — Le fonctionnaire, même patenté, a une résidence fixe qu'il ne peut quitter, à peine de destitution ; il ne peut instrumenter que dans l'étendue de son canton ou de son arrondissement.

Le commerçant n'est pas tenu d'acheter un fonds de commerce; et s'il en achète un, il n'est point tenu de faire enregistrer sa cession ; il ne fournit point de cautionnement. — Le fonctionnaire doit, avant tout, faire enregistrer son traité, fournir un cautionnement.

Le commerçant n'est gêné par aucune entrave dans l'exploitation de son commerce. — Le fonctionnaire au contraire ne peut se mouvoir que dans un cercle de restrictions et de prohibitions.

En un mot, *l'impôt de la patente est, pour le commerçant, corrélatif d'un droit,* celui de faire le commerce. — *Pour le fonctionnaire, il n'est qu'une charge sans compensation* ajoutée aux autres charges que lui imposent ses fonctions.

En résumé, messieurs les députés,

Le principe qui a donné lieu à l'établissement des patentes ne permet pas de faire peser cet impôt sur les officiers publics, tels que notaires, avoués, huissiers ;

Ces fonctionnaires payent déjà à l'État, à raison de leur titre, tant par l'enregistrement de leurs traités que par leurs cautionnements, un impôt équivalent et au delà à la patente que payent les commerçants.

Enfin il serait injuste de les imposer à l'exclusion des avocats à la Cour de cassation et des greffiers des tribunaux, et puisque le gouvernement a cru devoir exempter ceux-ci, les motifs qui l'ont décidé à cette exemption sont applicables aux notaires, avoués et huissiers, et doivent leur procurer le même bénéfice.

Confiants dans la loyauté et les lumières des représentants de la France, les huissiers attendront avec sécurité la décision qui sera prise au sujet de l'impôt qui fait l'objet de ces observations.

Je suis avec respect,

Messieurs les députés,

otre dévoué serviteur,

M. DEFFAUX.

Paris, 1er mars 1843.

ART. 17

OFFICE.

SOCIÉTÉ POUR L'EXPLOITATION. — PARTAGES DE BÉNÉFICES. — MAÎTRE-CLERC.

Le traité par lequel un officier ministériel confie la direction de son étude à un maître-clerc expérimenté, qui l'accepte à la condition de partager entre eux les bénéfices, n'est pas illicite, pourvu, toutefois, que le titulaire conserve assez d'influence et d'autorité dans son étude pour que la responsabilité morale continue de reposer sur lui.

En conséquence l'officier ministériel ne peut se refuser à l'exécution d'un pareil traité.

FAITS.

Le tribunal de Saint-Flour saisi de la question l'avait décidée en sens contraire par le jugement du 19 avril 1841, dont les motifs ci-après transcrits font suffisamment connaître les faits de la cause : « Attendu qu'il convient de rechercher si les clauses du premier traité ne donnaient point, par leur seul effet, au sieur Meyre, une influence trop grande, et par conséquent illicite dans l'étude ; — Attendu que cet acte porte que le sieur Meyre travaillera dans l'étude comme maître-clerc avec droit à la moitié des bénéfices ; — Attendu que cette qualité de maître-clerc cesse dès que celui qui en est revêtu est associé aux bénéfices ; il est dans l'essence des choses qu'un maître-clerc soit révocable à volonté, et par conséquent sans que cette révocation entraîne aucun changement essentiel dans l'étude ; mais un maître-clerc, dont la révocation doit entraîner la liquidation de l'étude, n'est pas révocable à volonté ; il est un associé, un copropriétaire de l'étude : il est contre le droit public qu'il y ait deux maîtres dans une étude d'avoué ; qu'on n'objecte pas que Meyre n'était point associé au titre ; que le titre appartenait de fait et de droit à Dusser, l'objection ne porterait pas ; il n'est défendu d'associer au titre que parce que l'association du titre emporte association dans l'étude, et donne autorité à un autre qu'au titulaire ; — Attendu qu'on objecterait en vain que le titre appartient à un seul, et qu'un arrêt a seulement annulé un traité par lequel un titre d'agent de change était mis en commun ; mais cette objection ne porte pas ; pourquoi serait-il illicite de mettre le titre en commun ? parce que la communauté du titre entraînerait celle des fonctions, et que la communauté des fonctions affaiblirait la responsabilité en permettant de séparer la responsabilité morale de la responsabilité légale ; — Attendu que par une autre clause du traité, Meyre, associé et ayant le droit de travailler sous le nom trompeur de maître-clerc, doit tenir le registre de recette et de dépense, lequel sera visé tous les trois mois par Dusser ; — Attendu qu'il résulte de là que Meyre est chargé d'une partie des devoirs les plus délicats imposés aux avoués ; de deux choses l'une, ou ce registre sera celui que l'avoué devra communiquer pour régler les différends qui peuvent s'élever entre lui et les clients à l'occasion des sommes reçues, ou il en sera la copie ; qu'il soit l'un ou l'autre, il ne sera pas l'œuvre personnelle et directe de l'avoué, il ne pourra inspirer la même confiance à l'autorité supérieure, et les erreurs, inexactitudes, faussetés qui s'y trouveront ne soumettront pas l'avoué à la même responsabilité morale ; pouvant s'excuser et renvoyant le reproche du méfait à un tiers, il ne sera pas déshonoré ; — Attendu que Meyre devait encore tenir le registre de la dépense ; or, beaucoup d'articles de dépense ne sont qu'avancés par l'avoué, et doivent être répétés contre le client ; voilà donc encore Meyre substitué à Dusser dans une partie importante des rapports entre l'avoué et le client ; — Attendu que par l'effet de cette clause Meyre devait payer les huissiers, et que s'il avait voulu composer avec les huissiers pour leur salaire, abus qui en engendre beaucoup d'autres, il le pouvait ; cela posé, supposons que le fait fût découvert : Dusser poursuivi aurait pu s'excuser au moins en partie par la confiance qu'il avait en Meyre, et si cette confiance est licite, l'excuse aurait eu quelque poids ; il faut donc reconnaître en principe que ce qui affaiblit la responsabilité morale est illicite, à quoi il faut ajouter que l'affaiblissement de cette responsabilité entraîne souvent dans la pratique l'affaiblissement de la responsabilité légale ; — Attendu que la propriété des offices est une propriété d'augure équivoque, indéterminée, et dont l'exercice peut très-aisément devenir abusif ; que d'autre part le ministère des avoués est obligé, que leur nombre est restreint, que de plus l'esprit de spéculation qui se généralise en France, et qui est de sa nature si corrupteur, tend à se glisser dans les professions qui se rattachent à l'ordre judiciaire ; que la jurisprudence a senti ce mal et devient chaque jour plus répressive, et qu'il résulte de tout cela que les tribunaux doivent dans ces matières réprimer avec une rigoureuse sévérité tout ce qui s'écarte de la pureté des règles ; — Attendu cependant que Dusser ne doit pas profiter de la nullité d'un acte reprochable à lui autant qu'à son cotraitant et dont il a tiré profit ; que dès lors il doit à Meyre une juste indemnité de son travail et de son concours ; — Attendu que le tribunal n'est pas en ce moment en état de fixer cette indemnité, qu'il faut auparavant connaître les forces de l'étude et la manière dont Meyre a géré ; qu'il est évident que s'il a été fidèle, l'indemnité doit être plus élevée que si la fidélité est suspecte ; — Par ces motifs, le tribunal déclare le traité du 29 mai 1821 nul et non avenu, et avant de fixer l'indemnité due au sieur Meyre pour sa collaboration et son concours, ordonne qu'il sera procédé entre parties à un état des affaires dont l'étude a été chargée pendant la durée de ce traité, de leur produit exact, s'il se peut, et approximatif. »

Mais sur l'appel formé par Meyre, arrêt longuement motivé qui infirme le jugement du tribunal de Saint-Flour, et valide le traité comme licite. Cet arrêt est ainsi conçu :

ARRÊT.

COUR ROYALE DE RIOM. — 22 JUILLET 1842.

LA COUR, — Attendu que pour juger s'il y a postulation illicite de la part du sieur Meyre, il faut examiner quels sont les faits qui ont précédé et suivi le traité qu'il a passé le 29 mai 1821 avec le sieur Dusser ; — Attendu que le sieur Meyre s'était livré de bonne heure à l'étude de la pratique, dans laquelle il s'était fait remarquer par son intelligence et sa capacité ; qu'il avait été employé en qualité de maître-clerc par deux avoués du tribunal de Saint-Flour ; — Attendu que le sieur Dusser serait devenu le gendre du sieur Meyre, et qu'aucune raison ne paraîtrait s'opposer à ce que ce dernier fît pour le sieur Dusser ce qu'il avait fait pour d'autres avoués, c'est-à-dire qu'il lui prêtât sa collaboration en qualité de maître-clerc ; — Attendu que le sieur Meyre devait être d'autant plus porté à en agir ainsi, que son gendre paraissait avoir besoin de son expérience et des rapports qu'il pouvait avoir avec les hommes d'affaires ; — Attendu que si l'étude du sieur Dusser a prospéré, que si sa clientèle a augmenté, ces circonstances ne peuvent être considérées comme des indices d'une postulation illicite, ces succès étant dus au talent particulier du praticien qui était employé dans l'étude du sieur Dusser ; — Attendu que si le sieur Meyre a eu une grande influence dans la direction des affaires qui étaient portées dans l'étude du sieur Dusser, il faut pourtant reconnaître que celui-ci n'est pas resté étranger à l'exercice des fonctions ministérielles dont il était revêtu ; que si les actes les plus difficiles ont été rédigés par le sieur Meyre, les actes courants l'ont été ordinairement par le sieur Dusser ; — Attendu que le fait qui caractériserait le plus une postulation illicite, serait que le titulaire ne paraîtrait pas dans l'étude où seraient faites et rédigées le procédures, et que ces procédures seraient entièrement au pouvoir de celui qui postulerait sans en avoir le droit ; or, c'est ce que l'on ne voit pas dans l'espèce, puisque Dusser aurait travaillé conjointement avec Meyre dans la même étude ; — Attendu qu'il n'est point prouvé que le sieur Dusser n'ait conservé aucune autorité, aucune influence dans la direction des affaires, et que ce qui pourrait faire présumer le contraire, c'est que le sieur Dusser s'est rendu maître de l'étude et l'a transportée ailleurs dès le moment qu'il a cessé de s'accorder avec le sieur Meyre ; c'est qu'il a rompu le traité du 29 mai 1821, qui a été remplacé par de nouvelles conventions faites le 4 septembre 1837 ; — Attendu qu'en examinant le traité du 29 mai 1821 en lui-même, on ne voit pas qu'il présente des conventions illicites, et qui puissent constituer une postulation prohibée par la loi ; — Attendu que le sieur Meyre, tenu d'apporter ses soins et ses travaux dans l'étude du sieur Dusser, dont il devenait le collaborateur, devait retirer un lucre et des émoluments de sa collaboration, et que la participation qui lui était accordée au bénéfice de cette étude n'était qu'un mode de régler et fixer les émoluments auxquels ses travaux lui donnaient un droit incontestable ; — Attendu que si le sieur Meyre a pu exiger un traitement fixe et déterminé, rien n'a pu aussi légalement empêcher les parties de convenir qu'au lieu de ce traitement, le bénéfice de l'étude serait partagé par moitié entre elles, et que ce serait là l'indemnité que Meyre retirerait de ses travaux ; — Attendu que la possibilité qu'une pareille convention entraînerait des abus, des inconvénients, ne saurait être une raison de l'annuler ; qu'il faudrait d'ailleurs que ces abus eussent été prouvés ; — Attendu que le registre des recettes et dépenses que devait tenir Meyre ne dispensait pas Dusser de tenir le registre prescrit par la loi aux avoués ; que ces deux registres paraissent devoir être séparément tenus, et indépendamment l'un de l'autre ; que le registre particulier que devait tenir Meyre n'était que pour le compte que les parties avaient à se rendre entre elles des recettes et dépenses relatives à l'étude, et qu'ainsi l'on ne doit pas inférer de cette clause que c'était Meyre seul qui avait la direction de l'étude, et que s'il y avait des erreurs, des inexactitudes et des faussetés, la responsabilité morale ne pesait plus sur le titulaire; — Attendu que si le ministère public n'a donné aucune suite à la plainte qui avait été portée contre Meyre par les avoués de Saint-Flour, comme s'étant, ledit Meyre, livré à une postulation illicite, il serait extraordinaire que le sieur Dusser, qui aurait été le complice de Meyre, pût, dans son intérêt personnel, faire annuler un acte qui aurait été librement consenti par les parties; — Attendu que Meyre n'a pas postulé sous le nom de Dusser, qu'il n'a pas été son prête-nom, qu'il a agi en qualité de maître-clerc de son gendre, qu'il n'a pas instruit de procédures dans l'intention d'en retirer un bénéfice illicite au détriment des officiers ministériels, et que dès lors on ne peut lui appliquer le décret du 19 juillet 1810, ni les autres lois et règlements qui avaient précédé ce décret; — Par ces motifs, dit qu'il a été mal jugé par le jugement dont est appel, en ce qu'il a déclaré nul le traité du 29 mai 1821; — Emendant et statuant par arrêt nouveau, sans s'arrêter à la demande en nullité formée par Dusser, ordonne que ledit traité sera exécuté selon sa forme et teneur; ..... Ordonne que les parties viendront à compte des recettes et dépenses de l'étude de Dusser, depuis et compris 1817 jusques et y compris le 24 août 1837.

Auteurs. — L'opinion émise par l'arrêt que nous venons de rapporter est entièrement conforme à celle que nous avons adoptée dans notre *Encyclopédie des huissiers*, au mot *Office*, n° 11. — Pour : Dard, *Des Offices*, p. 323; Mollot, *Bourses de commerce*, n° 284; Chauveau, *Journal des avoués*, année 1836, p. 90; Fremery, *Journal le Droit*, des 2 et 7 février 1838; Bioche, *Dict. de procéd.*, t. III, p. 518; A. Dalloz, *Dict. gén.*, v° Office, n° 54. — Contre : Duvergier, *Contrat de société*, n°s 59 et suiv.; Rolland de Villargues, *Jurisp. du not.*, année 1838, pag. 65.

Jurisprudence. — Pour : Cassation, 13 janvier 1835; Toulouse, 14 nov. 1835. — Contre : Rennes, 29 déc. 1839 et 28 août 1841; Paris, 2 janv. 1838; décis. minist. 3 février 1837.

ART. 18.

ACTION CIVILE.

CHOSE JUGÉE. — ACTION CRIMINELLE. — ACQUITTEMENT.

Les arrêts d'acquittement rendus sur l'action publique n'ont pas l'effet de la chose jugée relativement à l'action civile.

En conséquence ils ne font pas obstacle, en général, à ce que l'individu acquitté soit condamné devant les tribunaux civils à des dommages-intérêts, — ou, ce qui revient au même, à ce que l'indemnité qu'il réclame et à laquelle il aurait droit s'il n'avait pas commis le fait pour lequel il a été acquitté, lui soit refusée.

ARRÊT.

COUR ROYALE D'ORLÉANS. — 4 DÉCEMBRE 1841.

LA COUR, — En ce qui touche l'exception de la chose jugée qui résulterait de la décision du procès criminel prononçant l'acquittement d'un accusé ; — Attendu que l'art. 3, Cod. inst. crim., dont on voudrait faire résulter cette autorité de chose jugée, dispose seulement que l'action civile sera suspendue tant qu'il n'aura pas été prononcé définitivement sur l'action publique ; — Que cette suspension de l'action civile a été ordonnée dans un double but : pour ne pas gêner l'action publique, qui, dans des vues d'intérêt général, devait marcher rapidement et recevoir une prompte solution, et afin que les juges criminels conservassent une liberté entière d'appréciation, et ne fussent pas soumis aux influences morales résultant d'un précédent jugement ; — Que rien n'autorise à penser que la loi ait voulu étendre le sens de l'art. 3, et lui donner une influence qui s'exercerait sur le jugement des actions civiles, et que si le législateur avait entendu donner à cette suspension l'effet qu'il attribue à certaines actions préjudicielles dont la décision entraîne le jugement de l'autre action, il l'aurait énoncé en termes formels, ou du moins d'une manière implicite qui n'aurait pas comporté le moindre doute ; — Attendu que l'influence que la décision criminelle exercerait sur le civil ne résulte pas davantage de l'art. 360 ; que cet article établit seulement en principe que l'accusé acquitté légalement ne pourra plus être repris et poursuivi pour le même fait, ce qui s'entend uniquement de l'action publique pour l'application de la peine, et non de l'action privée tendant à obtenir des dommages-intérêts ; — Que s'il était vrai que l'acquittement d'un accusé dût éteindre l'action civile, ou du moins la renfermer dans certaines limites, l'art. 358 s'en serait expliqué alors qu'il prescrivait à la Cour de statuer sur les dommages-intérêts respectivement prétendus ; — Que bien au contraire en autorisant la Cour à s'éclairer par l'audition des parties, il a permis aux juges de rechercher des éléments nouveaux de décision dans les déclarations des parties, dans l'aveu même de l'accusé acquitté, qui, déterminé par des considérations de justice et d'équité alors qu'il n'est plus placé sous la crainte d'une répression pénale, avouerait être l'auteur du fait dans des termes identiques à ceux de l'accusation, et qui ne permettraient pas l'admission d'un système mixte ; que, s'il devait en être autrement, les juges seraient tenus de rejeter une preuve décisive que la loi les a appelés à recueillir ; — Que, dans de telles circonstances, la divergence d'opinions et de décisions contraires entre la juridiction civile et la juridiction criminelle présenterait des inconvénients moins graves que ceux qui seraient la conséquence d'une disposition de loi qui enchaînerait le libre arbitre du juge pour le soumettre à la volonté d'un autre juge, et qui subordonnerait en général une action civile à une action criminelle ; que la loi a donc dû laisser à chaque pouvoir judiciaire la liberté d'action et d'appréciation, si ce n'est dans les cas exceptionnels où il en a été disposé autrement ; — Attendu que dans le silence de la loi criminelle, qui ne pose pas des règles spéciales relatives à l'autorité de la chose jugée résultant des décisions criminelles, on doit recourir aux principes posés dans l'art. 1351, Cod. civ.; que cet article exige, entre autres conditions, que la demande ait le même objet et soit formée entre les mêmes parties, et que ces deux conditions ne se rencontrent pas dans l'espèce; — Qu'en effet, la compagnie d'assurance n'a pas figuré au procès criminel en qualité de partie civile; que si le ministère public est le représentant de la société, ce n'est qu'en ce qui touche l'action publique, et qu'il n'a aucune qualité pour représenter la partie civile, laquelle ne peut réclamer que des réparations pécuniaires, ce qui est interdit formellement au ministère public; — Que la seconde exigence de la loi ne se trouve pas mieux remplie; que l'une des demandes tend à la répression des délits, tandis que l'autre a pour objet la réparation d'un dommage; que si ces deux demandes prennent leur origine dans le même fait et si leur cause est commune, elles ont un but et un objet différents; d'où suit la conséquence que l'autorité de la chose jugée ne peut résulter du verdict d'acquittement rendu le 28 janvier 1836 par le jury au profit de Berton, et que celui-ci ne peut s'en prévaloir contre la compagnie d'assurance; — Attendu qu'il ne s'agit pas au procès d'examiner l'effet que peut produire une condamnation prononcée au criminel sur la question soumise à l'appréciation des juges civils; qu'en supposant que la partie intéressée pût invoquer devant les tribunaux civils la disposition d'un arrêt criminel qui aurait condamné comme coupable d'un crime ou d'un délit celui contre lequel elle poursuit la réparation d'un dommage, à raison du fait réprimé, il ne s'ensuivrait pas que l'accusé pût se prévaloir contre la partie civile d'un arrêt d'acquittement pour s'opposer à ce que l'existence du fait sur lequel reposait l'accusation fût de nouveau prouvée; — Attendu au surplus qu'en supposant que d'un verdict d'acquittement il puisse résulter, dans de certaines limites, une autorité de chose jugée qui lie le juge civil et l'oblige à rendre une décision qui ne soit pas en opposition avec la décision criminelle, en ce cas l'exception de chose jugée ne serait pas mieux fondée; — Qu'il faut, pour que l'exception de chose jugée soit admissible, que la décision criminelle soit en contradiction formelle avec la demande civile; qu'elles soient tellement opposées qu'il n'y ait pas possibilité de les concilier, et c'est alors à la partie qui invoque l'exception de la chose jugée à démontrer d'une manière péremptoire cette inconciliabilité; — En fait, attendu que le jury a simplement reconnu que Berton n'était pas coupable d'avoir volontairement mis le feu à ses bâtiments avec l'intention de nuire à autrui; — Que l'articulation de la compagnie d'assurance n'énonce pas que Berton ait mis le feu de sa propre main, mais qu'il a lui-même provoqué et occasionné l'incendie; que ces faits ont un caractère particulier et différent de l'accusation vidée en sa faveur, et qu'ils n'ont pas été soumis à l'appréciation du jury; — Qu'en conséquence il est évident que si ces faits étaient prouvés et s'ils servaient de base à une décision qui rejetterait les dommages et intérêts réclamés par Berton pour le sinistre occasionné par l'incendie de ses bâtiments, il n'y aurait pas de contradiction entre ces deux décisions et qu'elles pourraient se concilier; — Par ces motifs met l'appellation au néant; ordonne que ce dont est appel sortira son plein et entier effet.

OBSERVATIONS.

Auteurs et jurisprudence. — Les auteurs et la jurisprudence ne sont pas d'accord sur l'influence de la chose jugée au criminel sur le civil.

D'une part, le savant Merlin, *Répertoire*, v° *Chose jugée*, § 15, et *Quest. de droit*, v° *Faux*, § 6, n° 6, soutient, en principe absolu, que la décision rendue par la juridiction criminelle doit faire autorité pour les juges saisis de l'action civile.

D'autre part, Toullier (*Droit civil français*, t. VIII, n°⁸ 31 et suiv., et t. X, n°⁸ 240 et suiv.) est d'avis, au contraire : 1° que le juge civil n'est pas lié par le jugement criminel, surtout quand le fait est déclaré non constant et l'accusé non coupable ; 2° et que la déclaration positive que le délit est constant et l'accusé coupable, ne lie point les juges civils devant qui l'action civile est portée.

La jurisprudence n'a complétement adopté ni l'une ni l'autre de ces opinions. Elle a admis en général :

1° Que les tribunaux civils se trouvaient liés par la déclaration de culpabilité émanée des juges criminels, et que dans ce cas le condamné ne pouvait contester devant eux la réalité du fait à raison duquel il a encouru les peines prononcées par la loi. — Arrêts de Cassation du 5 mai 1818 et 19 nov. 1828, qui décident que le jugement rendu par un tribunal criminel peut servir de base et de preuve à une action civile en dommages-intérêts. — Arrêt de la Cour supérieure de Bruxelles, du 27 février 1818, qui admet que l'individu déclaré coupable par un tribunal criminel et qui est actionné en dommages-intérêts devant un tribunal civil, ne peut remettre en question le fait déclaré constant par le tribunal criminel, sous le prétexte que son adversaire ne se serait pas alors porté partie civile.

2° Qu'au contraire les tribunaux civils ne sont pas liés par le jugement criminel qui acquitte le prévenu, et que cet acquittement n'est pas un obstacle à ce que la partie lésée par le fait jugé au criminel, réclame des dommages-intérêts devant les tribunaux civils. — Dans ce cas, ces tribunaux ont le droit d'apprécier les faits à leur mannière, d'après les preuves qui leur sont fournies et sans égard au jugement criminel. — C'est ce que décide l'arrêt ci-dessus transcrit. — Arrêts de la Cour de cassation du 25 juin 1822, qui admet que l'individu renvoyé *faute de preuves suffisantes*, peut être attaqué devant les tribunaux civils ; — du 29 juin 1827, qui décide que l'individu acquitté par la raison que le *fait à lui reproché n'est passible d'aucune peine*, peut cependant être condamné à des dommages-intérêts ; — des 15 mai 1823 et 26 mai 1829, qui décident que les *individus déclarés non coupables du fait à eux reproché*, peuvent pourtant être actionnés devant les tribunaux civils à raison du même fait ; — du 21 messidor an IX et du 19 mars 1817, qui admettent que l'individu déclaré *non coupable* peut être traduit devant les tribunaux civils et condamné à des dommages-intérêts ; — et du 20 avril 1837, qui décide qu'une obligation a pu être déclarée fausse par un tribunal civil, bien que l'individu inculpé du faux *ait été renvoyé par une ordonnance de non lieu*.

Les arrêts des 29 juin 1827, 15 mai 1823 et 26 mai 1829, paraissent contrarier le principe quo nous avons posé dans notre *Encyclopédie*, au mot *Action civile*, n° 72 ; mais l'arrêt du 29 juin 1827 est lui-même contrarié : 1° par un arrêt de la Cour de cassation, du 17 mars 1813, qui déclare sans cause l'obligation contractée pour réparation d'un *délit reconnu non existant* par un jugement criminel, et qui reconnaît le droit de demander la nullité de cette obligation en excipant du jugement rendu au criminel ; 2° par un arrêt de la même Cour, du 27 janvier 1830, qui décide que des faits qui ont été reconnus ne constituer aucun délit par un jugement criminel, ne peuvent servir de base à une action devant les tribunaux.

En résumé, les huissiers chargés d'intenter une action civile en dommages-intérêts contre l'auteur d'un crime, délit ou contravention au sujet duquel la justice criminelle a déjà prononcé, devront examiner si l'individu a été condamné ou acquitté. — Au premier cas ils pourront sûrement produire l'action civile sans s'inquiéter de la prouver autrement que par la production du jugement criminel. — Au second cas ils devront encore examiner si l'individu a été acquitté faute de preuves, ou simplement déclaré non coupable ; — ou bien si le fait à lui reproché a été considéré comme n'étant pas un délit. Quoique dans l'une comme dans l'autre de ces deux hypothèses on puisse également intenter l'action civile, à la charge de prouver le fait qui lui sert de base devant le tribunal civil, elle nous paraît cependant moins recevable, présenter moins de chances de succès dans la seconde hypothèse, puisqu'il existe des arrêts en sens contraires. Dans ce cas nous ne pouvons que recommander d'agir avec une grande circonspection. — V. d'ailleurs *Encyclopédie des Huissiers*, au mot *Action civile*, n° 72.

A annoter au mot Action civile, n°s 70 et 72.

ART. 19.

PIÈCES DE PROCÉDURE.

TRANSPORT. — ENTREPRENEUR DE VOITURES PUBLIQUES. — CONTRAVENTION.

Le droit accordé par l'article 2 de l'arrêté du 27 prairial an IX, aux entrepreneurs de voitures publiques, de se charger du transport des sacs de procédure, est-il subordonné à cette condition que les sacs seront ouverts et non cachetés ?

PREMIER ARRÊT.

COUR ROYALE DE BOURGES. — 6 AOUT 1841.

LA COUR, — Attendu qu'aux termes de l'art. 1er de l'arrêté du 27 prair. an ix, il est défendu à tout entrepreneur de voitures publiques de s'immiscer dans le transport des lettres, paquets et papiers du poids d'un kilogramme et au-dessous ; — Que l'art. 2 de cet arrêté excepte de la prohibition les sacs de procédure et les papiers uniquement relatifs au service des entrepreneurs de voitures ; — Que, pour être sainement entendu, cet art. 2 doit être combiné avec les dispositions de l'arrêté du conseil du 18 juin 1681. rappelé et maintenu en vigueur par la loi du 26 août 1790 et les lois postérieures ; — Que ce règlement, qui n'exceptait de la défense faite aux voituriers que les lettres de voitures des marchandises qu'ils voitureront, exigeait qu'elles fussent ouvertes et non cachetées ; — Que la loi du 26 août 1790, art. 4, et ensuite l'arrêté du 27 prair. an ix, art. 2, en étendant aux procédures ou sacs la faveur accordée par le règlement de 1681 aux seules lettres de voitures, ont nécessairement assujetti ces papiers (les sacs de procédure), aux mêmes conditions que les lettres de voiture, d'être ouverts et non cachetés, c'est-à-dire disposés de telle sorte que tout agent ayant qualité à cet effet puisse vérifier si le paquet rentre réellement dans l'exception de l'art. 2 ; — D'où il suit que tout transport par les messageries de papiers du poids d'un kilogramme et au-dessous, sous enveloppe cachetée, avec une suscription, constitue, par le fait seul du transport, une contravention à l'art. 1er de l'arrêté du 27 prair. an ix, indépendamment de la nature des papiers que le paquet peut réellement contenir ; — Que dès lors toute preuve pour établir que le paquet ne renferme que des papiers compris dans l'exception de l'art. 2, est repoussée par l'esprit de la législation et inadmissible ; — Que cette preuve serait d'ailleurs souvent impossible, puisque, d'une part, l'inviolabilité du secret des lettres s'oppose à l'ouverture du paquet, et que, de l'autre, aux termes du décret du 2 mess. an xiii, le paquet saisi en fraude devant être rendu au destinataire, à la charge de payer le double de la taxe ordinaire, l'éloignement ou le caprice de ce destinataire rendrait toute vérification impossible ;

Considérant en fait qu'un procès-verbal dressé le 31 mai, régulier en la forme et non contesté, constate que ledit jour le nommé Baraton, conducteur de la voiture de Montluçon, appartenant au sieur Chertier, a été trouvé entrant à Bourges, par la porte d'Auron, porteur d'un paquet de papiers cacheté, du poids de quarante grammes, adressé à Me Brisson, avoué ; que ces faits constituent évidemment une contravention à l'art. 1er de la loi du 27 prair. an ix ; — Que cependant le tribunal a renvoyé Baraton et Chertier, ce dernier cité comme civilement responsable, des poursuites dirigées contre eux, par le motif qu'il résultait de la déclaration du sieur Brisson que le paquet ne renfermait que des pièces de procédure ; — Mais que la preuve admise par le tribunal et les conséquences qu'il en a tirées sont également repoussées par la législation sur la matière ; qu'ainsi c'est le cas de réformer sa décision ; — Par ces motifs, faisant droit sur l'appel du procureur du roi, a mis et met au néant le jugement dont est appel ; et, faisant ce que les premiers juges auraient dû faire, déclare Baraton atteint et convaincu d'avoir, le 31 mai dernier, transporté en fraude un paquet de papiers cacheté du poids de quarante grammes, contravention prévue par l'arrêté du 27 prairial an IX.

SECOND ARRÊT.

COUR ROYALE DE BOURGES. — 6 AOUT 1841.

Arrêt semblable au précédent.

Jurisprudence. — Contre : Poitiers, 14 janvier 1837 ; arg. cass., 16 février 1839.

OBSERVATIONS.

Les deux arrêts que nous venons de rapporter, en décidant affirmativement la question posée en tête de cet article, ne tendent à rien moins qu'à faire disparaître l'exception établie en faveur des avoués, huissiers et des plaideurs, par la loi du 26 août 1790 et l'arrêté du 29 prairial an IX, et qui leur donne la faculté de faire transporter les pièces de procédure par les voitures publiques. En effet, maintenant que l'usage des sacs est complétement abandonné pour le transport de pièces et papiers quelconques vu la rapidité actuelle et la sûreté des communications, et qu'on se sert d'enveloppes en papier présentant la forme d'un carré ou d'un rouleau la plupart du temps ficelées et cachetées, les praticiens et les plaideurs ne pourront plus profiter du bénéfice des dispositions de ces lois qui leur sont favorables. Qui donc d'ailleurs voudra confier ouvertes des pièces souvent importantes, dont le secret doit exister dans l'intérêt de la demande ou de la défense ? Qui donc ira s'exposer sans garantie aux indiscrétions des entrepreneurs et de leurs employés, et surtout aux chances de pertes que présentent des enveloppes ouvertes ou susceptibles de l'être par le premier venu ?

Nous ne pouvons adopter une jurisprudence aussi fâcheuse et contre laquelle d'ailleurs s'élèvent le texte de la loi et les deux arrêts dont nous parlerons plus loin ; puis enfin ce principe salutaire tant de fois et avec tant de raison proclamé par la Cour suprême, qu'il n'est pas permis, en matière pénale, de rien ajouter à la loi qui en rende l'exécution plus rigoureuse, qui en étende l'application aux cas non spécialement prévus.

Les seuls textes légaux qui régissent la matière dans la législation actuelle, sont ceux-ci :

« Ni lesdits fermiers (ceux à qui l'état avait affermé le trans-
» port des voyageurs et marchandises) ni tous autres entrepre-
» neurs de voitures ou transports, ne pourront se charger
» d'aucunes lettres ou papiers autres que ceux relatifs à leur
» service personnel et particulier, et les *procédures en sacs.* »
L. 26 août 1790, 3ᵉ partie, art. 4, § 5.

« Il est défendu à tous entrepreneurs de voitures libres et à
» toute personne étrangère au service des postes, de s'immiscer
» dans le transport des lettres, journaux, paquets et papiers du
» poids d'un kilogramme et au-dessous. — *Les sacs de procédure,*
» les papiers uniquement relatifs au service personnel des en-
» trepreneurs de voitures et les paquets au-dessus du poids
» d'un kilogramme, sont seuls exceptés de cette prohibition. »
Arrêté des consuls du 27 prairial an IX, art. 1 et 2.

Or, ces textes exigent-ils que les sacs de procédure soient
ouverts et non cachetés pour être admis à jouir de l'exception
prononcée en leur faveur ? Evidemment non. Au contraire, il
nous semble que la loi de 1790 et l'arrêté de l'an IX, en ôtant à
l'administration de la poste aux lettres *le droit exclusif* de transporter les pièces de procédure, en *accordant la concurrence* pour
le transport de ces mêmes objets aux entrepreneurs de voitures publiques et en général à toute personne étrangère à l'administration des postes, a permis que, dans ce dernier cas, le
transport s'effectuât de la même manière, avec la même discrétion que par la poste aux lettres, mais avec plus d'économie ; et
puisque cette administration peut transporter les pièces de procédure sous enveloppe cachetée, nous ne voyons pas sur quoi
on peut raisonnablement s'appuyer pour refuser le même droit
aux entrepreneurs de voitures publiques placés dans la même
position que la poste aux lettres relativement au droit de transporter des pièces ou sacs de procédure. — D'ailleurs la faveur
de l'exception s'attache aux pièces transportées et non à la
forme de l'enveloppe qui les contient.

Concluons donc qu'un voiturier n'encourt aucune amende
lorsqu'il transporte des pièces de procédure cachetées, à la condition toutefois qu'il doit justifier en tout état de cause, pour se
mettre à l'abri de toute poursuite et donner à l'administration
les moyens de prévenir la fraude, que les paquets dont il a
été trouvé porteur ne contenaient véritablement que des
pièces de procédure.

Cette opinion est conforme à un arrêt de la Cour royale de
Poitiers du 14 janvier 1837. Dans l'espèce de cet arrêt une marchande avait été trouvée nantie de *deux paquets cachetés,* pesant
l'un 11 grammes, l'autre 43, et adressés à un huissier de Vi-
vonne. Citée pour ce fait, elle a invoqué le bénéfice de l'art. 2
de l'arrêté de l'an IX, et a offert prouver, et a prouvé en effet que
les paquets dont elle s'était chargée ne contenaient que des pièces
de procédure. Le ministère public a soutenu que la preuve n'é-
tait pas admisible, en ce que la loi n'autorisant pas l'ouverture
des paquets au moment de la saisie, on ne pouvait en reconnaître
l'identité. — Condamnée en première instance, la marchande
interjeta appel, et la Cour la renvoya sans dépens, en infirmant

la sentence des premiers juges, par les motifs ci-après : — Attendu que de l'enquête il résulte que les paquets saisis sur la femme Bazire, le 20 août dernier, ne contenaient que des exploits d'huissier dûment enregistrés; — Que les mots *sacs de procédure*, dont parle l'art. 2 de l'arrêté du 27 prairial an IX, s'entendent nécessairement d'une liasse, d'un dossier de procédure, abstraction faite de la nature ou de la forme de l'enveloppe qui les renferme, la faveur de la loi s'attachant à la procédure, non à l'enveloppe qui la contient; — Attendu qu'une procédure peut se composer d'une seule pièce, de l'exploit qui lui sert de base et qui en fait le principal élément, comme d'un dossier plus volumineux, aucune disposition de la loi n'établissant de combien de pièces se composerait une procédure, ni à quel point de l'instruction une procédure devrait être parvenue pour que le porteur pût jouir de la faveur de l'art. 2 de l'arrêté de l'an IX.

Elle est également conforme à un arrêt de la Cour de cassation du 16 février 1839, confirmatif d'un arrêt de la Cour royale de Douai conçu en ces termes : — Attendu que le renvoi fait par un huissier à son client d'un billet à ordre qu'il a protesté, avec une note non cachetée indiquant au voiturier la remise qu'il doit faire de ces pièces de procédure, et des papiers uniquement relatifs au service personnel des entrepreneurs de voitures; — Que les mots *sacs de procédure* s'entendent nécessairement d'un paquet renfermant des actes de procédure, abstraction faite de la nature ou de la forme qui les contient, la faveur de la loi s'attachant à la procédure, non à l'enveloppe.

Mais il y a plus. Non-seulement les arrêts de la Cour de Bourges sont contraires aux textes de la législation actuelle, et aux deux arrêts de la Cour de Poitiers et de la Cour de cassation que nous venons d'énoncer; mais ils sont encore contraires aux textes des anciens édits et règlements qui régissaient la matière avant la loi de 1790. En effet, le règlement de 1681 qu'invoquent les arrêts de Bourges, ne concernait que les *lettres de voitures* et ne s'appliquait nullement aux transports des *sacs de procédure*, transports réglés : 1° par un édit de Henri III du mois de novembre 1676, confiant le transport des sacs de procédure à des messagers, avec défense expresse, sous peine de privation de leur état et de punition corporelle, *d'ouvrir ou souffrir ouvrir lesdits sacs;* 2° et par un règlement du 25 juin 1678, sur la ferme générale des postes, accordant, il est vrai, au fermier le droit exclusif de transporter toutes lettres et paquets, *tous procès civils et criminels*, et tous ballots et marchandises, mais ne prononçant aucune peine en cas de contravention, et n'offrant aucun moyen de constater les infractions qui seraient commises. — Malgré ce règlement les voituriers continuèrent, comme auparavant, à transporter les lettres, paquets et pièces de procédure, et leurs empiétements devinrent si considérables qu'une nouvelle disposition législative fut nécessaire ; c'est alors qu'intervint l'arrêt du conseil du 16 juin 1681, lequel ordonna *l'exécution, selon leur forme et teneur, des édits, déclarations, arrêts et règlements sur le fait des postes et messageries.* Il résulte de cette disposition qu'en 1681, et en vertu même de l'arrêt du conseil de cette année que la Cour de Bourges invoque, l'édit de 1676 était en vigueur, et qu'alors il entrait par conséquent dans les attributions des messagers de transporter, clos et cachetés, les sacs de procédure, attributions qu'ils ont conservées jusqu'en 1790.

Quoi qu'il en soit, nous ne pouvons terminer cet article sans faire remarquer que la jurisprudence de la Cour de cassation (arrêts des 23 août et 27 septembre 1839, 20 mars 1840 et 11 juin 1842), se fondant particulièrement sur l'arrêt du conseil du 18 juin 1681, n'accorde aux entrepreneurs de voitures publiques le droit de transporter les lettres relatives à leur service personnel qu'autant qu'elles ne sont pas cachetées. — On ne peut se dissimuler, jusqu'à un certain point cependant, que cette jurisprudence pourrait être invoquée avec quelque apparence de raison contre le droit de transporter les sacs de procédure cachetés ; elle a sans doute exercé une grande influence sur la Cour de Bourges, et très-probablement c'est elle qui a porté cette Cour à assimiler dans l'ancienne législation les sacs de procédure aux lettres de voiture.

Voici au surplus les principaux motifs de l'arrêt de la Cour de cassation du 11 juin 1842 : — Attendu que l'art. 1er de ce dernier arrêté (celui du 27 prair. an IX) défend à tous entrepreneurs de voitures publiques, et à toute autre personne étrangère au service des postes, de s'immiscer dans le transport des lettres ; — Attendu que, pour l'exécution de cette disposition, l'art. 3 de ce même arrêté autorise à faire toutes perquisitions et saisies sur les messagers, piétons, etc. ; — Attendu que, si l'art. 2 du même arrêté excepte des prohibitions prononcées, les papiers uniquement relatifs au service personnel des entrepreneurs, cette exception ne peut s'appliquer à une lettre cachetée dont un messager est trouvé porteur ; qu'il résulte de la combinaison de l'art. 2 précité avec les dispositions des règlements et arrêts du conseil des 18 juin et 29 novembre 1681, maintenus en vigueur par l'arrêté du 26 ventôse an VII, que l'exception dont il s'agit ne comprend que les lettres de voiture des marchandises que ces messagers voitureront, lesquelles doivent être ouvertes et non cachetées, et que, si l'arrêté de l'an IX étend l'exception à tous les papiers relatifs au service personnel des entrepreneurs, ces papiers doivent être assujettis aux mêmes conditions que les lettres de voiture elles-mêmes ; qu'il résulte d'ailleurs du principe de l'inviolabilité du secret des lettres et des dispositions de l'arrêté de l'an IX, sur la destination à donner aux lettres cachetées trouvées entre les mains des messagers ou autres assujettis, qu'on ne peut, au moment de la saisie d'une lettre cachetée, en examiner le contenu et vérifier si elle rentre dans les exceptions prévues.

A annoter au mot **Postes**, n° 5.

ART. 20.

CONTRAINTE PAR CORPS.

PARENTÉ. — TIERS PORTEUR. — EFFET DE COMMERCE.

La contrainte par corps peut être exercée par le tiers porteur d'un effet de commerce souscrit par un individu au profit de l'un de ses parents, au degré prévu par l'art. 19 de la loi du 17 avril 1832; la prohibition portée en cet article ne pouvant être opposée par le souscripteur qu'à son parent.

PREMIER ARRÊT.

COUR ROYALE DE PARIS. — 1er AVRIL 1840.

LA COUR, — En ce qui touche la contrainte par corps; — Considérant que Mauruc ayant souscrit le billet à ordre dont il s'agit, comme faisant du commerce sa profession, s'est obligé ainsi directement envers les tiers porteurs a les désintéresser à l'échéance, en se soumettant à leur égard à la contrainte par corps; — Que l'exception tirée du § II de l'art. 19 de la loi du 17 avril 1832 étant personnelle et restrictive à l'égard de ceux vis-à-vis desquels la prohibition est prononcée, cette exception ne saurait dès lors être opposée au tiers porteur; — Confirme.

SECOND ARRÊT.

COUR ROYALE DE PARIS. — 3 MARS 1842.

LA COUR, — Considérant qu'il résulte des pièces et documents produits que l'appelant est négociant, et qu'il n'est pas établi que le billet dont il s'agit n'ait pas une cause commerciale; — Considérant d'ailleurs que l'exception de parenté n'est pas opposable aux tiers; — Confirme le jugement (qui prononçait la contrainte par corps).

Auteurs. — Pour : Coin-Delisle, *Comment. L.* 17 avril 1832, p. 103, analog.; Merlin, *Quest. de dr.* v° Etranger, § IV, n°s 3 et 4; Fœlix, *Comment. L.* 17 avril 1832, n° 9 de l'art. 15.

Jurisprudence. — Pour : Bourges, 8 mai 1837. — La question était controversée avant la loi du 17 avril 1832 ; aujourd'hui la jurisprudence paraît irrévocablement fixée dans le sens des arrêts que nous rapportons.

A annoter au mot Contrainte par corps, n° 2.

ART. 21.

—

SIGNIFICATION.

CESSION DE CRÉANCE. — CONNAISSANCE OFFICIEUSE. — LIBÉRATION.

La connaissance officieuse donnée par le cédant au débiteur cédé du transport de la créance due par ce dernier, fait-elle obstacle à ce qu'il puisse valablement se libérer entre les mains du cédant?

FAITS.

Le sieur Nicod était débiteur envers Renard de 1996 fr., que ce dernier céda au sieur Berthin ; Renard donna lui-même connaissance de cette cession à Nicod. — Lors de l'échéance, Nicod, assigné par Berthin, prétendit qu'il avait remboursé à Renard la somme par lui cédée, attendu que la cession qui en avait été faite au demandeur, n'avait pas été légalement signifiée à lui débiteur. — Jugement du tribunal d'Ajaccio déclarant que, d'après les faits et circonstances de la cause, la signification de la cession n'était pas nécessaire, et portant condamnation de Nicod au payement de la somme réclamée. — Appel.

ARRÊT.

COUR ROYALE DE BASTIA. — 2 MAI 1842.

LA COUR, — Attendu que des faits et documents de la cause, il résulte que le sieur Nicod a eu connaissance de la cession faite au sieur Berthin par le sieur Renard de la somme de 1996 francs, résultant en faveur de ce dernier par le règlement de compte du 17 juin 1840 entre lui et le sieur Nicod ; que dès lors le sieur Nicod connaissait ladite cession par suite de laquelle il avait été déchargé du cautionnement de 1200 francs qu'il avait fait pour sûreté des sommes dues au sieur Berthin par le sieur Renard ; il en résulte que la notification régulière de l'acte de cession n'était pas nécessaire, et qu'il ne pouvait faire des payements capables d'être opposés au cessionnaire ; — Confirme.

Auteurs. — Pour : Chopin, *Coutume de Paris,* tit. des actions personn., n° 8 ; Troplong, *De la vente,* n° 900. — Contre : Ferrière, *Cout. de Paris,* art. 108, § I, n° 8 ; Duvergier, *De la vente,* n⁰ˢ 208 et suiv.

Jurisprudence. — Pour : Orléans, 29 novembre 1838 ; Cass. 13 juillet 1831. — Contre : Cass. 17 mars 1840 ; arg. Cass. 4 décembre 1827, 16 avril 1828.

OBSERVATIONS.

La difficulté soumise à la Cour de Bastia est née de l'art. 1691 du Code civil, qui déclare valable le payement fait par le débiteur cédé, au cédant, au préjudice du cessionnaire, de la somme transportée à ce dernier, avant la *signification du transport.* Il s'est agi de savoir si cette signification pouvait être remplacée, au respect du cessionnaire et du débiteur cédé, par la connaissance du transport donné à celui-ci officieusement, directement ou indirectement, de toute autre manière enfin que par une signification ? Cette question a été résolue affirmativement par l'arrêt ci-dessus transcrit, d'accord avec l'opinion de Chopin et celle de Troplong, et avec un arrêt de la Cour royale d'Orléans du 29 novembre 1838, qui décide que les formalités prescrites par l'art. 1690 du Cod. civ., pour saisir le cessionnaire de la créance cédée, ne sont exigées qu'à l'égard des tiers, et qu'en conséquence le débiteur qui s'est engagé à payer le montant de la cession au délégataire de son créancier, en le dispensant de la signification du transport, n'est pas fondé à repousser ce délégataire pour défaut de signification, lors même qu'un second délégataire, qui a rempli les formalités voulues par la loi (la signification ou l'acceptation authentique), viendrait le contraindre au payement. — Quant à l'arrêt de cassation du 13 juillet 1831, invoqué par M. Troplong pour motiver son opinion, M. Duvergier prétend qu'il n'a pas la portée que lui attribue cet auteur, qu'il n'apprécie les effets du défaut de signification et de ce qui pourrait y suppléer que dans les rapports entre cessionnaires successifs, et non ses effets du débiteur cédé au cessionnaire. Nous croyons que M. Duvergier est dans l'erreur. En effet, la question résolue affirmativement par l'arrêt du 13 juillet 1831 est celle-ci : Le débiteur cédé, qui a eu connaissance du transport autrement que par une signification, peut-il empêcher l'exécution de la cession au préjudice du cessionnaire en invoquant le défaut de signification ? Voici au surplus dans quelle espèce cet arrêt a été rendu : Un sieur Perrin, qui devait à

Lemps 12.000 fr., devint cessionnaire sur ce dernier d'une somme de 6,000 fr.; il ne fit point signifier son transport à Lemps, mais le produisit dans une instance où ce dernier était représenté par un mandataire nommé Busco. Plus tard Lemps céda audit sieur Busco sa créance de 12,000 fr. sur Perrin. Busco assigna Perrin en payement des 12,000 fr.; celui-ci lui opposa la compensation des 6,000 fr. à lui dus par Lemps, compensation refusée par Busco, sous le prétexte que le transport de Perrin sur Lemps n'avait pas été signifié. La Cour ordonna la compensation, et par conséquent reconnut le cessionnaire régulièrement saisi de la créance vis-à-vis du débiteur cédé par la connaissance donnée à ce dernier, même indirectement, du transport. — Il est à remarquer du reste, 1° Que cet arrêt s'occupe plutôt de compensation que de saisine; 2° Qu'il a considéré le transport fait à Busco comme frauduleux; 3° Et qu'il a établi que Busco lui-même avait eu connaissance du transport fait à Perrin, bien avant de devenir cessionnaire de Lemps.

L'opinion de Duvergier nous paraît plus conforme à l'esprit et au texte de l'art. 1691 du Code, et nous l'adoptons. « Suivant cet auteur, tant que le débiteur cédé n'a pas reçu la signification du transport, il n'a pas la certitude légale que la créance a changé de main; dès lors il n'a rien à craindre pour la validité du payement fait au premier titulaire; l'art. 1691 le déclare valable, il est donc sans intérêt et sans droit à le refuser. »—Or, dès que le débiteur cédé ne peut refuser le payement au cédant sans représenter une signification, et c'est ce qu'ont décidé les deux arrêts des 4 décembre 1827 et 16 avril 1828, comment prétendre rendre responsable de ce payement le débiteur cédé vis-à-vis du cessionnaire, et l'obliger à payer une seconde fois entre les mains de ce dernier, sous le prétexte qu'il a donné officieusement connaissance du transport au débiteur cédé? L'arrêt du 17 mars 1840 tranche d'ailleurs la question très-nettement : Attendu, y est-il dit, que l'arrêt attaqué en reconnaissant à l'acte dont il s'agit le caractère de transport de droit litigieux, et par suite en décidant que le cessionnaire n'aurait pu être saisi à l'égard du détenteur (débiteur cédé), que par la signification ou son acceptation, et qu'il n'y avait pas lieu d'admettre le demandeur à prouver que le transport avait été connu de Gauthier autrement que par signification ou acceptation, n'a violé aucun principe.

Concluons donc que le cessionnaire n'est régulièrement saisi de la somme transportée, à l'égard du débiteur cédé, que par la signification du transport faite à ce dernier, ou par son acceptation par acte authentique, — que jusque-là le cédant peut contraindre le débiteur à le payer, — et qu'à plus forte raison, et à cet égard l'art. 1690 est formel, les tiers peuvent faire des oppositions, et accepter avec sécurité un nouveau transport sur le débiteur cédé.

A annoter au mot Transport de Créances, n° 7.

ART. 22.

—

HUISSIER.

COMMANDEMENT TENDANT A SAISIE IMMOBILIÈRE. — PRÉSENTATION AU VISA. — OBLIGATION D'AGIR PERSONNELLEMENT.

L'huissier qui a fait un commandement tendant à saisie immobilière est tenu de présenter personnellement l'original de cet acte au visa du maire ou de l'adjoint.

En d'autres termes, l'art. 45 du décret du 14 juin 1813 est général et s'applique à tous les actes signifiés par les huissiers, et notamment au visa qu'ils doivent, dans certains cas, requérir des fonctionnaires publics.

FAITS.

M. G....., huissier, après avoir signifié au débiteur un commandement expropriatif, le fit présenter par un tiers au visa du maire. Son confrère, M. D....., qui opéra la saisie, fit également présenter cet acte par un tiers au visa du maire. Les deux visas furent donnés par le maire.

Informé de ces faits, le procureur du roi de l'arrondissement de Thiers cita MM. G..... et D....., huissiers, devant le tribunal, pour infraction à l'art. 45 du décret du 14 juin 1813, et soutint qu'ils devaient être condamnés à une suspension de trois mois, et à une amende de 200 francs à 2000 francs.

2 juin 1842, jugement qui renvoie les deux huissiers de la poursuite : « Considérant qu'il est établi, par la déposition des témoins entendus, que les sieurs D..... et G....., huissiers, ne se sont pas présentés eux-mêmes chez M. l'adjoint, à la mairie de Celles, pour requérir le visa des deux actes de leur ministère; — Considérant que l'art. 45 du décret du 14 juin 1813 dispose que l'huissier qui ne remettra pas lui-même la copie de ses actes sera passible des peines portées par ledit article; — Considérant que, d'après la loi du 2 juin 1841, l'huissier, lorsqu'il s'agit de poursuites en matière de ventes d'immeubles par suite de sai-

sie, n'est pas tenu de laisser des copies aux fonctionnaires publics de l'ordre administratif, lorsqu'il se présente pour requérir le visa, et qu'il n'existe aucune loi pénale applicable à l'espèce ; que par suite la prévention qui était imputée aux huissiers G... et D... disparaît complétement.

3 août 1842, arrêt confirmatif de la Cour royale de Riom rendu sur l'appel du ministère public.

Pourvoi de ce dernier en cassation pour violation de l'art. 45 du décret du 14 juin 1813. Il a dit : L'interprétation donnée par le jugement dénoncé est contraire à la lettre et à l'esprit du décret du 14 juin 1813. *A la lettre*, en ce qu'il ne distingue pas entre la remise momentanée qui est faite au maire d'un exploit pour y apposer son visa, et la remise définitive de la copie ; la remise, dans un cas comme dans l'autre, doit être faite personnellement par l'huissier. — *A l'esprit du décret*, qui a eu en vue de rendre obligatoire l'action personnelle de l'huissier. Or, le visa ayant pour but de donner une plus forte garantie à cette action dans les cas les plus graves, on ne pourrait affranchir l'huissier de la peine, alors qu'il n'a pas requis lui-même le visa, sans l'autoriser par là à ne point se présenter à la formalité qui a précisément pour but de constater sa présence : ce serait une contradiction dans la loi, et c'est ce qu'a décidé l'arrêt du 19 février dernier, bien qu'il semble ne s'appliquer qu'à des actes antérieurs à la loi du 2 juin 1841, laquelle n'a diminué en rien les devoirs de l'huissier.

ARRÊT.

COUR DE CASSASION. — 7 OCTOBRE 1842.

LA COUR, — Statuant sur le pourvoi formé par le procureur général du roi, près la cour royale de Riom, contre l'arrêt de ladite Cour, chambre des appels de police correctionnelle, du 3 août 1842, confirmatif d'un jugement du tribunal de police correctionnelle de Thiers, du 2 juillet 1842, qui a relaxé Antoine D..... et Germain G....., huissiers à Thiers, de la poursuite dirigée contre eux par le ministère public, comme prévenus de contravention aux dispositions des articles 673 et 676 C. pr., et 45 du déc. du 14 juin 1813 ; — Vu le mémoire produit à l'appui du pourvoi par le procureur général, demandeur en cassation ;

Vu l'art. 45 du décret du 14 juin 1813, portant règlement sur l'organisation et le service des huissiers ; ledit article ainsi conçu :

« Tout huissier qui ne remettra pas lui-même à personne ou domicile l'ex- » ploit et les copies de pièces qu'il aura été chargé de signifier, sera con- » damné, par voie de police correctionnelle, à une suspension de trois mois, » à une amende qui ne pourra être moindre de 200 fr. ni excéder 2,000 fr., » et aux dommages-intérêts des parties ; si néanmoins il résulte de l'instruc- » tion qu'il agi frauduleusement, il sera poursuivi criminellement et puni » d'après l'art. 146 C. pén. ; »

Attendu que l'article précité est général et s'applique à tous les actes qu'un huissier est tenu de signifier, et qui doivent être son œuvre personnelle ; que le *visa* des fonctionnaires publics, qui est ordonné pour certains cas, a pour but d'ajouter une garantie de plus de la vérité des faits constatés par l'acte, et spécialement du transport de l'huissier ;

Attendu que le visa prescrit par l'art. 673 C. pr. sur l'original du commandement à personne ou domicile qui précède la saisie immobilière, est un *acte personnel* à l'huissier, dans lequel il ne peut se faire suppléer par aucun individu ; qu'en effet ledit article porte : « L'huissier ne se fera point assister de » témoins ; il fera, dans le jour, *viser* l'original par le maire ou adjoint du » domicile du débiteur ; » que si la loi du 2 juin 1841, pour simplifier la procédure, a supprimé la disposition dudit article, qui prescrivait à l'huissier de laisser une seconde copie au maire ou à l'adjoint qui donne le *visa*, l'obligation pour l'huissier de *présenter lui-même l'original* du commandement au visa du maire et de l'adjoint n'en est devenue que plus impérieuse pour offrir au débiteur poursuivi toutes les garanties que la loi a voulu lui assurer ;

Attendu que, dans l'espèce, l'arrêt attaqué déclare qu'il est constant, en fait, qu'Antoine D... et Germain G..., huissiers, ne *se sont pas présentés eux-mêmes*, chez l'adjoint à la mairie de Celles, pour requérir le *visa* de deux actes de leur ministère, et que ledit arrêt les a relaxés de la poursuite dirigée contre eux à raison de ces faits, en se fondant sur ce que, d'après les dispositions de la loi du 2 juin 1841, l'huissier, lorsqu'il s'agit de poursuites en matière de vente de biens immeubles par suite de saisie, n'est pas tenu de laisser des copies aux fonctionnaires de l'ordre administratif, lorsqu'il se présente pour requérir le *visa*, et qu'il n'existe aucune loi pénale applicable à l'espèce ;

Attendu qu'en jugeant ainsi, l'arrêt attaqué a formellement méconnu et violé l'art. 45 du décret du 14 juin 1813 ; — Casse.

Auteurs. — Pour : *Encyclop. des Huissiers*, au mot *Huissier*, n° 135 ; Dalloz, *Rec. périod.*, an 1843, première partie, p. 18. — Contre : Billequin, *Journal des Huissiers*, t. XXIII, p. 25.

Jurisprudence. — Pour : Cassation, 19 février 1842, dans un cas qui s'est présenté avant la promulgation de la loi du 2 juin 1841.

OBSERVATIONS.

La doctrine consacrée par l'arrêt du 19 février 1842, et par celui dont nous venons de donner le texte, conforme à l'opinion que nous avons émise dans notre *Encyclopédie*, au mot *Huissier*, n° 135, où nous disons que l'huissier ne peut, *dans aucun cas, dans aucune circonstance*, se dispenser de remplir *personnellement* son ministère, nous paraît en harmonie parfaite avec les principes généraux sur les devoirs et les obligations des huissiers.

De tout temps, et les ordonnances de 1356, 1498 et 1535, ainsi que les arrêtés des 27 juin 1568 et 7 septembre 1654 en font foi, les huissiers ont été obligés de remplir personnellement les fonctions de leur ministère ; ils n'ont jamais pu les déléguer à qui que ce soit, ni même user de la faculté dont jouissent les notaires de se faire substituer par un confrère agissant en leur nom ; il ne leur a jamais été permis de faire remettre une simple copie de citation par leurs clercs, et ce n'est qu'en s'exposant à des peines disciplinaires très-graves, et dans certains cas aux peines du faux, que les huissiers ont pu faire remettre aux parties, par des tiers, les copies d'exploits qu'ils avaient à leur signifier.

L'art. 45 du décret du 14 juin 1813, transcrit plus haut, confirmant ces prohibitions, a défendu, d'une manière toute spéciale, la délégation des fonctions d'huissier, en imposant à ces fonctionnaires, dans l'intérêt des justiciables, afin de garantir autant que possible la remise des exploits et l'accomplissement exact de la mission à eux confiée, l'obligation d'accomplir *eux-mêmes* leurs fonctions, sous des peines sévères, trop sévères même, appliquées avec rigueur par la Cour de cassation, qui n'admet pour excuse ni la bonne foi de l'huissier, ni sa présence à la remise faite par un tiers, ni même un obstacle matériel à ce qu'il ait pu faire lui-même cette remise. Cassation, 30 juillet 1836, 22 février et 7 août 1828, 25 mars 1836.

Lors de l'arrêt du 19 février 1842, intervenu sur un fait accompli avant la loi sur la saisie immobilière, de même que devant la Cour royale de Riom, dont la décision a été cassée par l'arrêt du 7 octobre 1842, on a essayé d'établir une distinction dans l'intérêt des huissiers. — L'art. 45 du décret du 14 juin 1813, a-t-on dit, n'astreint les huissiers qu'à remettre *eux-mêmes* les exploits ou copies de pièces ; il ne les astreint pas à requérir eux-mêmes les *visa*. Or, les dispositions prescriptives et pénales ne doivent pas être étendues aux cas qu'elles n'ont pas spécialement prévus ; donc il y a ici exception à la pénalité pour le cas où l'huissier aurait négligé de requérir *lui-même* les *visa*. — Il importait peu, d'un autre côté, sous l'empire du Code de procédure, et avant la loi du 2 juin 1841, que l'huissier remît ou ne remît pas *lui-même* la copie de l'exploit ou du procès-verbal de saisie au magistrat chargé de viser l'original, puisqu'il n'avait à constater ni cette remise, ni le visa postérieur à la confection de son exploit. L'obtention et l'existence du visa sur l'original constituaient la formalité tout entière, et accomplissait entièrement le but de la loi. A plus forte raison est-il indifférent, sous l'empire de la loi nouvelle, que l'huissier obtienne en personne le visa, puisqu'il n'a aucune signification à faire et ne laisse pas de copie au magistrat.

Mais, ainsi que la Cour suprême l'a jugé, ces arguments sont repoussés par l'esprit du décret de 1813 et du Code de procédure.

Il faut bien, dit Dalloz (*loc. cit.*), il faut bien saisir l'esprit de ce décret et le lien qui l'unit aux dispositions du Code de procédure. A l'époque où ce décret a été rendu, le Code de procédure exigeait que copie du commandement ou du procès-verbal

de saisie fût donnée au magistrat qui visait l'original. Il est irrévocablement décidé par la jurisprudence que rien ne pouvait
dispenser l'huissier de remettre *lui-même* cette copie. Or, comment admettre, ainsi qu'on a voulu le faire, que le décret de
1813 aurait la pensée qu'on pût couper en deux en quelque sorte
la formalité du visa et celle du laisser copie réunies intimement
par l'art. 673 du C. pr.? En effet la disposition de cet article est
positive et géminée : « L'huissier, porte-t-il, *fera*, dans le jour,
» viser l'original par le maire, ..., *et* il laissera une seconde
» copie à celui qui donnera le visa. » Ainsi l'huissier doit commencer par requérir le visa, puis après laisser copie. Le visa
est ici la principale formalité et le laisser copie n'est que l'accessoire; il est donc impossible de séparer ces deux formalités,
qui se lient entre elles et dépendent évidemment d'un seul et
même ministère, et d'admettre que le décret de 1813, qui n'était
qu'une législation complémentaire d'ordre et de prévoyance, aurait pu et voulu déroger à une disposition éminemment régula-
trice du Code de procédure. En un mot, le visa est une formalité, une partie essentielle de l'exploit, sans laquelle il n'y a pas,
à proprement parler, de remise d'exploit à un individu qui est
absent de son domicile.

Quoiqu'elle ait supprimé la nécessité de laisser copie au magistrat qui vise, la disposition des nouveaux articles 673 et 676
est formelle et impérative, comme celle des articles qu'elle a
remplacés, et par conséquent elle n'admet ni restriction ni modification. L'huissier, dit-elle, *fera, dans le jour, viser son
original.* Et, ainsi que l'a dit la Cour de cassation, la loi de 1841,
en simplifiant la procédure et en supprimant la copie à signifier
au magistrat chargé du visa, a rendu plus impérieuse encore
l'obligation pour l'huissier de présenter lui-même l'original de
ses actes au visa, afin d'offrir au débiteur poursuivi toutes les
garanties que la loi a voulu lui assurer. En effet le visa n'a pas
seulement pour but de constater que le commandement ou le
procès-verbal de saisie ont été portés à la connaissance du maire
du domicile actuel du saisi, ou du maire de la commune dans
laquelle est situé l'immeuble saisi, il a encore, et surtout, pour
but de constater le transport de l'huissier, de vérifier la qualité
de ce dernier, et de plus il est un des éléments qui garantissent
aussi l'authenticité des actes qu'il doit faire viser par le maire.
Or, comment cette authenticité serait-elle certaine pour ce magistrat si l'huissier faisait viser par un tiers sans qualité? Comment admettre au reste un système qui permettrait à des fonctionnaires ministériels d'interpréter à leur gré le texte même de
la loi qu'ils sont chargés de mettre à exécution?

A ces raisons, nous en ajouterons trois qui nous paraissent
péremptoires :

La première, c'est que l'art. 66 du tarif accorde un émolument à l'huissier pour la réquisition et la réception du visa. Or, n'est-il pas de principe que le salaire n'est dû qu'à celui qui procède à l'acte salarié? Pourquoi alors la législateur aurait-il accordé un droit à l'huissier s'il n'avait pas entendu qu'il requît personnellement le visa? Pourquoi payer à l'huissier une formalité qu'un tiers, que le saisissant lui-même, eût pu accomplir?

La seconde, c'est que le visa est prescrit à peine de nullité. Si l'on admet que l'huissier, seul fonctionnaire désigné par la loi pour recevoir le visa, puisse se faire suppléer par un tiers, qui donc sera responsable vis-à-vis du saisissant de la nullité du visa? Ce ne pourrait être l'huissier, puisqu'il n'aurait fait qu'user d'un droit que la loi lui accorderait. Ainsi le commandement serait nul, il ferait tomber toute la procédure, et le saisissant n'aurait aucun recours à exercer! et il serait obligé de payer le coût d'actes nombreux sans pouvoir élever aucune répétition! Cela serait contraire non-seulement au droit commun, mais encore à toutes les règles d'équité qui régissent la profession d'huissier.

La troisième enfin, c'est qu'en cas de refus ou d'absence de la part des personnes qui doivent donner le visa, c'est-à-dire du maire, de l'adjoint ou des conseillers municipaux, l'huissier doit constater le refus ou l'absence, et se transporter auprès du procureur du roi pour faire viser son exploit. Un tiers aurait-il qualité pour accomplir cette formalité?

La Cour a donc maintenu un principe éminemment sage, nous ne pouvons nous dispenser de le reconnaître, en déclarant qu'on ne saurait, sans violer la loi, dispenser les huissiers de requérir par eux-mêmes le visa de leurs actes.

A annoter aux mots **Exploit**, n° 135; — **Saisie immobilière**, n° 71.

ART. 23.

OFFICE.

PRIVILÉGE DU VENDEUR. — FAILLITE DU TITULAIRE.

L'article 550 du Code de commerce ainsi conçu : « Le privilége » et le droit de revendication, établis par le n° 4 de l'art. 2102 » du Code civil au profit du vendeur d'effets mobiliers, ne se-

» ront point admis en cas de faillite. » *est-il applicable au privilége du vendeur d'un office dont le titulaire fait faillite?*

FAITS.

Deux frères, les sieurs Blanchard, qui exerçaient le commerce en société, achetèrent, en 1839, chacun une charge de courtier de commerce, l'un à Marseille, l'autre à Paris. Celui-ci, Adolphe Blanchard, acquit la charge du sieur Morel, moyennant 90,000 fr., qui furent payés jusqu'à concurrence de 60,000 fr., par acte authentique, savoir : 30,000 fr. avec des fonds versés par un sieur Ouvrard, et 30,000 fr. avec des fonds fournis par un sieur Martin, aux droits duquel un sieur Jarre fut substitué postérieurement.

Les frères Blanchard furent déclarés en faillite, tant en leurs noms collectifs qu'individuellement, en 1841. Le sieur Jarre se présenta à la faillite d'Adolphe Blanchard, et voulut exercer sur le prix de la charge de courtier son privilége de vendeur jusqu'à concurrence de 30,000 fr. : ce qui fut contesté.

La difficulté, portée devant le tribunal de première instance de la Seine fut résolue en ces termes : — « Attendu qu'aux termes de l'art. 550 du Code de commerce, le privilége du vendeur d'effets mobiliers ne peut être admis en cas de faillite; — Rejette, sur ce chef, la demande du sieur Jarre.

Appel de la part de ce dernier.

La question de privilége, a dit son avocat, n'a pas été discutée devant les premiers juges; elle n'a peut-être pas été entrevue : autrement ils ne l'auraient point tranchée par un seul motif, ils auraient abordé les objections et les auraient réfutées.

Que veut-on donc? Anéantir, en cas de faillite de l'un des titulaires d'offices dénommés en la loi de 1816, le privilége que l'on a toujours reconnu au cédant non payé sur le prix de la charge. Et cette disposition qui crée un droit nouveau, qui détruit éventuellement la garantie de la propriété des offices, on l'a tirée, non d'une loi spéciale sur la matière, mais du Code de commerce.

L'art. 550, dit-on, ne distingue pas; il a été introduit dans le Code lors de la révision de la loi des faillites, afin de faire un sort égal à tous les créanciers dans le malheur commun qui vient de les frapper.

Ces raisons sont vraies quand il s'agit de la vente d'un fonds de commerce : d'une part, ceux qui ont traité avec l'acquéreur ont traité sur la foi de la garantie que leur offrait le fonds de commerce; ils n'ont pu s'enquérir s'il a été payé; la célérité des opérations commerciales ne le permet pas. En outre, le vendeur a pu, a dû prévoir la possibilité de la faillite de celui avec lequel il traitait; il a dû prendre ses précautions en conséquence.

Mais quand il s'agit de la vente d'un office, sa position n'est plus la même, le vendeur n'a pas dû penser à la faillite; il sait que son cessionnaire ne peut tomber en faillite que s'il transgresse la loi. Or, les investigations qui précèdent la nomination d'un officier public, les renseignements que prend l'administration sur la moralité d'un candidat, doivent donner au vendeur de l'office pleine confiance dans l'avenir de son successeur.

Qu'un officier ministériel, sans s'être livré à des actes de commerce, tombe en déconfiture, ses créanciers seront obligés de souffrir sur le prix de sa charge l'exercice du privilége qui appartient au vendeur. Ce serait donc au profit de ceux qui, en faisant des actes de commerce avec l'officier ministériel, se seraient rendus ses complices, qui l'auraient aidé à violer la loi, qui auraient préparé et amené sa faillite, ce serait à leur profit que la nullité du privilége serait prononcée. Il est impossible que le législateur ait ainsi favorisé ceux qu'il aurait dû punir.

Le privilége d'ailleurs, dans le cas de la vente d'un office, existe au moment de la vente.

Or, il ne peut dépendre du fait personnel de l'un des contractants de venir changer les conditions du contrat; ce serait d'ailleurs mettre les vendeurs à la merci de l'acquéreur. Celui-ci, alors qu'il ne réussirait pas, pourrait venir dire à son prédécesseur : « Il me faut une diminution sur mon prix, ou je fais le commerce, et vous perdez votre privilége. »

Voilà le danger de détourner les dispositions du but pour lequel elles ont été faites; il faut laisser l'art. 550 à sa spécialité : il y produira tout le bien qu'en ont attendu ceux qui l'ont fait adopter; mais cet article ne produirait que confusion et désordre s'il était appliqué au cas de faillite d'un officier ministériel.

Malgré ces observations, le jugement de première instance a été confirmé par l'arrêt suivant :

ARRÊT.

COUR ROYALE DE PARIS. — 16 JANVIER 1843.

LA COUR, — Considérant que les dispositions de l'art. 550 du Code de commerce sont générales, et qu'elles s'appliquent aux prix dus pour toutes ventes d'effets mobiliers;

Que cette généralité comprend nécessairement la créance née de la vente d'un office, laquelle ne peut être considérée que comme représentation du prix d'un objet mobilier;

Que les priviléges sont de droit strict, et ne peuvent s'étendre au dehors des restrictions prononcées par la loi; — Confirme.

Jurisprudence. — Aucun précédent sous la loi du 28 mai 1838. — Sous l'ancienne législation, qui ne refusait pas le privilége en cas de faillite, arrêt de la Cour de Paris du 23 mai 1838, qui admet le vendeur d'un office à exercer son privilége sur le prix de sa charge revendue par son successeur tombé en faillite.

A annoter au mot Office , § 4.

ART. 24.

—

GRAINS EN VERT.

VENTE. — NULLITÉ. — SAISIE—BRANDON.

La loi du 6 messidor an III qui prohibe la vente des grains en vert et pendants par racines, n'a été abrogée ni par le Code civil ni par l'art. 626 du Code de procédure.

En conséquence la vente de ces grains est nulle, à moins cependant qu'elle n'ait lieu par suite de saisie-brandon.

FAITS.

Le 25 mai 1841, le sieur Saury vendit au sieur Turrel la récolte, alors à faire, de céréales encore pendantes par racines, sur des terres qu'il tenait à ferme : la vente comprenait aussi la luzerne que ces mêmes terres produisaient dans l'année.

Postérieurement à cette vente, un premier créancier du vendeur fit pratiquer une saisie-brandon sur les récoltes vendues, puis un second créancier fit procéder à un récolement.

Turrel, l'acquéreur, attaqua en nullité les procès-verbaux de saisie et de récolement ; mais les saisissants attaquèrent à leur tour la vente du 25 mai 1841, comme renfermant une aliénation de grains prohibée par la loi du 6 messidor an III.

Jugement du tribunal civil de Carcassonne, qui déclare la loi du 6 messidor abrogée par le Code civil, valide en conséquence la vente faite à Turrel, et annulle la saisie-brandon et le récolement ; — Appel par Moulin, l'un des saisissants ; — Turrel a opposé une fin de non-recevoir tirée de ce que la créance pour laquelle il avait été procédé à la saisie-brandon et au récolement, était inférieure à 1500 fr. ; — Au fond il a prétendu que la loi de messidor an VI avait été abrogée par le Code civil, qui n'avait point reproduit la disposition prohibitive de cette loi, ce qui eût été d'autant plus nécessaire que cette prohibition était contraire au droit romain, et que la loi spéciale d'où elle résultait n'était que de circonstance. Il a induit la même abrogation soit du décret du 23 messidor an III, qui autorisait pour un grand nombre de cas la vente des grains en vert; soit de ce que ladite prohibition, qui rentrait dans les règlements de police, n'avait point de sanction pénale. Enfin il invoquait le principe général posé dans l'art. 1598 du Code civil, que tout ce qui est dans le commerce peut être vendu, principe destiné à favoriser la liberté du commerce, et auquel il ne peut être dérogé que par une disposition expresse.

ARRÊT.

COUR ROYALE DE MONTPELLIER. — 4 MAI 1842.

LA COUR, — Attendu, sur la fin de non-recevoir proposée contre l'appel, qu'en première instance le sieur Turrel revendiquait les fruits et récoltes saisis-brandonnés par Laffont et Moulins, dont il se prétendait propriétaire; — Que la demande en annulation de la saisie était accessoire de cette action en revendication, laquelle constituait le véritable objet du litige: qu'il faut donc avoir égard non à la quotité des sommes pour lesquelles avait procédé ladite saisie et le récolement ensuivi, mais à la valeur des récoltes et fruits revendiqués, et que cette valeur étant en elle-même indéterminée, quelque ait pu être le prix porté dans l'acte de vente, et le sieur Turrel ayant d'ailleurs demandé des dommages à arbitrer par justice, le jugement intervenu n'a pu être rendu qu'en premier ressort à l'égard de toutes parties; d'où suit que la fin de non-recevoir doit être écartée;

Attendu au fond que le décret du 6 messidor an III prohiba d'une manière absolue toutes les ventes de grains en vert et pendants par racines; — Attendu que ce décret n'a été abrogé ni par le Code civil, dont l'art. 1598 maintient au contraire les lois prohibitives de l'aliénation de certains objets, ni par aucune autre disposition des lois nouvelles; — Qu'il n'y a dans lesdites lois ni abrogation formelle ni abrogation tacite dudit décret, lequel n'avait fait au surplus que reproduire une prohibition prononcée dans l'ancien droit français par la déclaration du 22 juin 1694, et par les ordonnances antérieures y ramenées; — Qu'ainsi cette prohibition subsiste encore et doit être appliquée;

Attendu qu'un décret postérieur du 23 du même mois de messidor an III indique, il est vrai, divers cas auxquels ne s'applique pas cette prohibition; mais qu'il s'agit de savoir si le sieur Turrel peut se placer dans l'une de ces exceptions faites par le législateur de l'an III à la règle générale qu'il avait d'abord décrétée; — Attendu qu'il est d'abord allégué que l'espèce rentrerait dans la catégorie des changements de fermier, dont il est parlé dans le décret du 23 messidor an III; mais que l'acte du 25 mai 1841 prouve évidemment qu'il n'est question au procès de rien de semblable, puisqu'il laisse subsister le bail du 10 août 1839 sur la tête d'Eugène Saury, qu'il n'établit aucune relation entre le sieur Vié, bailleur, et le sieur Turrel, lequel devient au contraire acquéreur de la récolte de l'année seulement, avec déclaration que le payement de la rente de ladite année avait été fait et garanti, et que le bailleur ne formerait aucune réclamation quant à ce; qu'ainsi ce premier moyen est mal fondé ; — Attendu que le sieur Turrel soutient en second lieu que, d'après le second des deux décrets précités, la prohibition prononcée par le premier ne serait pas applicable aux ventes qui, ayant pour objet des grains en vert et pendants par racines, comprendraient en outre d'autres objets ; — Mais attendu que cette interprétation donnée au second décret est insoutenable ; que l'exception dont s'agit laisse évidemment intacte la prohibition du premier, en ce qui concerne les grains en vert, et ne s'applique qu'aux ventes relatives à de tous autres objets ; qu'ainsi les ventes des grains en vert restent toujours interdites, n'importe que l'acte porte en outre sur des objets différents ; — Attendu que ce second moyen étant ainsi rejeté comme le premier, il reste à examiner le motif auquel s'est arrêté le tribunal de première instance ; — Attendu qu'en décidant que les grains déclarés saisissables par l'art. 626 du Code de pr. civ., dans les six semaines antérieures à leur maturité, seraient par la même aliénables, le tribunal a évidemment mal jugé ; qu'il existe en effet entre le cas de la saisie et celui de l'aliénation des différences qui ne permettent pas de conclure de l'une à l'autre, et d'ailleurs les premiers juges n'ont pas fait attention que le décret du 23 messidor an III, en exceptant précisément le cas de saisie des fruits de la prohibition de vendre les grains en vert, laisse subsister cette prohibition en ce qui concerne les aliénations faites autrement que sous forme de saisie en justice ; — Attendu qu'il suit de tout ce que dessus que la vente du 25 mai 1841 se trouvant nulle, l'opposition du sieur Turrel doit être annulée ; — Par ces motifs, sans s'arrêter à la fin de non-recevoir, et disant droit à l'appel, a mis et met l'appellation et ce dont est appel à néant ; émendant, déclare nulle la vente du 25 mai 1841 ; ce faisant, rejette l'opposition du sieur Turrel à la saisie-brandon dont s'agit, et ordonne que les poursuites seront continuées.

Auteurs. — Conforme à l'opinion que nous avons émise dans notre *Encyclopédie des Huissiers*, aux mots *Blé en vert* et *Saisie-Brandon*, n° 11.

Pour : Merlin, Rép., v° *Vente*, § I, art. 1, n° 6 ; Toullier, t. VI, n°ˢ 118 et 119 ; Duvergier, t. I, n° 233 ; Troplong, *De la Vente*, n° 223 ; Duranton XVI, n° 161.

Jurisprudence. — Pour : Tribunal d'Alençon, 26 nov. 1833. — Contre : Agen, 2 août 1830.

OBSERVATIONS.

La loi romaine permettait l'aliénation des blés en vert, mais la législation française l'a toujours prohibée par des motifs d'ordre public, de peur, dit Troplong, que sous l'espérance d'un gain actuel les laboureurs ne se privent témérairement et à vil prix du fruit de leurs sueurs.

En effet, la vente des blés en vert était défendue par les capitulaires de Charlemagne, pour protéger les débiteurs contre la rapacité des créanciers ; par de nombreuses ordonnances de Louis XI, François Iᵉʳ, Henri III, Louis XIII, et notamment par une déclaration de Louis XIV du 22 juin 1694, où on trouve cette disposition : « Nous sommes informés que les usuriers et autres gens avides de gains illicites....., profitant de l'indigence des

laboureurs, achètent des grains en vert et font des traités défendus ....., dans l'espérance de mettre ces grains en réserve dans
des magasins détournés, et de ne les exposer en vente que dans
le temps de la cherté, et de causer, s'ils peuvent, la disette. » —
Un arrêt du Parlement de Paris du 16 décembre 1632 appliqua
les lois sur la vente des blés en vert, et prononça la nullité de
la cession faite par un laboureur de neuf années d'une redevance
en grains.

La loi du 6 messidor an III confirma et étendit ces dispositions en prohibant, d'une manière absolue, *toutes les ventes de
grains en vert*, sous peine de confiscation des grains vendus;
toutefois un décret du 23 du même mois vint bientôt tempérer
la rigueur de cette prohibition trop générale en permettant la
vente des grains en vert pendants par racines, par suite de tu-
telle, curatelle, changement de fermier, saisie de fruits, baux judiciaires et autres de cette nature.

Sur la question de savoir si le Code civil et le Code pénal ont
abrogé la loi de messidor an III, tous les auteurs que nous avons
cités ci-dessus ont adopté la négative. L'arrêt de la Cour d'A-
gen du 2 août 1830, qui se prononça pour l'affirmative, et dont
les motifs paraissent *hasardés* à Troplong, s'est fondé sur ce que
le Code civil n'avait pas renouvelé la prohibition de la loi de
l'an III, et sur ce que le Code pénal n'avait qualifié nulle part,
la vente de grains en vert de délit. — Mais on peut répondre,
au premier de ces motifs, que si l'art. 1598 du Code permet de
vendre tout ce qui est dans le commerce, il a soin d'ajouter :
« *Lorsque des lois particulières n'en ont pas prohibé l'aliénation.*»
Or, en ce qui concerne les grains en vert, il existe une loi particulière dont l'abrogation ne peut être prononcée que par une
loi explicite qui n'existe pas. — Et au second motif, d'une part,
que l'art. 484 du Code pénal a déclaré que les matières qu'il n'a
point réglées continueront de l'être par les lois particulières
qui les régissent, et d'autre part qu'il ne s'agissait d'appliquer
une disposition pénale, mais de prononcer sur la nullité ou la
validité d'un contrat de vente; enfin les motifs d'ordre public
qui ont donné naissance à la loi de messidor an III existant toujours, on ne peut supposer que les auteurs du Code civil et du
Code pénal, qui n'en ont rien dit, aient voulu abroger cette loi.

La jurisprudence qui résulte de l'arrêt que nous venons de
rapporter présente une grande importance pour les huissiers,
auxquels chaque année les notaires enlèvent un grand nombre
de saisies-brandons, en faisant consentir, par le débiteur au
profit de l'un de ses créanciers, une vente amiable qu'on ne peut
attaquer que pour cause de fraude. Dorénavant il sera inutile
de procéder par cette voie, et on pourra tout simplement opérer
une saisie des récoltes vendues. Si l'on vient opposer la vente,

le saisissant opposera à son tour la nullité de cet acte qui devra être prononcée.

Dans ce cas, comme l'instance en nullité se prolongera au delà de la maturité des récoltes, il sera bon d'assigner l'opposant en référé pour voir dire que les grains seront récoltés et engrangés par les soins du saisissant, qui fera constater par exploit la nature des grains et le nombre de gerbes récoltés, tous droits et actions réservés. De cette manière on préviendra la perte des récoltes sur pied dans l'intérêt de toutes les parties.

A annoter aux mots Blé en Vert, et Saisie-Brandon, n° 11.

ART. 25.

—

OFFICE.

CRÉATION. — INDEMNITÉ AU PROFIT DES TITULAIRES EN EXERCICE.

La création de nouveaux offices donne lieu à une indemnité au profit des titulaires auxquels cette création porte préjudice.

Ce principe important pour les officiers ministériels en exercice, et qui, tout considéré, n'est cependant qu'une des conséquences de cet autre principe écrit dans la loi, pratiqué par le gouvernement et reconnu par la jurisprudence, que les offices sont une propriété privée, s'induit d'abord d'une ordonnance royale, puis d'une délibération du conseil général de la Seine, que nous avons cru utile de reproduire ici :

ORDONNANCE ROYALE. — 26 AOUT 1839.

LOUIS-PHILIPPE, etc., sur le rapport de notre ministre du commerce et de l'agriculture ; vu la loi du 28 ventôse an IX et l'arrêté réglementaire des consuls du 29 germinal de la même année, l'arrêté des consuls du 13 messidor an IX, le décret du 22 janvier 1813 et l'ordonnance royale du 15 octobre 1817, qui ont successivement élevé le nombre des courtiers de commerce de la ville de Marseille à cinquante-quatre et à soixante-dix ; vu les demandes de la chambre de commerce de Marseille, signalant l'insuffisance de ce dernier nombre, et la nécessité de l'augmenter dans une proportion considérable ; notre conseil d'Etat entendu ; nous avons ordonné et ordonnons ce qui suit :

ARTICLE PREMIER.

Le nombre des courtiers près la bourse de Marseille, fixé à soixante-et-dix par l'ordonnance du 15 octobre 1817, est porté à cent quarante.

ART. 2.

Pour cette fois seulement, un candidat pourra être présenté à notre agrément par chacun des soixante-et-dix courtiers en exercice.

ART. 3.

Un délai de trois mois, à partir de la promulgation de la présente ordonnance, leur est accordé pour user de cette faculté, dont l'exercice sera, d'ailleurs, soumis aux formes et conditions établies par l'ordonnnance royale du 3 juillet 1816 pour les présentations admises par l'art. 91 de la loi du 28 avril 1816.

ART. 4.

Il sera pourvu par le gouvernement, sur les listes de présentation dressées conformément à l'arrêté du 29 germinal an ix, aux places pour lesquelles il n'aurait pas été présenté de candidat admissible dans les formes et dans les délais fixés par les articles 2 et 3 de la présente ordonnance.

ART. 5.

Nos ministres de l'agriculture et du commerce, et des finances, sont chargés de l'exécution de la présente ordonnance.

DÉLIBÉRATION DU CONSEIL GÉNÉRAL DE LA SEINE. — **21 NOVEMBRE 1842.**

Ce conseil, consulté par le ministre de la justice, sur la nécessité ou la convenance d'augmenter du double le nombre des justices de paix de Paris, en le portant à vingt-quatre, nomma une commission pour l'examen de ce projet, laquelle conclut au rejet de ses diverses propositions, bien que le ministre ait fait observer que *la création pourrait avoir lieu de manière à ne pas porter préjudice aux greffiers actuels, qui seraient autorisés à céder la moitié des offices dont ils sont acquéreurs.*

Le rapporteur de la commission, après avoir démontré que les juges de paix actuels suffisaient à l'expédition des affaires, s'est exprimé en ces termes en ce qui concerne la création des nouveaux offices de greffier : « Mais c'est surtout à l'égard des greffiers des justices de paix les moins importantes, que la mesure proposée aurait des effets désastreux, parce qu'en scindant leurs offices on les mettrait dans une position compromettante sous le rapport de leurs intérêts, et même de leur existence, car plusieurs d'entre eux pourraient se trouver dans l'impossibilité de satisfaire à des engagements pris, et même aux dépenses indispensables de leur charge. Et qu'on ne vienne pas dire qu'ils seraient suffisamment indemnisés par le remboursement de la moitié du prix de leur traité officiel ; car ce remboursement, en diminuant de moitié leurs émoluments actuels, laisserait subsister la totalité à leur charge des appointements de leurs commis, qui leur sont absolument nécessaires, et les mêmes dépenses de leurs bureaux. *Or, le gouvernement ne peut vouloir la ruine de ces fonctionnaires qui ont dû compter sur la stabilité de l'état de choses sous l'empire duquel ils ont traité.* — Sans doute le gouvernement ne peut être enchaîné par quelques intérêts particuliers, mais au moins faudrait-il que la nécessité d'une mesure qui leur porterait atteinte fût clairement démontrée. *Ne faudrait-il pas en outre trouver le moyen d'arriver à une solution plus équitable de la question de remboursement des offices ?* »

Voici le texte de la délibération précitée : — « A l'égard de l'insuffisance des douze justices de paix de Paris ; — Considérant qu'il est notoire qu'en général les juges de paix s'acquittent seuls de tous leurs devoirs, et que, sauf trois ou quatre arrondissements les plus importants, où le concours des suppléants est quelquefois réclamé, ces derniers sont complétement inoccupés ; — A l'égard de la création de douze nouveaux offices de greffiers ; — Considérant que le prix de la cession de moitié de la charge des titulaires actuels ne pourrait être considéré comme une équitable compensation du préjudice qu'ils éprouveraient, et auquel rien ne les aurait préparés ; — Que le produit de leur charge n'est pas seulement la rémunération de leur travail, *mais qu'il est encore la représentation de l'intérêt d'une mise de fonds,* et le moyen de soutenir honorablement une position voisine de la magistrature ; — Que la mesure proposée aurait un effet désastreux pour les titulaires actuels ; — Que le doublement des offices ne diminuerait en rien les charges du personnel qui pèsent sur eux, et qui serait toujours nécessaire pour la prompte expédition des affaires ; — Qu'une réduction aussi importante dans les bénéfices pourrait avoir ses dangers, et doit faire appréhender le retour d'abus graves que l'administration a déjà eu à déplorer, et qui ont complétement cessé par suite de l'organisation actuelle ; — Qu'au surplus les greffiers peuvent avoir autant de commis greffiers assermentés que les besoins du service le réclament ; — Délibère : — La création de douze nouvelles justices de paix dans la ville de Paris n'est pas une mesure utile et qui soit réclamée par les besoins de la population. »

A annoter au mot **Office**, nᵒˢ 8 et 10.

ART. 26.

PLACARDS.

VENTE JUDICIAIRE D'IMMEUBLES. — NOTAIRE. — AVOUÉ.

Lorsqu'une vente d'immeubles a été renvoyée devant notaire, ce fonctionnaire a qualité pour procéder concurremment avec l'avoué poursuivant à la rédaction des placards et affiches.

ARRÊT.

COUR ROYALE DE COLMAR. — 9 JUILLET 1842.

LA COUR, — Attendu que les art. 958, 959 et 960 de la loi du 2 juin 1841, en ordonnant la rédaction des placards, leur affiche et leur insertion au journal, lorsqu'il s'agit (comme dans l'espèce) de la vente de biens immeubles appartenant à des mineurs, ordonnée par jugement sur requête, n'indiquent point par qui les actes seront faits ; qu'il en était de même déjà sous l'empire de la législation du Code de procédure du 14 avril 1806, dont les articles 960, 961 et 962 gardent le silence à ce sujet ; qu'il faut dès lors reconnaître que la loi de 1841, pas plus que celle de 1806, ne contient de prohibition sur ce point à l'égard du notaire commis par le tribunal pour procéder à la vente, de même qu'il n'existe aucune disposition législative qui accorde à l'avoué de la partie poursuivante un droit exclusif à la rédaction desdits placards, affiches et insertions aux journaux ; — Attendu que l'on doit conclure du silence du législateur à cet égard, que les parties ont le droit de faire faire ces actes par le notaire délégué pour la vente, ainsi que l'a décidé la Cour de cassation par son arrêt du 25 juin 1828 (V. *infrà ad notam*) ; qu'il faut remarquer que la loi nouvelle ayant accordé au notaire commis plus de droits que la loi ancienne, puisque, par l'art. 957, il est expressément chargé de la rédaction du cahier des charges, il serait étonnant qu'elle lui eût refusé la rédaction des placards, qui n'en est qu'un extrait contenant l'indication du jour, du lieu et de l'heure de l'adjudication, qu'il appartient à ce notaire seul de fixer, et non à l'avoué du poursuivant, qui serait obligé dès lors, pour pouvoir le faire, de présenter requête au notaire, ce que la loi ni le tarif de 1841 n'ont prévu, circonstance qui, interprétée d'après l'esprit de la loi, c'est-à-dire dans le sens de l'économie des frais, démontre de plus en plus qu'elle s'en est référée au notaire pour l'accomplissement des formalités dont on a parlé, lorsqu'il en est chargé par les parties ; — Attendu que les conséquences que l'on voudrait tirer des articles du tarif du 10 octobre 1841, pour fonder une opinion contraire, et attribuer la rédaction et l'insertion des placards exclusivement et dans tous les cas à l'avoué, par le motif que ce tarif lui alloue des droits à ce sujet, et n'en accorde pas au notaire commis par le tribunal, se réduisent légalement et littéralement à reconnaître à l'avoué le droit de l'émolument fixé, s'il reste chargé de faire cette rédaction et cette insertion, en d'autres termes, si la partie n'a pas confié ce soin au notaire ; — Qu'interpréter le tarif isolément, et sans rapporter ses dispositions à celles de la loi du 2 juin 1841, et de manière à ce qu'elles soient en harmonie avec cette loi, serait évidemment s'écarter du but que le législateur a voulu atteindre : économie dans les frais ; et, par exemple, de ce que le tarif (art. 14), après avoir spécifié les actes pour lesquels le notaire commis à droit à des émoluments, ne mentionne pas au nombre de ces actes les placards et leur insertion ; en conclure qu'il n'a pas le droit de les faire, lorsque la partie l'en a chargé, et qu'à l'avoué seul appartient ce droit, ce serait en certains cas rendre impossible ou très-coûteux l'accomplissement de ces formalités, et en effet dans le cas prévu par l'art. 954 de la loi du 2 juin 1841, celui où le tribunal commet pour la vente un notaire dans chacun des arrondissements où sont situés les biens dont la vente est ordonnée, il est évident que l'avoué qui a obtenu le jugement ne pourra aller dans chacun de ces arrondissements pour y faire le placard et les insertions, et que si le ministère d'un avoué était obligé, il faudrait autant d'avoués qu'il y a d'arrondissements où sont situés les biens à vendre ; — Attendu que ce n'est pas là ce que le législateur a voulu, puisque ce serait augmenter les frais, et qu'il a voulu les diminuer ; et il faut reconnaître, ainsi que l'ont décidé les premiers juges, que le soin de rédiger les placards et de les faire afficher et insérer peut être confié par la partie au notaire commis par justice pour procéder à la vente ; — Par ces motifs, prononçant sur l'appel du jugement rendu entre les parties au tribunal civil de Schelestadt, le 2 janvier 1842, a mis et met l'appellation au néant ; ordonne que ce dont est appel sortira son plein et entier effet.

Auteurs. — Pour : Rolland de Villargues, *Rép. du not.*, v° Licitation, n° 100 ; Gagnereaux, *Comment. L. du 25 vent. an II*, art. 1ᵉʳ, n° 276. — Contre : Paignon, *Comment. L. 2 juin 1841*, t. II, p. 61, n° 242 ; Chauveau sur Carré, *L. Procéd. civ.*, *quest.* 2502 *bis.*

Jurisprudence. — Pour : Cassat., 25 juin 1828. — Contre : Circul. min. justice, 20 août 1842. — V. *Première partie de ce journal, art.* 11.

OBSERVATIONS.

La question résolue par l'arrêt que nous venons de transcrire concerne les huissiers, en ce sens qu'ils ont intérêt à ne pas apposer des placards rédigés par un officier public incompétent, et par conséquent frappés de nullité, bien qu'en tout cas ils ne puissent être considérés comme responsables de cette nullité.

Nous pensons que le notaire devant lequel une vente d'immeubles est renvoyée a droit, concurremment avec l'avoué poursuivant, de rédiger les placards annonçant la vente, lorsque la partie le charge expressément de cette opération. En effet l'art. 957 ayant attribué la rédaction du cahier des charges tantôt à l'avoué, tantôt au notaire commis, suivant que la vente a lieu à l'audience ou devant un notaire, et aucune disposition n'ayant fait la même distinction à l'égard des placards, on est naturellement porté à conclure que le législateur a entendu que le notaire, rédacteur du cahier des charges, pût rédiger les placards qui ne sont qu'un extrait de ce cahier des charges, avec indication du jour, du lieu et de l'heure de l'adjudication qu'il appartient au notaire seul de fixer.

Cette remarque a d'autant plus de force : 1° que la commission de la Cour de cassation, chargée de présenter des observations sur le projet de loi sur la vente des biens immeubles, avait proposé un paragraphe attribuant à l'avoué, *dans tous les cas*, la rédaction des placards (Rapp. de M. Isambert, p. 112), et que le législateur n'a eu aucun égard au vœu de cette commission ; 2° que sous l'ancienne législation, à laquelle la loi du 2 juin 1841 n'a apporté aucune modification sur le point qui nous occupe, la question s'était présentée devant la Cour de cassation, qui, par arrêt du 25 juin 1828, l'a résolue en faveur des notaires, par le motif que, dans le cas où le notaire est chargé de procéder à la vente, la loi n'ayant pas chargé les avoués de rédiger le cahier des charges, de rédiger et faire apposer les placards, la partie poursuivante a le droit de faire faire ces actes par le notaire délégué ; que ce droit résulte clairement des articles 957, 965 et 977 du Code de procédure civile.

M. Paignon, qui embrasse une opinion contraire, ne donne aucun motif. Quant à M. Chauveau, il fonde la sienne sur ce que l'art. 14, chap. III du tarif du 10 octobre 1841, après avoir accordé au notaire un émolument pour la grosse du cahier des charges, a ajouté : « Les avoués restent chargés de l'accomplissement des autres actes de la procédure. » Mais, ainsi que l'a fait remarquer avec raison l'arrêt rapporté, le tarif ne peut être interprété sans rapporter ses dispositions à celles de la loi du 2 juin 1841, et ce serait évidemment s'écarter du but que le législateur s'est proposé, c'est-à-dire l'économie des frais, que de confier aux avoués seuls le droit de rédiger les placards, et rendre très-coûteux, dans certains cas, l'accomplissement de cette formalité.

Quoi qu'il en soit, les avoués ont en leur faveur, et les notaires contre eux, la circulaire du ministre de la justice du 20 août 1842, qui défend à ces derniers de s'immiscer dans la rédaction des placards annonçant les ventes renvoyées devant eux. Il est probable que ces officiers ministériels se conformeront à cette circulaire jusqu'à ce que la Cour de cassation se soit prononcée sous l'empire de la loi du 2 juin 1841.

A annoter au mot **Vente judiciaire d'immeubles**, n° 27.

ART. 27.

QUESTIONS PROPOSÉES [1].

SAISIE-EXÉCUTION.

REVENDICATION D'OBJETS SAISIS. — FRAIS.

Le créancier qui a fait pratiquer une saisie-exécution doit-il être condamné aux frais de la demande en revendication formée sur tout ou partie des objets saisis, par un tiers qui obtient gain de cause, alors que rien n'est venu démontrer à l'huissier que les objets revendiqués n'étaient pas la propriété du débiteur?

En cas d'affirmative, ne devrait-il supporter que les frais postérieurs à la revendication contenant l'énonciation des preuves de propriété?

La solution de ces deux questions se trouve dans notre *Encyclopédie des Huissiers*, au mot *Saisie-Exécution*, n° 212. Nous y disons en effet : « Lorsque le réclamant (le revendicant) *succombe*, il est condamné, s'il y a lieu, à des dommages-intérêts envers le saisissant (C. pr., 608), et dans tous les cas aux dépens de sa demande. » Nous ne faisons aucune distinction entre les frais postérieurs à l'exploit de revendication et cet exploit, et dès lors on doit conclure que par le mot *frais* nous entendons tous les frais de la revendication quels qu'ils soient.

Nous croyons que le n° 212, qui nous a toujours paru assez clair, exprime fidèlement notre opinion, qui est celle-ci en d'autres termes : Le revendiquant qui échoue dans sa demande doit être condamné aux frais, et peut, suivant les circonstances, être condamné à des dommages-intérêts envers le saisissant.

L'abonné qui nous soumet les questions ci-dessus, et qui, dans les observations qu'il nous a présentées à ce sujet, a fait preuve d'intelligence, n'a cependant pas bien compris le sens de notre phrase, faute sans doute de l'avoir lue avec attention. Détachant ces mots : *et dans tous les cas aux dépens de sa de-*

---

[1] Par l'un de nos abonnés de l'arrondissement de Niort.

mande, du reste de la phrase, et les interprétant isolément, il a pensé que nous disions que dans tous les cas, qu'il succombe ou ait gain de cause, le revendiquant devait être condamné aux frais.

Telle n'a pas été, telle n'a pu être notre opinion :

Tout créancier quel qu'il soit, en remplissant les formalités prescrites par la loi, peut faire saisir et mettre sous la main de la justice tous les meubles de son débiteur, à l'exception toutefois de ceux que la loi déclare insaisissables. Son droit est fondé sur l'art. 2279 du Code civil, qui dispose qu'en fait de meubles la possession vaut titre; et sur l'art. 2093 du même Code, qui déclare que les biens d'un débiteur sont le gage de ses créanciers. — La saisie doit avoir lieu nonobstant les réclamations de la partie saisie (C. pr., 607), et même celles des tiers (Arg. C. pr., 608), l'huissier, ni le poursuivant, qui d'ailleurs est absent, n'étant point juges du mérite de ces réclamations.

Ce droit de saisir nonobstant toute réclamation, droit qui peut paraître exorbitant, mais qui est indispensable pour empêcher bien des fraudes, est contrebalancé par le droit de revendication accordé par l'art. 608 du Code de procédure aux tiers qui se prétendent propriétaires d'objets compris en la saisie, comme s'étant trouvés momentanément en la possession du débiteur.

Ainsi, d'une part, la saisie de tous les meubles en possession du débiteur, même de ceux qu'il dirait appartenir à autrui, de l'autre la revendication, sont l'exercice de deux actions justes en elles-mêmes, et au surplus permises par la loi. Il suit de là que toutes deux doivent jouir de la même faveur, et qu'aucune considération tirée de leur nature ne peut faire rejeter les frais de l'instance en revendication plutôt sur le revendiquant que sur le saisissant. A cet égard les parties sont placées sous l'empire du droit commun.

Or, l'art. 130 du Code de procédure dispose ce qui suit : « *Toute partie qui succombera sera condamnée aux dépens.* » — « Les dépens, dit Thomine Desmazures (*Comment. C. procéd. civ.*, t. I, p. 253, art. 130), sont la peine du téméraire plaideur. D'une part, il est juste que la partie qui perd son procès rembourse à l'autre les frais qu'elle lui a mal à propos occasionnés; d'autre part, la crainte de payer des dépens est un frein à la manie de plaider, et ce dernier motif d'intérêt public, joint aux expressions impératives de l'art. 130, nous porte à penser que le juge doit condamner aux dépens la partie qui succombe, quand même l'autre partie oublierait d'y conclure. »

On le voit, les frais de la demande en revendication tomberont à la charge du saisissant, soit qu'il succombe, soit qu'il reconnaisse avant le jugement, aussitôt après la signification de la revendication, que les objets revendiqués appartiennent véritablement au revendiquant; ils seront au contraire à la charge de ce dernier si sa demande est rejetée, et de plus il pourra être condamné à des dommages-intérêts conformément à l'art. 608 du Code de procédure.

On objecterait en vain, — Qu'il est impossible au créancier saisissant de savoir : 1° si parmi les meubles en la possession de son débiteur il en est qui appartiennent à des tiers; 2° et quels sont ces derniers meubles. — Qu'il est malheureux pour le créancier de perdre ce qu'il a le droit de croire son gage, et en outre de payer les frais occasionnés par l'enlèvement de ce gage. — Qu'en tout cas il ne devrait supporter que les frais qui seraient occasionnés par sa résistance après la signification des preuves de propriété des meubles revendiqués. — Ces objections ne portent pas. D'abord le créancier peut prendre des renseignements et arriver à savoir si les meubles que possède le débiteur lui appartiennent réellement; ensuite le droit que la loi lui accorde de saisir nonobstant toutes réclamations ne peut être exercé qu'à ses risques et périls, et il serait souverainement injuste de faire supporter à un tiers, véritable propriétaire des objets revendiqués, les frais de revendication occasionnés par l'exercice de ce droit; enfin ces frais ne peuvent être que très-minimes puisque aussitôt après la signification des preuves de propriété le saisissant, éclairé sur les droits du revendiquant, peut acquiescer à sa demande si elle lui paraît fondée.

Du reste, nous conviendrons que la plupart des revendications ne sont que le résultat d'un concert frauduleux entre un tiers et le saisi dans le but, ou de procurer un délai à ce dernier, ou de lui ménager le moyen de soustraire ses meubles au saisissant. Aussi est-ce avec raison que les tribunaux se montrent sévères sur les preuves de propriété, et n'admettent la revendication que lorsqu'elles offrent un grand caractère de loyauté et de vraisemblance.

À annoter au mot Saisie-Exécution, n° 212.

ART. 28.

VENTE PUBLIQUE DE MEUBLES.

MARCHANDISES NEUVES. — VINS. — TENTATIVE DE VENTE. — AMENDE. — VENTE EN GROS.

Sous la dénomination de marchandises neuves, *dont la vente en détail est prohibée par la loi du 25 juin 1841, on doit entendre toutes les marchandises qui font l'objet d'un négoce, et ne sortent pas des mains d'un consommateur.*

Ainsi on doit comprendre dans cette qualification les vins vendus par un négociant. En tout cas on ne pourrait les faire rentrer dans l'exception prononcée par cette loi en faveur des comestibles.

Il y a délit consommé de ventes aux enchères, et non pas simplement tentative de ce délit, dès qu'il y a eu mise effective en vente par l'officier public, bien qu'il ne soit survenu aucune enchère.

La vente de vins à la pièce doit être considérée comme une vente en gros, tombant sous l'application de l'article 6 de la loi du 25 juin 1841, renouvelant les dispositions des anciennes lois, qui ne permettent ces sortes de ventes que par le ministère des courtiers de commerce.

FAITS.

Les faits de la cause résultent suffisamment du jugement du tribunal correctionnel de la Seine du 8 août 1842 ci-après transcrit : « Le Tribunal, — Attendu qu'il résulte des débats et de l'instruction que l'huissier Lefranc a été chargé par Bernard de procéder à la vente aux enchères de soixante-quinze fûts de vin, que celui-ci avait déposés à Bercy, dans les magasins des sieurs Marion et Cheneau, auxquels il les avait donnés en nantissement d'une somme de 4,500 fr. environ, qu'il se trouvait leur devoir ; — Que cette vente aux enchères a été annoncée pour le 19 février par des appositions d'affiches, dont une même a été saisie sur la porte desdits magasins ; — Que ledit jour 19 février, en présence d'un assez grand nombre de personnes qui s'étaient rendues exprès sur les lieux, et après avoir donné lecture des clauses, charges et conditions auxquelles devait avoir lieu la vente des vins dont il s'agit, Lefranc a commencé à procéder à ladite vente ; que déjà il avait mis successivement en vente, sans qu'aucune enchère fût venue couvrir la mise à prix : — 1° Deux fûts de vin de Bordeaux contenant chacun deux hectolitres vingt litres, et marqués en fond du n° 10 ; — 2° Deux autres fûts de vin de Bordeaux contenant aussi chacun deux hectolitres vingt litres, et marqués en fond du n° 11, lorsque est survenu le commissaire de police, qui a fait cesser la dégustation des vins et saisir les soixante-quinze fûts ; — Attendu que Bernard et Lefranc ont, à raison de ces faits, été renvoyés devant le tribunal de police correctionnelle comme ayant, l'un comme vendeur, l'autre comme l'ayant assisté en qualité d'officier public, contrevenu aux dispositions de la loi du 25 juin 1841, sur les ventes aux enchères de marchandises neuves ;

» Attendu que les prévenus ne contestent pas les faits ci-dessus constatés, mais que pour échapper à la prévention, ils prétendent : — 1° Qu'on ne peut entendre par marchandises neuves que des choses qui n'ont pas servi, mais qui peuvent servir, et qui, ayant servi, durent encore malgré l'usage qu'on aura pu en faire, en un mot, des choses qui sont susceptibles de passer du neuf au vieux, ce qui évidemment ne peut pas s'appliquer à des vins, qui sont des choses fongibles qui se détruisent et se consomment par l'usage ; que d'ailleurs les vins sont de véritables comestibles, et doivent dès lors rentrer, à ce titre, dans l'exception posée par l'art. 2 de la loi du 25 juin ; — 2° Que la vente des vins dont il s'agit n'ayant pas été consommée, le délit n'existe pas ; qu'il n'y a eu qu'une simple tentative qui n'est pas punissable ; — 3° Que les faits tels qu'ils se sont passés, dussent-ils être considérés comme une vente dans le sens de ladite loi, ne constitueraient pas une vente en détail, mais bien une vente en gros, laquelle est permise ;

» Attendu, quant au premier moyen, que, sans doute, à ne consulter que l'acception actuelle de ces mots : *marchandises neuves*, il serait difficile de les appliquer à des choses fongibles et susceptibles de se consommer par l'usage, comme le vin, mais qu'il est manifeste que ce n'est pas dans leur acception usuelle que la loi du 25 juin a entendu les employer ; qu'il résulte en effet du rapport et de la discussion qui ont précédé le vote de la loi, rapport et discussion auxquels il faut absolument se reporter en l'absence d'une définition, que sous la dénomination de marchandises neuves, ladite loi a voulu comprendre toutes les marchandises qui font l'objet d'un négoce, et ne sortent pas des mains d'un consommateur ; — Que le motif du législateur ayant été d'éviter une concurrence dangereuse pour les marchands, ou un obstacle sérieux aux ventes sur lesquelles ils ont dû compter, il ne serait pas raisonnable d'admettre qu'il puisse y avoir lieu de faire quelque distinction ou exception à raison de la nature particulière de certaines marchandises ; que les vins doivent être considérés comme des marchandises neuves dans le sens de la loi du 25 juin ; — Que l'exception faite par l'art. 2 de cette loi pour les comestibles ne saurait comprendre les vins, parce que la dénomination de comestible ne peut s'appliquer qu'aux substances ou préparations alimentaires ; que c'est au surplus dans ce sens que la loi l'a entendu, ainsi que cela résulte du rapport de M. Quesnault, où il est dit, en parlant de cette exception, que dans les marchés de certaines villes, en vertu de règlements particuliers, des comestibles sont vendus à la criée par des facteurs spéciaux, et que le projet de loi n'apporte aucun changement à ces règlements ou usages ; — Qu'ainsi le premier moyen invoqué par les prévenus n'est pas fondé :

» Attendu, quant au deuxième moyen, que la loi ne permettant de recourir à la voie des enchères pour vendre des marchandises neuves que dans certains cas et à certaines conditions, il est évident qu'on contrevient à ses dispositions lorsque, hors de ces cas et sans avoir satisfait à ces conditions, on met en vente aux enchères des marchandises de l'espèce sus-énoncée; que la loi se trouve violée à partir du moment où l'on adopte un mode de procéder qu'elle a proscrit, et que la contravention ne peut pas, comme on le prétend, dépendre de ce que par une circonstance fortuite et tout à fait indépendante de la volonté, le vendeur n'aura pas retiré de la violation de la loi les bénéfices qu'il s'en était promis; — Que, dans la cause, les faits tels qu'ils ont été constatés ci-dessus, c'est-à-dire l'appel fait aux enchérisseurs, la dégustation des vins et la mise en vente aux enchères des quatre fûts de vin de Bordeaux portant les n°s 10 et 11, constituent donc bien une infraction à la loi, quoique la vente n'ait pas pu en être consommée; qu'ainsi le second moyen n'est pas mieux fondé que le premier;

» Attendu, quant au troisième moyen, que la vente en détail est celle d'objets ou lots qui se trouvent à la portée immédiate des consommateurs, et peuvent dès lors les dispenser de recourir au commerce de détail; — Que pour les vins, on a toujours considéré comme vente en détail celle qui se fait au verre, à la bouteille ou au panier; et comme vente en gros celle qui se fait à la pièce; — Que la vente qui est reprochée aux prévenus, telle qu'elle a eu lieu, constitue donc une vente en gros et non une vente en détail, et que c'est avec raison qu'ils prétendent qu'ils ne se trouvent pas dans le cas de l'art. 1er de la loi du 25 juin, puisque, pour que cet article puisse recevoir son application, trois conditions sont exigées, savoir : 1° que la vente comprenne des marchandises neuves; 2° qu'elle ait lieu aux enchères; 3° qu'elle soit en détail; — Mais attendu que si, par suite de l'absence de cette dernière circonstance, ils échappent à l'art. 1er, ils ne se trouvent pas pour cela affranchis des fins de la prévention, puisqu'ils retombent alors nécessairement sous le coup des dispositions de l'art. 6, qui porte que les ventes publiques aux enchères de marchandises en gros continueront à être faites par le ministère de courtiers, dans *les cas, aux conditions* et *selon les formes indiquées* par les décrets des 23 décembre 1811, 17 avril 1814, la loi du 15 mai 1818, et les ordonnances des 1er juillet 1818 et 9 août 1819; — Attendu que, d'après les dispositions de ces décrets, lois et ordonnances, Bernard et Lefranc ne pouvaient vendre qu'en vertu d'une autorisation du tribunal de commerce, et par lots qui n'auraient pu être inférieurs à 2,000 francs, qu'autant qu'ils y auraient été légalement autorisés; — Attendu qu'il est constant qu'ils ne se sont conformés à ces dispositions ni quant à l'autorisation, ni quant à la valeur des lots ;

» Attendu que si, dans le principe, les contraventions aux dispositions des décrets, lois et ordonnances relatifs à la vente aux enchères de marchandises en gros, n'étaient passibles que de la peine de police portée en l'art. 471 du Code pénal, § 15, il n'en est pas de même aujourd'hui ; que la loi nouvelle, comme complément des mesures de protection qu'elle prenait dans l'intérêt du commerce, a voulu que, pour les marchandises neuves, la peine fût la même en cas d'inaccomplissement des formalités prescrites pour les ventes en gros, que lorsqu'on contreviendrait aux dispositions concernant les ventes en détail ; — Que cela résulte tout à la fois des termes de l'art. 7, qui porte que toute contravention aux dispositions ci-dessus sera punie, et des paroles prononcées par M. Quesnault, qui, en parlant de cet article, s'exprimait ainsi : — « L'art. 7 étant général et se référant sans distinction à toutes les dispositions qui le précèdent, on doit conclure que les ventes aux enchères qui seraient faites en contravention aux lois, règlements et ordonnances sur les ventes de marchandises en gros, et qui rentreraient ainsi dans la classe des ventes prohibées, donneraient lieu à l'application des peines portées par la présente loi ; — Que de ce qui précède il suit donc que Bernard et Lefranc ont contrevenu aux dispositions de l'article 6 de la loi du 25 juin, et ainsi encouru les peines prononcées par l'art. 7, c'est-à-dire l'amende et la confiscation des marchandises mises en vente ; — Que ces mots *mises en vente* indiquent assez que c'est aux objets du délit proprement dit que la confiscation doit être restreinte, c'est-à-dire, dans la cause, aux quatre fûts de vin dont il a été ci-dessus question ;

» Attendu enfin, quant à la bonne foi dont excipent les prévenus, que s'il est vrai qu'ils ont pu se méprendre sur le sens et la portée de la loi nouvelle, cette circonstance, toute favorable qu'elle est, ne peut qu'être prise en considération pour l'application de la peine, mais non faire disparaître la contravention qu'il leur eût d'ailleurs été bien facile d'éviter en prenant la précaution de s'adresser au tribunal de commerce, formalité qui n'aurait entraîné ni lenteur ni frais ; — Par ces motifs, vu les articles 1er, 6 et 7 de la loi du 25 juin 1841, ordonne la confiscation des quatre fûts de vin de Bordeaux mis en vente le 19 février, et marqués en fond des nos 10 et 11 ; — Condamne Bernard et Lefranc solidairement à une amende de 100 fr., dont moitié sera supportée par chacun d'eux, et les condamne aussi solidairement aux dépens, fixe à six mois la durée de la contrainte par corps ; — Fait main-levée de la saisie, en tant qu'elle frappe sur des fûts autres que ceux dont la confiscation vient d'être prononcée, etc. »

Appel de la part de l'huissier Lefranc.

ARRÊT.

COUR ROYALE DE PARIS. — 26 MAI 1842.

LA COUR, — Considérant qu'il résulte de l'instruction et des débats que, dans le courant du mois de janvier, Lefranc, huissier, s'est chargé, sur la demande de Bernard, d'opérer la vente publique aux enchères, dans la commune de Bercy, de soixante-quinze fûts de vin précédemment consignés par ledit Bernard dans la maison de commission de Marion et Chesneau ; — Que ladite vente a été annoncée comme devant être faite par le ministère de Lefranc, le 19 février, et ce au moyen d'affiches imprimées portant désignation de la qualité, de la provenance et des années de récolte desdits vins ; — Qu'au jour indiqué, et par suite des annonces précédemment faites, Lefranc a procédé à la mise aux enchères de quatre desdits fûts, et que si ces quatre fûts offerts au public n'ont pas été adjugés, c'est qu'il ne s'est pas présenté d'acquéreur, et qu'au surplus l'intervention de l'autorité a fait cesser les opérations auxquelles se livrait Lefranc ;

Considérant que la vente d'une semblable quantité de vins constitue le fait d'une vente en gros ; — Que Lefranc n'est pas recevable à alléguer qu'en réalité il n'y a pas eu de vente, puisque, d'une part, l'instruction établit que tout a été fait par lui pour arriver à la vente desdits fûts ; et que, d'autre part, l'art. 7 de la loi du 25 juin 1841 prévoit le cas de vente et de mise en vente ;

Considérant qu'aux termes de l'art. 6 de ladite loi la vente publique aux enchères de marchandises en gros ne peut, comme par le passé, être faite que suivant les formes indiquées par les lois et décrets relatifs audit article, c'est-à-dire qu'avec l'autorisation préable du tribunal de commerce ; — Que l'art. 7 de la même loi, qui réprime les contraventions aux lois relatives aux ventes publiques faites aux enchères en général, reçoit son application à toutes les contraventions prévues et énumérées dans ladite loi ; — Que Lefranc, en procédant à la vente publique aux enchères de marchandises en gros sans autorisation préalable du tribunal de commerce, ne peut se soustraire à l'application de la peine encourue par sa contravention, par le motif qu'il a agi de bonne foi ; met l'appellation au néant, et confirme le jugement dont est appel.

Jurisprudence. — Un jugement du tribunal correctionnel de la Seine du 29 janvier 1842 a décidé que les mots *marchandises neuves* s'entendent de toute espèce de meubles dans le commerce, alors même qu'ils se composent de parties neuves et de parties anciennes.

A annoter au mot Vente de Marchandises neuves, n°s 1 et 6.

ART. 29.

SAISIE-IMMOBILIÈRE.

PROMESSE PAR UN TIERS D'ACHETER LES BIENS SAISIS. — DÉFAUT DE RÉALISATION. — DOMMAGES-INTÉRÊTS.

La convention faite entre le saisi et un tiers après l'adjudication préparatoire, et par laquelle ce dernier, connaissant l'état de la procédure, s'engage à acheter l'immeuble moyennant une somme déterminée, dont une partie doit être payée entre les mains du poursuivant pour obtenir son désistement, est valable.

En conséquence, si le tiers ne remplit pas son obligation, laisse poursuivre la saisie et adjuger l'immeuble au-dessous du prix par lui promis, il est passible de dommages-intérêts.

L'arrêt qui fixe ces dommages-intérêts à la somme formant la différence entre la somme convenue et le prix de l'adjudication ne viole aucune loi, et ne peut donner ouverture à cassation.

FAITS.

Le sieur Maire, créancier d'un sieur Garcin pour une somme de 18,000 fr., poursuivit ce dernier par voie de saisie-immobilière. — L'adjudication préparatoire avait déjà été prononcée lorsqu'il vint à l'idée de Garcin de mettre en vente les immeubles saisis.

Il fit, en effet, ouvrir des enchères devant un notaire, et les biens saisis furent adjugés au sieur Dufau, moyennant 97,000 fr.; mais Garcin, qui s'était réservé de retirer les immeubles si le prix n'était pas assez élevé, usa de ce moyen. Toutefois des pourparlers eurent lieu, à la suite desquels il fut convenu que Dufau se rendrait acquéreur moyennant 97,000 francs, et qu'il payerait dans la huitaine à Maire, créancier poursuivant, les 18,000 francs à lui dus, en se faisant subroger dans tous les droits hypothécaires de ce dernier.

Dufau n'exécutant point cette convention, la saisie-immobilière fut poursuivie, et l'immeuble adjugé définitivement au prix de 80,000 fr., au lieu de 97,000 fr. promis par Dufau.

Garcin, considérant cette différence de 17,000 comme un préjudice qui lui était causé par Dufau, dirigea contre ce dernier une demande en payement de même somme à titre de dommages-intérêts. — Dufau opposa à cette demande que les conventions passées entre lui et Garcin étaient radicalement nulles, attendu qu'elles portaient sur un immeuble saisi immobilièrement.

28 août 1840, jugement du tribunal de Vesoul qui statue en ces termes : — « Considérant que l'on ne saurait prétendre que, par suite de la saisie pratiquée sur les immeubles de Garcin, et après l'adjudication préparatoire à laquelle il avait été procédé, il se trouvait dépouillé du droit de les aliéner ; qu'ainsi la question qui fait l'objet du procès ne saurait être discutée sous le point de vue de la validité de la vente ; car, le saisi n'ayant plus le droit de vendre, les engagements intervenus entre les parties ne sauraient jamais avoir le caractère d'une aliénation ; — Mais qu'abstraction faite de cette question, il reste à examiner si, d'après les faits de la cause, il n'existait point entre les parties un engagement indépendant, d'une nature spéciale, et dont l'exécution pourrait donner lieu à des dommages-intérêts ; — Considérant que l'on ne saurait soutenir que Garcin eût vendu à Dufau la chose d'autrui, en cherchant à le tromper sur la validité de ses droits, ni sur la position dans laquelle il se trouvait ; que la situation de ses affaires avait été dévoilée par Garcin lui-même avec franchise, dans les clauses et conditions de l'adjudication restée sans suite, du 22 janvier 1839, à laquelle avait assisté Dufau ; que, par cet acte, ce dernier avait appris qu'une saisie était pratiquée sur l'immeuble mis en adjudication ; que de nombreux créanciers avaient des hypothèques inscrites, et que le sieur Maire pressait activement la vente judiciaire ; — Que c'est dans ces circonstances bien connues de toutes les parties, qu'a été conclue entre elles la convention en vertu de laquelle Dufau *promettait d'acquérir*, pour une somme de 97,000 fr., et s'obligeait à payer au plus tard dans la huitaine une somme de 18,000 fr. entre les mains du sieur Maire, créancier poursuivant, et sous la condition de la subrogation dans tous les droits hypothécaires de ce dernier ; — Qu'il est évident que, par ce prompt payement, qui éteignait à peu près les deux termes échus de la créance du poursuivant, l'on espérait qu'il se relâcherait de la sévérité de ses poursuites, et que l'on obtiendrait sans peine le consentement à la vente volontaire de la part des autres créanciers qui semblaient en effet plus disposés à un pareil arrangement ; — Qu'il était donc du devoir de Dufau, pour faire réussir cette opération, de désintéresser, aussi vite que possible, le créancier poursuivant par l'offre de 18,000 fr. ; qu'il ne courait aucun risque en effectuant ce payement avant le consentement à la main-levée de la saisie, puisqu'il était subrogé dans tous les droits de Maire ; que ce dernier, en voyant cet acte de bonne volonté de la part de son débiteur, et en recevant la moitié du

montant de sa créance, se serait peut-être radouci et montré plus disposé à des concessions, ainsi qu'il est permis de le présumer des termes d'une lettre du 25 janvier 1839, écrite à Me Cassal, avoué, à l'époque où il était question de cette opération ; qu'en tout cas la tentative devait être faite dans la possibilité d'un succès ; que telle au contraire n'a point été la conduite de Dufau ; que non-seulement il a apporté de la lenteur à l'exécution d'une convention dont les chances de réussite étaient soumises à une prompte consignation des fonds ; mais que même il n'existe au dossier aucun acte d'offres qui constaterait la volonté qu'il aurait eue de remplir ses engagements ; — Qu'aucune démarche n'ayant été faite par lui auprès de Maire pour le désintéresser, l'opération devait nécessairement manquer, et l'adjudication définitive la rendre complétement nulle ; que, sous ce rapport, il y a faute grave de sa part ; — Que l'on ne saurait s'expliquer une pareille inaction que par la conviction qu'avait acquise Dufau qu'il avait fait une mauvaise spéculation, et qu'il était le premier intéressé à l'insuccès de l'opération ; que cette présomption se corrobore encore davantage, lorsque l'on sait que l'immeuble est définitivement adjugé pour une somme de 80,000 fr., et que, malgré cette différence de 17,000 fr. sur son engagement primitif, Dufau ne se rendit point adjudicataire ; qu'il faut donc conclure de là qu'il avait un puissant intérêt à faire tomber sa promesse d'acquérir, par une négligence dont il doit aujourd'hui subir les conséquences ; — Que l'on ne saurait toutefois soutenir que Dufau doit être passible de la différence de 17,000 fr. qui existe entre son engagement et le produit de l'adjudication définitive ; que, pour édicter une pareille condamnation, il faudrait avoir la certitude que l'opération eût infailliblement réussi ; que l'on ne saurait se dissimuler qu'à côté de la possibilité de la réussite, il existait des difficultés réelles, dérivant, soit de la situation de Garcin, soit du plus ou moins de bonne volonté de ses créanciers ; qu'il n'est plus aujourd'hui dans la prévision humaine de dire quelle eût été l'issue de cette affaire ; qu'il y a donc lieu de combiner, dans l'appréciation des dommages-intérêts, la peine que mérite la négligence de Dufau, avec l'incertitude réelle que pouvait présenter la négociation ; — Par ces motifs, condamne le défendeur à payer aux demandeurs la somme de 3,500 fr., à titre de dommages-intérêts, et le condamne aux dépens. »

Appel principal par Dufau ; appel incident par la dame Garcin, devenue veuve, et agissant tant en son nom personnel que comme tutrice des enfants issus de son mariage avec le sieur Garcin.— Sur ce double appel est intervenu, le 27 janvier 1842, l'arrêt suivant de la Cour de Colmar : « La Cour, — En ce qui touche l'appel principal, adoptant les motifs des premiers juges ; — En ce qui touche l'appel incident : — Attendu qu'aux termes de l'art. 1142 du Code civ., toute obligation de faire ou de ne pas faire se résout en dommages-intérêts, en cas d'inexécution de la part du débiteur ; — Attendu que le sieur Dufau, incidemment intimé, en se refusant à l'exécution des conventions arrêtées le 26 janvier 1839, en parfaite connaissance de cause et dans un but bien déterminé, entre lui et le sieur Garcin, défunt, a occasionné à ce dernier un préjudice dont il est tenu de l'indemniser ; que la mesure de l'indemité due en pareil cas doit être fixée d'après la règle établie par l'art. 1149 même code, c'est-à-dire qu'elle doit équivaloir à la perte réellement éprouvée par l'effet du non-accomplissement de l'obligation ; — Attendu que l'adjudication sur expropriation forcée de la maison appartenant aux conjoints Garcin, qui a eu lieu au mois d'avril 1839, adjudication que la convention précitée du 26 janvier précédent avait pour objet de prévenir, n'a porté le prix de cet immeuble qu'à une somme de 80,000 fr., tandis que celui qui avait été fixé par la susdite convention s'élevait à 97,000 fr. ; qu'ainsi, et par suite du refus fait par le sieur Dufau d'exécuter les engagements par lui contractés, la dame appelante, qui se trouve aujourd'hui, tant personnellement, qu'en la qualité qu'elle agit, aux droits du sieur Garcin, éprouve une perte réelle de 17,000 fr., sur la maison vendue judiciairement plus tard, et que si le sieur Garcin, qui croyait alors que son immeuble n'était pas porté à son véritable prix, n'avait pas usé du droit qu'il avait eu le soin de se réserver de retenir, le sieur Dufau devenait, dès cette époque, acquéreur et conséquemmeut débiteur de 97,000 fr.; qu'il reste donc bien démontré que la perte éprouvée est bien réellement de 17,000 fr., et que l'appel incident qui tend à les obtenir, à titre de dommages-intérêts, est bien fondé ; — Par ces motifs, accorde à l'appelante la somme de 17,000 fr. demandée. »

Pourvoi du sieur Dufau, 1° pour violation des art. 1123, 1126, 1181 et 1599 C. civ., des art. 693, 694 C. pr.; fausse application des art. 1149 et 1150 C. civ., et enfin violation des articles 1319, 1341 et 1153 du même code. — Par l'adjudication préparatoire, les époux Garcin avaient cessé d'être propriétaires, et ils avaient perdu le droit de pouvoir aliéner leur immeuble ; la promesse de vendre, en tant que contrat, était donc viciée d'une nullité radicale, suffisante par elle-même pour en empêcher l'exécution. Mais ce n'est pas tout, le contrat interprété par la cour était purement conditionnel ; son exécution était subordonnée à la condition que les vendeurs rapporteraient mainlevée de la saisie qui frappait l'immeuble, et l'adhésion de tous les créanciers inscrits à l'aliénation projetée. Jusqu'à l'événement de cette condition, le sieur Dufau ne pouvait être tenu de verser une somme quelconque, comme à-compte du prix d'une vente non encore existante. — En définitive, la convention du 26 janvier constituait une convention de vente, un contrat réel; cependant les premiers juges et la Cour royale y ont vu une obligation de faire à laquelle était subordonné le projet de vente, avec les termes stipulés, et ils ont à tort considéré cette obligation de faire comme basée sur la connaissance que le sieur Dufau aurait eue des poursuites du sieur Maire, c'est-à-dire de l'adjudication préparatoire.

2° Violation des art. 1104 et 1964, 1149 et 1150 Cod. civ. — L'exécution de la convention formée entre le sieur Dufau et les époux Garcin était subordonnée à l'indulgence et au bon vouloir des créanciers inscrits; rien n'était plus douteux que de savoir si le sieur Maire arrêterait ses poursuites sur l'offre du payement d'un à-compte; et même en l'admettant, il fallait que les autres créanciers donnassent leur adhésion à un arrangement qui n'était pas pour eux d'une utilité démontrée. Le contrat était donc aléatoire, et à ce titre le calcul des dommages-intérêts, si aucuns étaient encourus, devait être extrêmement modéré. L'évaluation des premiers juges était basée sur ces principes; les juges d'appel les ont méconnus en décidant que le sieur Dufau était passible de la différence entre la vente projetée et le prix de l'adjudication accomplie.

ARRÊT.

COUR DE CASSASION. — 19 JUILLET 1842.

LA COUR, — Sur le premier moyen : — Attendu qu'il appartenait à la Cour royale de déterminer, d'après les faits de la cause, le véritable caractère du contrat intervenu entre les parties; — Attendu que l'arrêt attaqué constate en fait que Garcin, en traitant avec Dufau, lui avait dévoilé avec franchise la situation de ses affaires; qu'il lui avait fait connaître la saisie déjà pratiquée sur la maison en question, et les poursuites dirigées par Maire, qui pressait activement la vente juridique; que, nonobstant cette connaissance qu'avait Dufau de la saisie, il s'est engagé à payer dans la huitaine, sur le prix de l'immeuble fixé à 97,000 fr., la somme de 18,000 fr. au saisissant, pour obtenir de lui qu'il se désistât de ses poursuites; — Qu'en déclarant valable ce contrat qui n'était défendu par aucune loi, et qui ne causait aux tiers aucun préjudice, et en condamnant Dufau en des dommages-intérêts pour ne l'avoir pas exécuté, la Cour royale n'a fait que tirer une conséquence légale et logique des faits par elle constatés;

Sur le deuxième moyen : — Attendu que la fixation des dommages-intérêts dus par l'une des parties à l'autre est dans le domaine exclusif des juges du fait; que, pour porter à 17,000 francs ceux résultant de l'inexécution du contrat, la Cour royale s'est fondée sur l'art. 1149, Cod. civ., et sur les circonstances de la cause; qu'ainsi, loin d'avoir violé la loi, elle en a fait une juste application; — Rejette.

Auteurs. — Pour : Thomine Desmazures, t. II, p. 229; Persil fils, *Comment.*, p. 136 et suiv.; Rogron, art. 687; Chauveau sur Carré, art. 686, quest. 2294.

Jurisprudence. — Pour : Cass., 5 déc. 1827 et 9 déc. 1833. — Contre : Angers, 2 déc. 1818; Lyon, 16 janv. 1819. Ces décisions ont été rendues sous l'empire de l'ancien article 692 du Cod. de pr., dont le sens est reproduit par l'art. 686 actuel.

A annoter au mot Saisie Immobilière, n° 141.

ART. 30.

COMPÉTENCE ADMINISTRATIVE.

ALIGNEMENT. — INDEMNITÉ. — TRAVAUX PUBLICS.

PREMIÈRE ESPÈCE.

L'indemnité réclamée par un propriétaire pour dommages causés par l'exécution de travaux publics, à sa maison qu'il est obligé de reconstruire, avec reculement parce que les règlements sur l'alignement ne lui permettent pas de la reconforter, est de la compétence administrative.

FAITS.

Sur un conflit élevé par le préfet de la Seine, contre un arrêt de la Cour royale de Paris du 20 décembre 1841, est intervenue l'ordonnance ci-après :

ORDONNANCE DU CONSEIL D'ÉTAT. — 22 AVRIL 1842.

Louis-Philippe, etc. ; — Vu les lois des 16-24 août 1790, 16 fructidor an III, 28 pluviôse an VIII et 16 septembre 1807; — Vu les ordonnances des 1er juin 1828 et 12 mars 1831; — Considérant que le sieur Perruchon, dans son exploit d'ajournement, attribue les torts et dommages dont il se plaint aux travaux en question et à la manière dont ils ont été exécutés; qu'il ne conteste pas d'ailleurs à ces travaux le caractère de travaux publics; — Considérant que les dommages sur lesquels est fondée la demande en indemnité du sieur Perruchon ne constituent pas une expropriation totale ou partielle, sur laquelle il appartienne à l'autorité judiciaire de prononcer ;

ARTICLE PREMIER.

L'arrêté de conflit sus-visé est confirmé.

ART. 2.

Sont considérés comme non avenus l'exploit d'ajournement du 19 juin 1841, le jugement du tribunal de la Seine du 5 août 1841, et l'arrêt de notre Cour royale du 21 décembre 1841.

SECONDE ESPÈCE.

Il en est de même de la demande d'indemnité par un particulier dont la maison éprouve des dommages du reculement de la maison voisine exécuté par ordre de l'administration.

FAITS.

Le jugement ci-après les fait suffisamment connaître :

Jugement qui rejette le déclinatoire proposé par le préfet, en ces termes :

« En ce qui touche les conclusions principales du sieur Dru : — Attendu qu'il faut y distinguer deux chefs, le premier qui tend à faire ordonner par le tribunal que l'état donnera au sieur Dru les autorisations nécessaires pour effectuer à sa maison la réparation des dégradations qu'il prétend y avoir été causées par le reculement de la maison Grandin, ou à faire condamner par le tribunal l'état à y faire lui-même cette réparation à ses frais, sous la surveillance du sieur Dru ; le deuxième qui tend à faire condamner l'état à indemniser le sieur Dru du préjudice qu'il prétend lui avoir été causé par le reculement de la maison Grandin ;

» Attendu, quant au premier chef, que la question de savoir si les travaux de réparation à une maison qui, comme la maison du sieur Dru, borde une rue qui fait partie de la grande voirie et qui n'est pas dans l'alignement prescrit, doivent être autorisés ou confectionnés, est une question uniquement dévolue aux corps administratifs, dans la connaissance de laquelle les tribunaux de l'ordre judiciaire ne peuvent en aucune manière s'immiscer ;

» Attendu, quant au deuxième chef, que le sieur Dru prétend que le reculement de la maison Grandin est le fait de l'état ; que ce fait lui a causé un préjudice, non pas seulement temporaire, mais permanent ;

» Attendu qu'un préjudice permanent étant une altération perpétuelle de la propriété peut donner lieu à une indemnité, comme si le propriétaire subissait une expropriation réelle d'une partie du sol, nul sacrifice à l'intérêt public ne devant être gratuit sans le consentement du propriétaire ;

» Attendu que toutes les questions relatives à la propriété des citoyens sont essentiellement de la compétence de l'autorité judiciaire, sauf les droits de l'autorité publique pour l'exécution des travaux qu'elle a ordonnés à la charge d'une indemnité préalable; que c'est par l'autorité de justice que s'opère l'expropriation pour cause d'utilité publique (article 1er de la loi du 7 juillet 1833, et 1er de celle du 3 mai 1841), et que même en cas d'occupation temporaire des propriétés privées, jugée nécessaire pour les travaux de fortifications, le règlement définitif de l'indemnité est attribué à l'autorité judiciaire (art. 66 de la loi du 7 juillet 1883 et art. 76 de celle du 3 mai 1841);

» En ce qui concerne les conclusions subsidiaires du sieur Dru : — Attendu qu'elles sont soumises au rejet du premier chef des conclusions principales; que le tribunal, ne pouvant connaître de ces conclusions principales, ne peut s'occuper, même sous le rapport de la compétence, de ces conclusions subsidiaires, qui peut-être ne seront pas reproduites devant lui;

» Par ces motifs, le tribunal se déclare incompétent relativement au chef des conclusions principales du sieur Dru tendant à faire ordonner par le tribunal que l'état lui donnera les autorisations nécessaires pour effectuer à sa maison la réparation des dégradations qu'il prétend y avoir été causées par le reculement de la maison Grandin, ou que l'état sera condamné à faire cette réparation à ses frais, sous la surveillance dudit sieur Dru, renvoie cette partie de la cause devant l'autorité qui doit en connaître, et le sieur Dru à se pourvoir comme il avisera;

» Se déclare compétent quant au chef desdites conclusions principales tendant à faire décider si l'état doit ou non des dommages-intérêts au sieur Dru, pour raison des dégradations causées, suivant lui, à sa maison, par le reculement de celle du sieur Grandin; ordonne qu'il sera plaidé au fond sur ledit chef des conclusions;

» Surseoit à statuer sur la compétence à l'égard des conclusions subsidiaires du sieur Dru, jusqu'après la décision à intervenir sur le premier chef de ses conclusions principales. »

Conflit.

ORDONNANCE DU CONSEIL D'ÉTAT. — 25 AVRIL 1842.

Louis-Philippe, etc.; — Vu l'acte extra-judiciaire, en date du 22 novembre 1841, par lequel le sieur Dru a assigné l'état, en la personne du préfet de l'Aisne, devant ledit tribunal, pour voir dire et ordonner que l'état sera tenu de donner au sieur Dru les autorisations nécessaires, à l'effet d'effectuer à sa maison les réparations indispensables en réparation de dégradations causées par le reculement de la maison Grandin; en conséquence, voir dire et ordonner que par trois experts à convenir, ou qui seront nommés par le tribunal, serment par eux préalablement prêté, les lieux seront vus et visités à l'effet de constater l'importance des réparations, le mode à employer, lesquelles réparations seront supportées par l'état et confectionnées par lui, sous la surveillance de Dru, à l'effet, les mêmes experts, de constater les dommages-intérêts dus à Dru par suite d'un tel état de choses, pour du tout être dressé procès-verbal, en présence des parties où elles dûment appelées, par ledit procès-verbal fait et rapporté en justice, être ensuite statué par le tribunal ce qu'il appartiendra, et s'entendre encore l'état condamner en tous dépens, subsidiairement et dans tous les cas où le tribunal ne statuerait pas ainsi ; voir dire que par trois experts et ainsi qu'il est dit ci-dessus, les lieux seront vus et visités à l'effet d'estimer : 1° la privation du terrain à subir par Dru ; 2° la moins-value qu'éprouvera la maison Dru, par suite de son reculement ; 3° l'indemnité due à Dru, en raison des constructions et dépenses faites à sa maison, et des dérangements, troubles et empêchements dans son commerce, et de ceux à éprouver encore par la reconstruction ; 4° l'indemnité due à Dru en raison de reconstruction nouvelle, ... de tout quoi il sera dressé procès-verbal ; pour icelui fait et rapporté en justice, être par les parties requis et par le tribunal statué ce qu'il appartiendra, et s'entendre l'état condamner, dans tous les cas, aux dépens ; — Vu la loi du 28 pluviôse an VIII, art. 4, et la loi du 16 septembre 1807 ; — Vu les ordonnances royales des 1er juin 1828 et 12 mai 1831 ;

Considérant, dans l'espèce, qu'il s'agit du fait de l'exécution d'un alignement de grande voirie ; que par suite du reculement de la maison du sieur Grandin à l'alignement, le sieur Dru n'a été exproprié d'aucune portion de sa maison ; qu'il prétend seulement en avoir éprouvé un dommage, dont il attribue la cause à l'administration ; et qu'aux termes des lois ci-dessus visées, c'est à l'autorité administrative seule qu'il appartient de les reconnaître et de les apprécier.

ARTICLE PREMIER.

Est confirmé l'arrêté de conflit, en date du 14 février 1842, pris par le préfet de l'Aisne.

ART. 2.

Sont considérés comme non avenus l'assignation du 22 novembre 1841, et le jugement du 2 février 1842, en ce qu'ils ont de contraire à la disposition qui précède.

OBSERVATIONS.

Les décisions que nous venons de rapporter posent ce principe que les tribunaux civils sont incompétents pour statuer sur les indemnités réclamées à raison des dommages causés, soit par des travaux publics exécutés par l'administration, soit par des travaux exécutés par des particuliers en exécution d'un acte administratif. En pareil cas les tribunaux administratifs, c'est-à-dire les conseils de préfecture en première instance, et le conseil d'état en appel, ont seuls qualité pour vider les différends qui peuvent survenir.

Remarquons qu'il n'est question ici que de l'indemnité due à raison de dommages occasionnés par des travaux. S'il s'agissait de l'indemnité due pour la valeur du sol que le propriétaire doit céder à la route, en exécution de l'alignement pris par l'autorité, elle devrait être fixée par l'autorité judiciaire en exécution de la loi du 3 mai 1841 sur l'expropriation pour cause d'utilité publique. — V. *première partie, art. 1, de ce journal.*

Si la propriété du terrain, qui doit être cédée par suite de l'alignement, était contestée, la difficulté serait de la compétence du tribunal civil du lieu de la situation de l'objet litigieux ; elle devrait être instruite et jugée en la forme ordinaire. — V. *Encyclopédie des Huissiers,* au mot *Voirie,* n° 12.

A annoter au mot **Voirie**, n°s 10 et 12.

ART. 31.

EXPLOIT.

SAISIE - IMMOBILIÈRE. — ÉPOUX. — COPIE UNIQUE. — NULLITÉ.

Les actes de procédure d'une saisie-immobilière pratiquée sur les propres de la femme, et les jugements d'adjudications préparatoire et définitive doivent être signifiés au mari et à la femme, par copies séparées, à peine de nullité de la saisie et de toute la procédure.

Une telle nullité est opposable en tout état de cause, aucune déchéance pour inobservation des délais ordinaires, dans lesquels elle doit être proposée, ne pouvant avoir été encourue.

FAITS.

En avril 1840, Mabilleau, créancier de la dame Tarondeau, *commune en biens* avec son mari, fit saisir les immeubles propres de cette dame, après commandement signifié en double copie, tant au mari qu'à la femme. Toutes les autres procédures ne furent signifiées que par une copie unique.

Après l'adjudication définitive, au profit d'un sieur Mauxion, et par suite d'un commandement à eux fait de vider les lieux, les époux Tarondeau interjetèrent appel des jugements d'adjudications préparatoire et définitive, et demandèrent la nullité de la procédure, par le motif que la signification de ces deux jugements et des actes de procédure jusques et y compris le procès-verbal de saisie, avait été faite à la femme, partie saisie, et au mari en une seule copie.

Mabilleau, saisi, et Mauxion, adjudicataire, ont opposé : 1° que l'appel des époux Tarondeau était non-recevable quant à la forme, parce que les délais ordinaires de l'appel étaient expirés, ainsi que ceux spécialement prescrits par les articles 733, 734, 735, 736 C. pr., et par le décret du 2 février 1811, pour proposer la nullité des actes d'une procédure de saisie immobilière ; 2° qu'il était mal fondé quant au fond, la signification en double copie à chacun des époux n'étant nécessaire qu'au cas où ils seraient séparés de corps ou de biens, et le poursuivant ayant d'un autre côté satisfait au vœu de la loi, en constatant sur chaque copie qu'il avait notifiée qu'elle était signifiée tant au mari qu'à la femme pour la validité de la produre.

Les époux Tarondeau ont répondu : 1° à l'égard des fins de non-recevoir, que l'irrégularité des significations des jugements dont était appel avait empêché que les appelants ne fussent mis en demeure de se pourvoir contre ces jugements, en sorte qu'ils ne pouvaient être passibles d'aucune déchéance pour inobservation, soit des délais ordinaires de l'appel, soit des délais particuliers applicables aux demandes en nullité des actes d'une saisie immobilière ; 2° au fond, que l'intérêt distinct que le mari puisait dans sa qualité de chef de la communauté où entraient les fruits des propres de la femme, justifiait suffisamment la nécessité d'une copie séparée pour lui et pour sa femme, sans qu'il y eût lieu de rechercher, comme le faisaient les intimés, s'il existait ou non une séparation de corps et de biens, et sans que cette copie pût être suppléée non plus par la mention insignifiante dont se prévalait le sieur Mabilleau.

ARRÊT.

COUR ROYALE D'ORLÉANS. — 22 JANVIER 1842.

LA COUR, — En ce qui touche la fin de non-recevoir contre l'appel du jugement d'adjudication préparatoire du 30 juillet dernier, tirée de ce qu'il aurait été tardivement interjeté ; — Considérant qu'aux termes de l'art. 443, Cod. pr., le délai pour interjeter appel d'un jugement contradictoire est de trois mois à partir de la signification à personne ou domicile ; et pour les jugements par défaut, à partir du jour où l'opposition n'est plus recevable ; — Qu'aux termes de l'art. 158 du même code, s'il est rendu contre une partie qui n'a pas d'avoué, l'opposition est recevable jusqu'à l'exécution du jugement ; — Que l'art. 159 indique les circonstances dans lesquelles le jugement est réputé avoir été exécuté ; — Considérant que, dans l'espèce, les biens saisis sont des propres de la femme, sur lesquels le mari a un droit légal et personnel comme administrateur de la communauté ; que ces droits sont distincts et séparés de ceux de la femme, et que dès lors la procédure de saisie de ces biens doit être suivie séparément contre chacun d'eux, et toutes les significations leur être faites par copies séparées ;—Qu'en fait, la procédure n'a pas été régulièrement suivie sous ce rapport ; qu'en effet, la dénonciation de la saisie immobilière des 13 et 14 avril 1840, signifiée par Chauveau, huissier, le 4 mai suivant, ne l'a été que par une seule copie laissée entre les mains du maire, par suite de l'absence des époux Tarondeau de leur domicile, et du refus des voisins de recevoir ladite copie ; — Qu'il en est de même de la signification du jugement par défaut d'adjudication préparatoire du 30 juillet 1840, faite à la date du 9 septembre suivant, par Chauveau, huissier commis, lequel n'en a laissé qu'une seule copie au sieur Lecourt, le plus proche voisin des époux Tarondeau, absents ; d'où il suit que l'appel du jugement préparatoire du 30 juillet 1840 est recevable, le délai d'appel n'ayant pas couru faute d'une signification régulière ;

En ce qui touche les fins de non-recevoir opposées au fond aux époux Tarondeau : — Considérant que, dans l'espèce, la procédure toute entière est attaquée pour défaut de notification des actes qui devaient être signifiés ; que l'action des époux Tarondeau aurait pour résultat de faire tomber les jugements d'adjudication tant préparatoire que définitive, tous rendus contre eux par défaut ; que leur appel remet les parties au même état où elles étaient avant les jugements attaqués ; qu'il est constant qu'alors on n'aurait pu invoquer contre eux les articles 733 et 735, C. pr., pas plus qu'on ne peut les leur opposer devant la Cour ; — Considérant que les articles 2 et 4 du décret du 2 février 1811 font partie d'une législation spéciale très-rigoureuse, qui doit être soigneusement restreinte aux cas pour lesquels elle a été écrite ; — Que ces articles ne s'appliquent qu'aux nullités qui ont pu être commises entre l'adjudication préparatoire et l'adjudication définitive ; — Qu'il s'agit, dans l'espèce, de nullités commises à toutes les époques de la procédure, soit avant, soit après l'adjudication préparatoire ; qu'enfin toute la procédure est attaquée pour défaut de notification des actes qui la composent ; que les appelants prétendent qu'ils n'ont pas été mis légalement en demeure de présenter leurs moyens de nullité ; que, dans une telle position, le décret du 2 février 1811 n'est pas susceptible d'application ;

Au fond, — Considérant que la dénonciation de la saisie immobilière des 13 et 14 septembre 1841 est nulle faute, de signification irrégulière par copie séparée à chacun des époux Tarondeau ; que, de plus, aux termes de l'article 215, Cod. civ., la femme ne pouvait ester en jugement sans être autorisée par son mari ou par le juge, ce qui n'a pas eu lieu, le mari n'ayant jamais procédé avec elle, ce qui vicie encore les jugements rendus contre elle ; — Que ces nullités entraînent nécessairement celle du jugement d'adjudication préparatoire et de tous les actes subséquents, y compris le jugement d'adjudication définitive, qui lui-même n'a été signifié aux époux Tarondeau que par une seule copie ; — Par ces motifs, sans s'arrêter aux différentes fins de non-recevoir, — Déclare les jugements des 30 juillet et 5 novembre 1840 nuls et de nul effet ; condamne Mauxion à délaisser, dans le mois de la signification du présent arrêt, libres de toutes dettes et charges, les biens à lui adjugés par le jugement du 5 novembre précité.

Jurisprudence constante. — V. *deuxième partie, art. 3, de ce journal.*

A annoter au mot **Exploit**, n° 235.

ART. 32.

CONCILIATION.

OMISSION. — NULLITÉ. — ORDRE PUBLIC. — DÉFENSE AU FOND.

La nullité résultant du défaut de préliminaire de conciliation doit être proposée in limine litis, *bien qu'elle tienne à l'ordre public, et puisse être invoquée, même* d'office, *par les tribunaux. — Cette nullité est couverte dès que les parties ont défendu au fond.*

FAITS.

Aux termes d'une convention du 27 mai 1840, un sieur Labey, agissant comme mandataire du vicomte de Saint-Priest, qui lui-même était mandataire d'un sieur Stone, propriétaire du domaine de Rosny, s'obligea à vendre ce domaine à Thomas Varenne, moyennant un prix qui serait déterminé par un arpentage contradictoire, mais à la charge d'un à-compte préalable de 150,000 francs.

Thomas Varenne, n'ayant pas rempli cette dernière obligation, fut assigné par Stone, sans préliminaire de conciliation, à trois jours, devant le tribunal de la Seine, en vertu d'une ordonnance du président, pour voir déclarer nuls tous projets de vente du château de Rosny, et lui voir faire défense de s'immiscer dans la propriété de ce domaine.

Jugement du tribunal de Paris qui accueille cette demande, en ces termes : « Attendu que Thomas Varenne ne produit aucun titre légal, ou aucune pièce régulière quelconque, constatant que Stone lui eût vendu définitivement le château de Rosny et dépendances ; qu'à la vérité Stone déclare qu'il a existé, entre lui et Thomas Varenne, des pourparlers pour la vente dont s'agit, et que, si cette vente se réalisait, il lui serait payé par avance une somme de 150,000 fr. ; — Attendu que cet aveu est indivisible, et qu'ainsi, qu'en même temps qu'il constate un projet de vente, il établit que 150,000 fr. doivent être remis ; — Attendu que Thomas Varenne ne justifie pas avoir versé les 150,000 fr., d'où il suit qu'il ne peut se prévaloir de la déclaration de Stone sans rapporter la preuve de l'accomplissement de la condition imposée à Thomas Varenne d'acquitter les 150,000 fr. ; que, dans cette position, il devient inutile d'examiner les moyens de dol et de fraude dont Thomas Varenne aurait fait usage pour obtenir le projet de vente dont il s'agit, etc... »

Appel. — Arrêt de la Cour royale de Paris du 28 novembre 1840, qui adopte les motifs des premiers juges et confirme.

Pourvoi en cassation pour violation de l'art. 48 du Code de procédure, et fausse application des articles 49 et 72 du même Code. La demande de Stone, a-t-on dit, ne pouvait, sous aucun rapport, rentrer dans la classe de celles qui requièrent célérité ; dès lors le défendeur aurait pu en faire prononcer la nullité devant les premiers juges, faute d'avoir observé le préliminaire de conciliation. (Favard, R., v° *Ajournement*; Boncenne, 2, 161); mais on est généralement d'accord en doctrine et en jurisprudence, que cette irrégularité peut être opposée pour la première fois devant la Cour de cassation; en effet l'art. 48, C. pr. civ., porte que, faute du préliminaire, aucune demande ne sera *reçue;* les juges doivent donc la rejeter d'office, sous peine de commettre un excès de pouvoir que la Cour suprême a mission de réprimer.

ARRÊT.

COUR DE CASSATION. — 30 MAI 1842.

LA COUR, — Attendu, sur le premier moyen, que l'institution salutaire des bureaux de paix a pour objet de prévenir les procès, institution d'ordre public dont il serait fait une juste application, en déclarant même d'office, *in limine litis*, une action non-recevable à défaut de citation préalable en conciliation; mais il n'en résulte cependant pas pour le magistrat un devoir rigoureux de porter d'office un regard investigateur dans les actes de la procédure, et ce serait un abus sans effet salutaire d'admettre l'exception, après la défense au fond, après des procédures longues et dispendieuses, lorsque les parties ont prouvé leur éloignement pour la conciliation; ce serait l'application la plus funeste de la prescription légale d'une tentative préalable de conciliation, que d'y renvoyer les parties, lorsqu'il a déjà été prononcé sur le litige, soit en première instance, soit en appel; — Rejette.

Auteurs. — Conforme à l'opinion émise dans notre *Encyclopédie des Huissiers*, au mot *Conciliation*, n° 86.

Pour : Chauveau sur Carré, *L. procéd. civ.*, t. I, p. 207; Berriat Saint-Prix, p. 191, n° 27; Pigeau, 3e édition, t. I, p. 152, — Contre : Merlin, *Quest. de dr.*, v° *Appel*, § 9; Pigeau, édit.

de 1807, t. I, p. 145; Boncenne, *Théor. de la procéd. civ.*, t. II, p. 47 et suiv.

Ce dernier auteur s'élève très-fortement contre la doctrine adoptée par l'arrêt que nous venons de rapporter. « Le préliminaire de conciliation, dit-il, a été institué pour maintenir la paix publique. Il n'est ni une action ni le commencement d'une action ; il n'est ni un acte de procédure, ni une forme, ni une garantie des droits de défense (p. 52). La loi disposant qu'aucune demande ne *sera reçue*, elle ne s'adresse pas aux parties, mais aux tribunaux pour leur défendre de la recevoir. Il s'ensuit que la *recevabilité* doit être vérifiée par les juges, sans qu'il soit besoin que les parties les en avisent. Les parties peuvent renoncer à un droit, mais elles ne peuvent s'affranchir mutuellement d'un devoir que la loi commande. N'est-il pas incontestable que tout ce qui est prescrit en vue de diminuer les procès appartient à un ordre d'intérêt plus élevé qu'une nullité d'exploit (p. 53)? Il y a au titre de la requête civile deux articles qui veulent qu'elle *ne soit pas reçue* (art. 494 et 495), sans consignation d'une somme pour amende et dommages-intérêts ; or, on n'a jamais prétendu que la requête civile devrait être reçue si la partie ayant intérêt d'opposer la *non-recevabilité*, commençait par proposer ses défenses au fond. Il y a encore une analogie plus transparente dans l'art. 449 du Code, qui défend d'interjeter appel d'un jugement avant l'expiration de la huitaine, et qui par là prescrit à la partie condamnée un essai de conciliation avec elle-même (p. 55). Enfin la loi contenant une disposition expresse, ni obscure, ni ambiguë, d'une exécution facile, les tribunaux sont tenus de s'y conformer ; ils ne peuvent s'en écarter sous prétexte d'en rechercher le sens ou l'esprit, ou de la rendre plus parfaite. »

Ces raisons, nous devons en convenir, ne manquent pas de force ; mais la jurisprudence qui les contrarie paraît constante, et nous devons nous y conformer.

Jurisprudence. — Pour : Cassation, 22 thermidor an XI ; 19 janvier 1825, 16 février 1826, 22 juin 1835, 29 janvier 1838, 30 décembre 1839, 19 février 1840 ; Colmar, 30 novembre 1839. — Contre : Cassation, 13 thermidor an VIII ; Toulouse, 8 juillet 1820.

A annoter au mot **Conciliation**, n° 86.

ART. 33.

OFFICE.

SOCIÉTÉ. — EXPLOITATION EN COMMUN DE PLUSIEURS OFFICES.
— PARTAGE DES BÉNÉFICES. — BOURSE COMMUNE.

Est nulle la convention souscrite par les officiers ministériels d'une même résidence, contenant obligation pour eux et leurs successeurs de n'instrumenter qu'alternativement et de mettre en commun et partager les produits de leur exploitation, perçus d'après un tarif supérieur au tarif légal.

Une telle convention est contraire à l'ordre public, en ce que : — 1° aucune stipulation particulière ne peut augmenter la quotité de la mise à la bourse commune ; — 2° jamais cette quotité ne peut absorber la totalité des honoraires ; — 3° toute perception d'honoraires supérieurs au tarif est illégale ; — 4° la soumission d'obliger les successeurs à adhérer au traité, emporte la nécessité d'une convention occulte soustraite à l'examen du gouvernement.

FAITS.

Par un traité intervenu entre eux en 1834, les trois commissaires-priseurs du Mans formèrent une société pour exploiter leurs offices pendant vingt ans, à profits communs, qui devaient être partagés tous les quinze jours.

Il avait été stipulé, — qu'ils n'exerceraient que tour à tour ; — que les honoraires seraient perçus d'après un tarif particulier plus avantageux que le tarif légal ; — que chacun, sous peine de 10,000 francs, ferait adhérer son successeur à ce traité, qui devait être renouvelé pour la même durée.

En 1840, Julien, l'un des signataires, demanda la résiliation du traité ; le second signataire, Bullot, résista ; quant au troisième, il s'en rapporta à justice.

27 juillet 1841, jugement du tribunal du Mans qui maintient le traité, par le motif qu'il a été fait de bonne foi, et que les conventions qu'il renferme ne sont pas prohibées.

Appel par Julien.

ARRÊT.

COUR ROYALE D'ANGERS. — 23 AVRIL 1842.

LA COUR, — Vidant son délibéré, — Attendu que les conventions, tant écrites que verbales, dont le jugement frappé d'appel ordonne l'exécution, ne sont autre chose qu'un assemblage de clauses illicites, contraires à toutes les règles d'une bonne administration des offices publics, et tendant à grever hors de toute mesure les particuliers qui sont dans le cas de recourir au ministère des commissaires-priseurs ; — Que la disposition principale, celle qui veut que chacun d'eux apporte à la masse sept pour cent du produit brut des ventes auxquelles il aura procédé, est illégale sous un double rapport ; d'abord elle établit par le fait, sur le public, un tarif excessif, n'étant pas raisonnable de supposer que ces officiers fourniront à la bourse commune plus qu'ils n'auront reçu pour leurs honoraires ; ce tarif est uniformément de sept pour cent, tandis qu'à Paris, la loi du 27 ventôse an IX n'alloue cette rétribution que pour les ventes qui n'excèdent pas 4,000 francs, et cela pour tous frais de vente, vacation, rédaction et expédition ; au-dessus de 4,000 francs, l'allocation n'est plus que de cinq pour cent. En second lieu, la clause dont il s'agit tend à créer entre eux une coalition pour exploiter en commun les charges de commissaires-priseurs, et la mesure non moins vicieuse qui les soumettait à un alternat, en était en quelque sorte la conséquence naturelle, puisque si tous les émoluments se partageaient par égales portions, il serait équitable en effet que chacun apportât le même contingent de travail ; et par là il serait mis nécessairement obstacle à la liberté des choix qui appartient aux parties ;

Attendu que les lois ou règlements qui fixent pour les diverses corporations d'officiers publics le quantum de la mise à la bourse commune ne se bornent point à établir un minimum, leurs dispositions sont obligatoires ; elles ne peuvent point être dépassées ; c'est-à-dire que pour les commissaires-priseurs particulièrement, la mise en commun avait d'abord été réglée aux deux cinquièmes, et il a fallu une ordonnance royale pour la porter à moitié ; les huissiers ont une latitude, mais ils ne peuvent jamais dépasser la proportion du dixième, qui leur est assignée comme maximum ; — C'est donc illégalement et contrairement aussi à toute justice que les actes dont il s'agit prescrivaient le versement de la totalité des honoraires ;

Attendu que la disposition d'après laquelle les successeurs des titulaires actuels devaient être tenus d'adhérer auxdits traités, est peut-être plus intolérable encore, puisqu'elle emporte la nécessité, à chaque transmission d'office, d'une convention occulte soustraite à l'examen du gouvernement ; — Attendu que de pareilles conventions passées entre des officiers publics, contrairement aux devoirs de leur profession et aux dispositions des lois, ne peuvent engendrer aucune obligation, même à l'égard de ceux qui les ont souscrites ; — Attendu que les considérations ci-dessus entraînent le rejet du chef des conclusions subsidiaires de Bullot, par lequel il persiste à demander que les honoraires, quels qu'ils soient, continuent d'être versés en totalité à la bourse commune ;

Par ces motifs, met au néant le jugement dont est appel ; statuant au principal, déclare nuls et de nul effet les traités passés entre les parties ou leurs prédécesseurs, les 1er décembre 1834 et 17 juillet 1840, enregistrés, ainsi que la convention verbale, reconnue, d'août 1840 ; — Donne acte à Julien de ce qu'il offre verser à la bourse commune la quotité de ses honoraires déterminée par la loi ; dit en conséquence que cette quotité sera de moitié pour chaque commissaire-priseur; — Juge toutes les parties de ce qu'elles consentent que les règlements à faire entre elles, par suite de ces versements, aient lieu tous les deux mois.

Jurisprudence. — Arrêt de la Cour royale de Montpellier, du 28 avril 1830, qui déclare non obligatoire un traité par lequel des huissiers conviennent que leurs émoluments seront partagés entre eux autrement que ne le prescrit le décret du 14 juin 1813 et l'ordonnance du 26 juin 1822. — Riom, 3 août 1841, qui déclare contraire à l'ordre public, la convention faite entre les huissiers d'un même canton d'exploiter en commun leurs offices. — Parlement de Paris, 7 février 1612. — *Contrà,* trib. civil de Clermont-Ferrand, 2 août 1838.

A annoter aux mots **Office**, n° 11 ; — **Honoraires**, n° 19.

ART. 34.

DÉLIT RURAL.

BESTIAUX. — PRESCRIPTION. — GARDE A VUE.

Le fait d'introduire et d'attacher des bestiaux sur le terrain d'autrui constitue, non le délit rural de garde à vue, puni par l'article 26, tit. 2, L. 28 sept.–6 oct. 1791, mais la contravention prévue par l'art. 479, n° 10 du Code pénal.

En conséquence, la prescription applicable à ce fait est celle d'un an et non celle d'un mois.

FAITS.

Deux bestiaux, une vache et un âne, appartenant à un sieur Toméi, furent trouvés, le 23 décembre 1831, attachés avec une corde, dans une propriété plantée d'oliviers, noyers et figuiers, appartenant au sieur Belinghéri.

Traduit devant le tribunal de police de Lure pour ce fait, le 5 juin 1842, Toméi opposa la prescription d'un mois établie par le Code rural de 1791, art. 8, sect. 7, tit. 1, comme s'agissant d'un délit de garde à vue de bestiaux dans une récolte, puni par l'article 8 de cette loi.

Mais le ministère public a soutenu que le fait incriminé constituait la contravention d'introduction de bestiaux sur le terrain d'autrui, puni par l'art. 479, n° 10 du Code pénal, et que par suite la prescription d'un an était la seule applicable aux termes de l'article 640 du Code d'instruction crim.

25 juin 1842, jugement du tribunal de police qui rejette ce dernier système et admet l'exception de prescription d'un mois.

Pourvoi en cassation de la part du ministère public.

ARRÊT.

COUR DE CASSATION. — 7 SEPTEMBRE 1842.

LA COUR, — Attendu que le fait qui sert de base à la prévention, et qui consiste dans l'abandon d'une vache et d'un âne dans un jardin planté, qui y causaient du dommage, ne constitue pas le délit de *garde à vue de bestiaux dans une récolte* prévu par l'art. 26 non abrogé du titre XI de la loi du 6 octobre 1791, mais qu'il établit l'introduction sur le terrain d'autrui de bestiaux pouvant nuire aux plantations, ce qui rentre dans les dispositions générales de l'art. 470, n° 10, Cod. pén.; — D'où il suit que le jugement attaqué, en appliquant au fait poursuivi la prescription d'un mois, a faussement appliqué l'art. 8, tit. Ier, sect. VII, de la loi précitée de 1790, et a violé l'art. 640, Cod. inst. crim.; — Casse.

Jurisprudence. — Pour cassation, 23 mars 1821.

A annoter au mot **Délit rural**, n° 9.

ART. 35.

—

EXÉCUTION PROVISOIRE.

DÉFENSE A L'EXÉCUTION. — RÉFÉRÉ. — COMPÉTENCE. — APPEL.

L'exécution provisoire d'un jugement, ordonnée hors des cas prévus par la loi, ne peut être suspendue par le juge des référés. — C'est à la Cour, saisie par voie d'appel, et à elle seule, qu'il appartient d'accorder des défenses à l'exécution.

ARRÊT.

COUR ROYALE DE MONTPELLIER. — 11 DÉCEMBRE 1842.

LA COUR, — Attendu que le pouvoir donné par les articles 806 et 807 du Cod. de pr., aux présidents des tribunaux de première instance de statuer en audience de référé, dans les cas d'urgence ou sur les difficultés relatives à l'exécution d'un titre exécutoire ou d'un jugement déclaré tel, cesse nécessairement lorsque la matière, qui fait la matière du référé, a été placée par une disposition spéciale de la loi dans les attributions d'une autre juridiction ; — Qu'il cesse pareillement par l'effet de la litispendance, lorsque le litige soulevé par la citation en référé a été déjà porté devant un autre juge ; — Attendu que lorsqu'un jugement a ordonné l'exécution provisoire de ses dispositions, il n'appartient qu'aux juges du second degré, nantis de l'appel, d'empêcher ou de suspendre cette exécution provisoire, conformément à l'article 459 du Cod. de procéd. civ. ; — Que la demande tendant à obtenir des défenses à l'exécution provisoire forme un incident de l'instance d'appel, et rentre par cela seul dans la compétence exclusive des juges d'appel ; — Que bien que par sa nature même une telle demande soit généralement urgente, son urgence n'a d'autre effet que d'autoriser à la poursuite par voie d'assignation à bref délai ; mais que l'appréciation de l'urgence appartient au président du tribunal d'appel ou de la cour, auquel doit être adressée la requête en abréviation de délai ; — Qu'indépendamment de ces principes généraux, qui rendent le juge des référés incompétent d'une manière absolue pour connaître des défenses en sursis à l'exécution provisoire d'un jugement entrepris par la voie de l'appel, la disposition de l'art. 171 du Cod. de procéd. l'oblige à se dénantir, lorsque, de fait, les juges du second degré ont été saisis de l'incident en défense ou en sursis ;

Et attendu en fait que, par son jugement du 22 septembre 1841, le juge de paix du canton de Mauguio avait condamné Radier à livrer passage avec charrette à Desfours à travers sa vigne, et avait ordonné l'exécution provisoire sans caution : — Qu'après s'être rendu appelant de ce jugement, Radier avait formé, devant le tribunal civil de Montpellier, nanti de l'appel, une demande incidente en défenses à l'exécution provisoire ; que postérieurement à cette demande, il avait appelé Desfours devant le vice-président du même tribunal, comme juge des référés, pour se voir faire défenses de passer sur sa vigne avec charrette ; que cette nouvelle action n'avait pas d'autre objet que l'incident en défenses déjà formé, puisqu'elle tendait à empêcher l'exercice du passage autorisé par la disposition provisoirement exécutoire du juge de paix ; — Que cependant, au lieu de rejeter l'assignation en référé et de se déclarer incompétent, le vice-président a renvoyé les parties à l'audience en état de référé, et néanmoins a ordonné que toutes choses demeureraient en l'état, ce qui était dire droit à la demande de Radier, et suspendre l'exécution provisoire ; — Que, de son côté, le tribunal a maintenu l'ordonnance de référé, et ordonné pareillement que les choses demeureraient en l'état ; que cette ordonnance et ce jugement sont dès lors viciés d'une double incompétence, sous le rapport de la matière et de la litispendance ; — Attendu qu'il importe peu que les dispositions ordonnant que les choses demeureraient en l'état ne dussent produire leur effet que jusqu'au jour où il serait définitivement statué par le tribunal sur l'incident en défenses à l'exécution provisoire ; — Que la compétence est indivisible ; qu'à cet égard, il n'y a point de distinction possible entre une défense temporaire et une défense définitive, et que l'une et l'autre rentraient toujours dans l'attribution exclusive des juges d'appel ; — Attendu que le référé étant ainsi reconnu mal introduit et sans objet, par suite de l'incident en défenses, il n'y a pas lieu en l'annulant de renvoyer devant un autre juge ; — Par ces motifs, disant droit à l'appel de Desfours, annulle tant l'ordonnance rendue en référé le 6 octobre dernier par le vice-président du tribunal civil de Montpellier, que le jugement rendu le 9 du même mois par ce même tribunal, à la suite du renvoi fait par ladite ordonnance.

Jurisprudence. — Pour : Paris, 19 germinal an XI.

A annoter aux mots Appel, n° 195 ; — et Référé, n° 6.

ART. 36.

CONTRAINTE PAR CORPS.

ÉTRANGER. — AUTORISATION DE RÉSIDENCE.

L'étranger admis à résider en France n'acquiert pas pour cela la faculté d'exercer contre son débiteur, étranger non autorisé à établir son domicile en France, la contrainte par corps provisoire; ce bénéfice étant exclusivement réservé aux Français.

FAITS.

Le sieur Lawson, Anglais, autorisé à établir son domicile en France, s'est prévalu de cette autorisation pour faire arrêter provisoirement, en vertu d'une ordonnance de référé, un autre Anglais nommé Cassidy qu'il disait être son débiteur de 723 fr.

Cassidy soutint que la contrainte par corps provisoire ne pouvait point être invoquée par un étranger, fût-il admis à exercer les droits civils en France, et que le bénéfice résultant de cette mesure était essentiellement attaché à la qualité de Français; — Que, dans tous les cas, la créance réclamée contre lui était payée en partie, et consistait pour le surplus en une somme non encore échue; — Qu'ainsi, sous un double rapport, son arrestation était illégale et vexatoire, et l'autorisait à réclamer des dommages-intérêts.

Jugement du tribunal de la Seine ainsi conçu :

« Le Tribunal, — Considérant que Lawson ne justifie que de la jouissance des droits civils en France, lesquels ne comprennent pas le droit d'exercer la contrainte par corps, appartenant aux seuls Français; — Au fond : — Attendu que sur la somme de 5,525 fr. originairement réclamée, Lawson reconnaît avoir reçu celle de 4,250 fr.; que, pour le surplus, il est porteur d'une traite non encore échue; — En ce qui touche les dommages-intérêts : — Attendu que, dans les circonstances et d'après les faits de la cause, c'est abusivement et vexatoirement que Lawson a fait arrêter le sieur Berkeley Cassidy; - Déclare nul l'emprisonnement dudit Cassidy, ordonne qu'il sera mis sur-le-champ en liberté, et que son écrou sera rayé de tout registre où il aurait pu être porté, à quoi faire le directeur de la maison de Clichy sera tenu, quoi faisant déchargé; — Déclare Lawson, quant à présent, non recevable dans sa demande en payement de 723 fr. ; — Condamne ledit Lawson à 2,000 fr. de dommages-intérêts, et ce par corps ; fixe à une année la durée de la contrainte ; — Condamne ledit Lawson aux dépens ; ordonne l'exécution provisoire du jugement *sur minute avant l'enregistrement, et nonobstant l'appel, à heure extrà-légale, même un jour férié.* »

ARRÊT.

COUR ROYALE DE PARIS. — 21 MARS 1842.

LA COUR, — En ce qui touche le droit prétendu de contrainte par corps, adoptant les motifs des premiers juges ; — En ce qui touche les 723 francs dus par Cassidy ; — Considérant que cette somme n'aurait été acquittée que par une lettre de change qui a été protestée ; — En ce qui touche les dommages-intérêts ; — Considérant que le préjudice n'est pas établi, et que Lawson était de bonne foi ; — Infirme le jugement dans toutes ses dispositions, excepté quant au droit prétendu de contrainte par corps, et condamne Cassidy en tous les dépens.

Auteurs. — Conforme à l'opinion adoptée dans l'*Encyclopédie* au mot *Contrainte par corps,* n° 88. — Pour : Coin Delisle, p. 98, n° 6. — Contre : Pardessus, n° 1528.

Jurisprudence. — Pour : Douai, 7 mai 1828 ; Paris, 8 janvier 1831 ; Tribunal de la Seine, 4 décembre 1835 ; Bruxelles, 3 juillet 1828.

A annoter au mot Contrainte par corps, n° 88.

———

ART. 37.

—

OFFICE.

SUPPLÉMENT DE PRIX. — CONTRE-LETTRE. — PAYEMENT. — RÉPÉTITION.

Le supplément du prix ostensible de la cession d'un office stipulé par une contre-lettre ou traité secret et volontairement payé, n'est pas sujet à répétition.

PREMIÈRE ESPÈCE.

FAITS.

Le sieur Peaucelier, commissaire-priseur à Beauvais, vendit sa charge, le 5 décembre 1835, au sieur Gellée, moyennant, suivant le traité ostensible produit à la chancellerie, 27,000 fr. ; mais le même jour un supplément de prix de 18,000 fr., payable en un billet, fut stipulé entre les parties.

Aussitôt sa nomination, Gellée acquitta volontairement le billet de 18,000 fr., et le retira ; puis paya en outre 2,000 fr. sur le prix du traité ostensible ; en sorte qu'il ne restait débiteur que de 25,000 fr.

Gellée étant décédé, et les 25,000 fr. restant dus étant exigibles, Peaucelier en poursuivit le payement contre la veuve Gellée, qui revint alors sur le payement des 18,000 fr. stipulés en dehors du traité apparent. Elle prétendit que cette obligation était frappée d'une nullité d'ordre public, et que par conséquent le payement qui en avait été fait était sujet à répétition. Par ce motif, elle demanda que les 18,000 fr. payés fussent imputés sur ce qui restait dû sur le prix sincère de l'office.

4 février 1840, jugement du tribunal de Beauvais qui annulle la prétention de la veuve Gellée, et ordonne l'imputation par elle demandée.

Appel par Peaucelier. — Arrêt de la Cour royale d'Amiens du 12 juin 1840, qui infirme. — « Considérant qu'il est établi et reconnu entre les parties que les 18,000 fr. payés par Gellée l'ont été pour supplément convenu au traité ostensible relatif à la cession de l'office de commissaire-priseur ; que, de quelque manière qu'on envisage cette convention, elle a été volontairement exécutée et ne peut donner lieu à répétition ; que l'imputation sur un autre titre équivaudrait à répétition, etc. »

Pourvoi par les héritiers Gellée pour violation des art. 1131 et 1133 du C. civ., et fausse application de l'art. 1235, § 2 du même code, en ce que l'arrêt attaqué a vu une obligation naturelle valable dans un billet souscrit à titre de supplément de prix convenu entre les parties, au delà du prix ostensible d'un office, et par suite a déclaré non sujettes à répétition les sommes payées en vertu d'une semblable convention. — Le payement d'une obligation contractée malgré la prohibition de la loi et dans le but d'éluder des mesures d'ordre public, a-t-on dit, ne peut être considéré comme l'acquittement d'une obligation naturelle ; en effet, la nullité qui frappe une convention de cette nature n'a point été introduite dans l'intérêt particulier du débiteur, comme lorsqu'il s'agit d'un engagement contracté par une femme mariée non autorisée, du payement, par un emprunteur, d'intérêts non stipulés, de l'exécution d'une obligation présente ; ici l'obligation ne peut pas plus prendre sa force dans un fait d'exécution que dans une convention expresse, elle est nulle radicalement, elle ne peut produire aucun effet. — D'ailleurs, il faut le reconnaître, c'est surtout l'exécution des traités secrets qu'il importe d'empêcher, pour en prévenir les effets, dans l'intérêt de la société; le plus souvent, le but des mesures adoptées par le gouvernement ne serait pas atteint si les tribunaux, forcés de respecter un traité illicite exécuté, ne pouvaient que refuser cette exécution lorsqu'elle serait réclamée. Enfin, et dans tous les cas, la volonté d'exécuter le traité secret, et de renoncer à en poursuivre la nullité, est-elle bien constante dans l'espèce? Nullement; la totalité du prix réel de l'office n'a point été payée, et les sommes versées ne forment même pas le montant du prix porté au traité ostensible; l'imputation pouvant donc se faire tout aussi bien sur ce dernier prix, seule dette qui existât légalement entre les parties, il devenait inutile pour le débiteur de se prévaloir de la nullité radicale de la contre-lettre, avant l'époque où cette imputation serait contestée par le cédant. En considérant l'engagement souscrit pour supplément de prix par le sieur Gellée comme capable de produire une obligation naturelle non sujette à répétition, l'arrêt attaqué a donc faussement appliqué l'article 1235 du Code civ. et violé les articles 1131 et 1133 du Code civil.

ARRÊT.

COUR DE CASSATION. — 23 AOUT 1842.

LA COUR, — Attendu que l'arrêt attaqué déclare, en fait, que le titre par lequel les auteurs des demandeurs en cassation avaient librement consenti d'ajouter 18,000 francs au prix du traité ostensible, avait été volontairement exécuté et retiré après payement, de telle sorte que l'imputation faite par les parties, et leur volonté pour l'extinction de ce titre particulier, ne peuvent être douteuses; d'où suit que l'arrêt attaqué a fait à la cause une juste application des lois de la matière, et n'a violé aucune loi ; — Rejette.

DEUXIÈME ESPÈCE.

FAITS.

M. Deschetz, notaire, vendit en 1838 son office au sieur Lecocq. Le traité apparent portait un prix de 75,000 francs cautionnés par les sieur et dame Lecoq père et mère; mais une contre-lettre éleva ce prix de 20,000 francs payables dans le mois de la nomination.

Lecoq, nommé en 1839, fut destitué en 1840. Son successeur eût à payer 45,000 fr. qui furent touchés en partie par M. Deschetz, lequel avait reçu précédemment des sieur et dame Lecoq, cautions, 30,000 francs.

Lors des poursuites dirigées contre ces derniers par M. Deschetz on éleva la question de savoir si les 20,000 fr. montant de la contre-lettre et qui avaient été soldés, ne devaient pas venir en déduction des 75,000 fr. qui figuraient au traité ostensible.

Le tribunal de Vouziers adopta l'affirmative par le motif que la contre-lettre, contraire à l'ordre public et aux bonnes mœurs, n'était susceptible de produire aucun effet direct ni indirect. Les créanciers de Lecoq père étaient intervenus dans l'instance.

Appel par Deschetz.

ARRÊT.

COUR ROYALE DE METZ. — 14 FÉVRIER 1843.

« LA COUR, — En ce qui concerne la validité de la contre-lettre du 26 juin 1838 :

» Attendu que l'article 91 de la loi de finances du 28 avril 1816, en accordant aux titulaires de certains offices la faculté de présenter des successeurs à l'agrément de Sa Majesté, n'a point réglé l'exercice de cette disposition ; que jusqu'à présent la loi particulière annoncée par le second paragraphe dudit article n'a point paru, et que de l'absence de cette loi sur un point aussi important sont résultés le vague et l'incertitude qui existent encore sur la nature, l'étendue et la portée de cette regrettable concession ; — Attendu que pendant longtemps les tribunaux ont appliqué aux traités secrets ayant pour but d'augmenter le prix de cession d'un office, le principe consacré par l'art. 1321 du Cod. civ., et que ce n'est qu'avec difficulté et lenteur, et à raison des abus qui ont éclaté, que s'est établie la jurisprudence qui proscrit les contre-lettres en matière de cession d'office, comme portant atteinte à l'ordre public ; — Attendu que cette jurisprudence est celle de la plupart des Cours royales ; qu'elle est particulièrement consacrée par les derniers arrêts de la Cour de cassation du 17 juillet 1841 ; — Attendu que, malgré le silence absolu de l'art. 91 de la loi du 28 avril 1816, il n'est pas possible de dénier au gouvernement le droit d'exiger la remise du traité de cession d'une étude, d'en examiner le taux, et de le réduire à une juste proportion s'il lui paraît exagéré, parce que cette exagération peut avoir de funestes résultats, soit en portant le nouveau titulaire à faire des gains illicites, soit en entraînant sa ruine ; que de pareils résultats, en se reproduisant, peuvent altérer la considération dont les officiers ministériels doivent être entourés, et qu'il importe à l'ordre public de la leur conserver ; que c'est donc avec raison que le tribunal de Vouziers a déclaré nulle, comme portant atteinte à l'ordre public, la contre-lettre souscrite par Lecoq fils à Deschetz le 26 juin 1838 ; — En ce qui touche l'exécution de ladite contre-lettre, et la question de savoir si la somme de 20,000 fr. qui y était portée, ayant été payée volontairement, est sujette à répétition ; — Attendu que, après avoir dit que tout payement suppose une dette, et que ce qui a été payé sans être dû est sujet à répétition, l'art. 1235 du Code civil ajoute que : « la répétition n'est pas admise à l'égard des obligations naturelles qui ont été volontairement acquittées ; — Attendu que si le législateur n'a pas défini ce que c'est que l'obligation naturelle, c'est que sans doute il a pensé qu'il s'agissait d'une chose hors de son domaine ; qu'il s'agissait d'un sentiment qui a sa source unique dans les intérêts de la conscience et d'un lien que la morale seule se charge de former ou de rompre ; — Attendu que c'est en effet dans ce sens que les jurisconsultes les plus recommandables se sont expliqués au sujet des obligations naturelles non reconnues par la loi civile, mais qui n'engagent pas moins le for intérieur. Ainsi d'après Pothier, *Traité des Obligations*, n° 195, « le paye-» ment fait volontairement est valable, et n'est pas sujet à répétition quand » le débiteur a eu un juste sujet de payer, savoir, celui de décharger sa » conscience.»—Domat s'en explique dans les mêmes termes; Toullier, t. II, n° 87, est plus explicite. — Dans son rapport au tribunat sur l'article 1235, M. Jaubert ne tient pas un autre langage; — Attendu que ces principes, appliqués à la cause actuelle, repoussent péremptoirement l'action en répétition du supplément de prix volontairement payé par Lecoq à Deschetz : il est indubitable en effet que le payement de la somme de 20,000 fr. n'a pas été fait sans cause raisonnable; il a eu pour cause l'acquit d'une promesse, nulle si l'on veut aux yeux de la loi civile, mais qui n'en constituait pas moins une dette d'honneur, de conscience, puisque Lecoq est censé avoir reçu l'équivalent par la cession de l'étude de Deschetz; et que l'on ne dise pas que le prix en était irrévocablement fixé par l'acte notarié soumis à l'appréciation de l'autorité. Non, il n'est point ainsi; l'étude pourrait en réalité valoir plus de 75,000 fr., et il n'est pas le moins du monde démontré que la transmission de ladite étude sur la tête de Lecoq n'eût pas été autorisée, alors même qu'on eût porté dans l'acte public la somme entière de 95,000 fr., puisque, d'une part, il est justifié que le revenu moyen de l'étude, pendant les neuf dernières années de la gestion de Deschetz, s'est élevé à 10,500 fr.; et que, d'autre part, on tient pour constant que la chancellerie peut fixer le prix de la cession d'une étude de notaire à dix fois la valeur du revenu moyen; — Attendu que, à la vérité, on objecte qu'il faut une sanction à la loi, et que pour paralyser complétement les traités secrets il n'y a qu'un moyen, qui consiste à consacrer l'action en répétition des sommes volontairement payées : que si le but est louable, le moyen serait illégal et arbitraire, et que le bien qui en résulterait serait trop chèrement acheté, car l'admission de ce moyen ne serait autre chose que la négation formelle de la conscience humaine, et le mépris judiciairement proclamé des engagements exécutés; ce système est inadmissible, si les abus dont on se plaint continuent à se faire sentir (et l'on peut déjà espérer que les mesures récemment prises pour ramener le notariat à sa véritable institution les atténueront de beaucoup); que le législateur intervienne, c'est son affaire; que le gouvernement ne diffère pas plus longtemps de donner la loi réglementaire promise dès 1816. Quant aux tribunaux, leur mission, leur devoir est de faire respecter la loi existante, et d'appliquer en cette matière les principes qui reçoivent journellement leur application dans des espèces absolument identiques; ils ne peuvent ni ne doivent, sous prétexte de donner à une loi une sanction dont elle serait dépourvue, se jeter dans l'arbitraire, et sortant des règles du droit commun, faire un appel à la convoitise, à la cupidité, et provoquer les cessionnaires d'offices à des actions qui répugnent à la conscience et qu'un homme n'oserait se permettre sans renoncer à sa propre estime; — Sur la question de savoir si Lecoq père a des droits différents à ceux de son fils, et particulièrement s'il peut demander que les 20,000 fr. employés à l'acquit du traité secret soient imputés sur les 65,000 fr. qui, au 6 mars 1839, restaient dus à Deschetz; — Attendu que tout concourt à établir que Lecoq père n'a rien ignoré de ce qui a été fait, qu'il a connu le traité secret de 20,000 fr., et que c'est lui-même qui a fait les fonds pour l'acquitter, sachant qu'ils devaient avoir cette destination. Ainsi, il part de Paris le 29 janvier 1839, c'est-à-dire à une époque où la nomination de son fils n'était plus douteuse, et à l'instant même il s'occupe de réunir les fonds nécessaires à l'acquit de toutes les sommes qui devaient être exigibles dans le mois de la nomination, à savoir des 20,000 fr. portés en la contre-lettre, de 10,000 fr. sur les 75,000 compris au traité ostensible, et enfin de 5 ou 6,000 fr. montant d'avances qui avaient été faites par Deschetz pour compte de Lecoq fils; il remet ces fonds à ce dernier avec indication de l'emploi qu'ils doivent recevoir, ou tout au moins en le laissant parfaitement libre de les employer, jusqu'à concurrence de 20,000 fr., à éteindre la dette portée dans le traité secret; — Ces payements ont lieu les 27 février et 6 mars 1839, et la contre-lettre ainsi acquittée est remise à Lecoq fils, et ledit jour, 6 mars, a lieu entre celui-ci et Deschetz un décompte par suite duquel il ne reste plus dû sur l'obligation notariée que 65,000 fr., lesquels devront être payés, ainsi qu'il est stipulé dans ladite obligation, *en huit annuités de 8,125 fr. chacune;* — Attendu que s'il pouvait rester du doute sur la participation de Lecoq père à l'acquit du traité secret, ce doute serait levé par l'acceptation qu'il a mise sur la lettre de change tirée par Deschetz, sur Lecoq père et fils, le 15 janvier 1840; lettre de change qui est la conséquence des payements antérieurs et l'exécution du décompte du 6 mars; lettre de change qui, ayant pour cause le terme échu le 1er du courant (1er janvier 1840), du prix de la cession de l'étude faite à Lecoq par acte authentique, faisait clairement savoir à Lecoq père, s'il eût eu besoin de l'apprendre de cette manière, que sur l'obligation notariée de 75,000 fr. il n'avait encore été soldé que 10,000 fr., et qu'ainsi les 38,000 fr., précédemment remis à son fils, avaient été employés à l'acquit d'autres dettes, à celles qui étaient devenues exigibles dans le mois de la nomination, et notamment à l'acquit du traité secret; — Attendu qu'il résulte de tous ces faits que Lecoq père est dans une situation identique à celle où se trouve Lecoq fils, qu'il ne peut pas plus que ne le pourrait celui-ci, répéter la somme de 20,000 fr. employée à l'acquit du supplément de prix, et qu'il n'est pas non plus fondé à demander que cette somme de 20,000 fr. soit imputée sur les 65,000 fr. redus au 6 mars 1839, sur l'obligation notariée; car, d'une part, il a tenu pour bon et véritable le payement de 20,000 fr. opéré sur la contre-lettre; et, d'autre part, il a reconnu que les 65,000 fr. redus faisaient partie des 75,000 fr. portés dans le traité ostensible, — En ce qui concerne les intervenants, — Attendu que, créanciers de Lecoq père, ils ne peuvent faire valoir que les droits appartenant à leur débiteur; — Que leurs titres de créances sont postérieurs aux époques des différents versements qui ont été faits à Deschetz des deniers de Lecoq père; qu'ainsi ces versements n'ont pu avoir lieu à leur détriment, ni en fraude de leurs droits; — Attendu qu'ils n'ont pas été induits en erreur par le fait de Deschetz, qui a pris inscription pour 75,000 fr., et qui cependant n'en a réclamé que 65,000 fr. depuis que les intervenants sont devenus créanciers de Lecoq père; — Qu'ils doivent donc s'imputer d'avoir donné leurs fonds à un débiteur déjà grevé de dettes légitimes, et qui, dès cette époque, se serait trouvé hors d'état de faire face à de nouveaux engagements; — Attendu que les époux Lecoq ayant vendu leurs immeubles, il paraît conforme à l'intérêt des créanciers, et par conséquent de Deschetz lui-même, qu'il ne puisse exiger son payement qu'aux époques d'exigibilité fixées pour le payement du prix desdits immeubles; — Attendu que la demande en dommages-intérêts formée par Deschetz n'est point justifiée; — Par ces motifs continue de donner défaut contre Etienne Lecoq fils, et pour le profit; — Met l'appellation et ce dont est appel au néant; émandant, décharge l'appelant des condamnations contre lui prononcées; au principal, sans s'arrêter à l'opposition des époux Lecoq au commandement du 12 octobre 1841, non plus qu'à leur demande en réduction ou en imputation d'une somme de 20,000 fr. sur la créance de Deschetz, les déclare mal fondés dans cette demande et les en déboute; — Ordonne la continuation des poursuites pour la somme intégrale de 65,000 fr. en principal avec intérêts depuis le 6 mars 1839, sous la seule déduction des sommes touchées par Deschetz par suite de la distribution par contribution ouverte devant le tribunal de Meaux, et néanmoins dit que Deschetz ne pourra exiger son payement que suivant les termes stipulés dans les contrats d'adjudication d'immeubles consentis par les époux Lecoq ; Déboute Deschetz de sa demande incidente et reconventionnelle en dommages-intérêts ; — Déclare les intervenants mal fondés dans leur intervention, les en déboute et condamne les époux Lecoq aux dépens des causes principal et d'appel, à l'exception des frais de l'intervention, qui restent à la charge des intervenants ; sur autres fins et conclusions, met les parties hors de cause. »

Auteurs. — Les arrêts que nous venons de rapporter considèrent comme une obligation naturelle la stipulation d'un prix secret augmentant le prix apparent de la cession d'un office. Or, suivant l'article 1235 du Code civil, celui qui a volontairement acquitté une obligation naturelle ne peut exercer aucune répétition des sommes par lui payées. Cette disposition est conforme aux lois romaines, à l'opinion de Domat, à celle de Pothier, *Traité des obligations*, n° 195, qui dit que le débiteur a un juste sujet de payer, celui de décharger sa conscience ; à celle du tribun Jaubert, dans son rapport sur l'article 1235 ; enfin à celle de Toullier, t. VI, n° 386, et t. XI, n° 87.

Jurisprudence. — La jurisprudence tout en proclamant la nullité des traités ou contre-lettres portant augmentation du prix ostensible des offices, comme contraires à l'ordre public (Cass., 7 juillet 1841 et 7 mars 1842 ; Paris, 11 novembre 1839, 15 février et 31 janvier 1840. — *Contrà*, Toulouse, 22 février 1840 ; Grenoble, 16 décembre 1837), reconnaît cependant que ces contre-lettres ou traités forment des obligations naturelles suffisantes pour empêcher la répétition de ce qui a été payé pour leur extinction. Grenoble, 16 décembre 1837 ; Paris, 31 janvier 1840 ; 15 février 1840 ; Toulouse, 22 février 1840.

Ainsi la contre-lettre est nulle, elle ne donne aucune action en justice ; néanmoins si elle est payée volontairement, le payement ne peut donner lieu à aucune réclamation.

A annoter au mot Office, n° 27.

ART. 38.

GARANTIE.

TRIBUNAL DE COMMERCE. — COMPÉTENCE.

Le garant qui n'est pas commerçant et qui n'a pas fait acte de commerce, peut-il être appelé en garantie devant le tribunal de commerce, saisi de l'action principale?—Résolu négativement dans la première et deuxième espèce ci-après; et affirmativement dans la troisième.

PREMIÈRE ESPÈCE. — Voiturier. — Dépositaire. — Restitution de marchandises.

Le dépositaire de marchandises ne peut être appelé en garantie devant le tribunal de commerce par le voiturier actionné devant le même tribunal en restitution desdites marchandises.

ARRÊT.

COUR ROYALE DE NANCY. — 30 DÉCEMBRE 1841.

LA COUR, — Attendu que le principe posé dans les articles 59 et 181 du Code de procéd., qu'en matière de garantie le garant est obligé de plaider devant le tribunal où la demande originaire est pendante, ne peut être appliqué au cas où le fait qui donne lieu à l'action en garantie est, à raison même de sa nature, hors des limites de la compétence du tribunal saisi de la demande principale; — Attendu que ces articles sont placés au livre II, qui traite des tribunaux inférieurs ou de première instance, tous investis d'une juridiction plénière et universelle; qu'ils statuent pour le cas où plusieurs tribunaux du même degré pourraient être saisis de la même action; mais qu'on ne peut, par une simple voie de conséquence, en induire que le législateur ait entendu déroger au principe le moins contestable de notre droit public, celui de l'incompétence *ratione materiæ*; — Attendu que la juridiction commerciale est de droit étroit, et qu'elle est naturellement restreinte aux seuls cas pour lesquels elle a été établie; que les tribunaux de commerce ne peuvent donc connaître, même incidemment, d'une action purement civile, et que la circonstance de connexité n'autorise pas, dans ce cas, le renvoi devant cette juridiction par application de l'art. 171, lequel suppose encore la compétence du tribunal qu'il s'agit de saisir en définitive;

Attendu que le tribunal de commerce de Remiremont a été valablement saisi de la demande principale, puisqu'elle a son principe dans l'art. 97 du Cod. de comm., qui détermine les obligations du voiturier au regard de l'expéditeur; mais qu'il n'en est pas de même de la demande en garantie, laquelle dérive d'une action purement civile résultant d'un dépôt nécessaire, et est formulée dans l'art. 1952 du Cod. civ.; qu'encore bien que les deux actions aient pris naissance dans un fait unique, la disparition d'un ballot de marchandises, leur caractère essentiellement différent les place dans les attributions de juridictions différentes, et s'oppose à ce que le tribunal de commerce puisse en connaître cumulativement;

Attendu d'ailleurs que si la nature de l'action en garantie a pu soulever autrefois des doutes et amener quelque divergence dans la jurisprudence, il n'est plus possible aujourd'hui de contester l'attribution spéciale faite aux juges de paix et aux tribunaux civils, suivant l'étendue de la demande, en présence des termes précis du § Ier de l'art. 2 de la loi du 25 mai 1838;

Par ces motifs, déclare la demande en garantie formée devant un tribunal incompétent, etc.

IIe ESPÈCE. — Commissionnaire de roulage. — Entrepreneurs de routes.
— Avaries.

Un commissionnaire de roulage appelé devant le tribunal de commerce à raison de l'avarie occasionnée par le versement de la voiture, ne peut appeler en garantie, devant le même tribunal, un entrepreneur de travaux publics à qui il impute l'accident faute d'avoir éclairé la route à l'endroit où il faisait opérer des réparations.

FAITS.

Le sieur Gérard, commisionnaire de roulage, assigné devant le tribunal de commerce de Beauvais, en dommages-intérêts à raison du préjudice causé par la fracture d'un arbre en fer qu'il avait été chargé de transporter, fracture causée par le versement de la voiture, appela en garantie devant le même tribunal, le sieur Mention, entrepreneur de routes, à qui il imputait l'accident faute d'avoir éclairé la route à l'endroit où se faisaient alors des travaux de réparation.

Mention opposa l'exception d'incompétence du tribunal de commerce, se fondant sur ce que, d'après la loi du 28 pluviôse an 8, l'appréciation du dommage que lui imputait Gérard appartenait à l'autorité administrative.

5 septembre 1839, jugement qui repousse ce déclinatoire; appel de la part de Mention.

ARRÈT.

COUR ROYALE D'AMIENS. — 7 AVRIL 1840.

LA COUR, — Considérant que les tribunaux de commerce ne sont compétents que pour connaître des contestations relatives aux actes de commerce et de celles qui ont pour objet des engagements et des transactions entre négociants; — Que le fait sur lequel était fondée la demande en garantie de Gérard contre Mention portée devant le tribunal de commerce de Beauvais n'est pas un acte de commerce, et ne constitue pas un engagement entre négociants; — Qu'ainsi le tribunal était incompétent à raison de la matière; — Qu'une telle incompétence, qui intéresse l'ordre des juridictions, n'a pu être couverte par l'acquiescement de la partie ou de son fondé de pouvoir; — Que si l'art. 181 du Cod. de procéd. soumet ceux qui sont assignés en garantie à procéder devant le tribunal où la demande originaire est pendante, cette disposition n'est pas applicable aux tribunaux de commerce lorsque les faits qui motivent la demande en garantie sont étrangers à leurs attributions; — Infirme le jugement, et déclare la demande en garantie contre Mention incompétemment formée, etc.

IIIe ESPÈCE. — Cultivateur. — Marchand de chevaux. — Vente. — Nullité.

Le cultivateur qui a vendu un cheval à un marchand de chevaux peut être appelé en garantie devant le tribunal de commerce saisi de la demande en nullité de la vente faite par le marchand de chevaux à une tierce personne.

FAITS.

Un sieur Picot, cultivateur dans le département de l'Aisne, vendit à un marchand de chevaux de la Villette, près Paris, mommé Goffy, un cheval que celui-ci revendit à Griffe, voiturier. Presque aussitôt ce dernier assigna Goffy devant le tribunal de commerce de la Seine en résolution de la vente.—Goffy appela Picot en garantie sur cette demande devant le même tribunal. —Mais ce dernier, se fondant sur ce qu'il n'était point commerçant et qu'il n'avait point fait acte de commerce lors de la vente de son cheval, opposa l'exception d'incompétence, et conclut a son renvoi devant les juges civils.

23 juillet 1842, jugement qui rejette ce déclinatoire en ces termes : Attendu que Picot est appelé en garantie pour défendre à une demande commerciale ; que l'art. 181 du code de procédure ne fait pas de distinction et est général ; que conséquemment Picot est tenu de procéder devant les juges saisis de la demande principale.

Appel de la part de Picot.

ARRÊT.

COUR ROYALE DE PARIS. — 20 AOUT 1842.

LA COUR, — Adoptant les motifs des premiers juges; — Confirme.

OBSERVATIONS.

Auteurs.—La question résolue en sens divers par les arrêts que nous venons de rapporter, présente une grande importance pour les huissiers, puisqu'il n'en est pas un seul parmi eux, ne fît-il qu'un très-petit nombre d'exploits, qui n'ait plusieurs demandes en garantie à former dans une année.

L'art. 181 du Code de procédure civile ainsi conçu : « Ceux « qui seront assignés en garantie seront tenus de procéder « devant le tribunal où la demande originaire sera pendante « encore qu'ils dénient être garants; » est applicable sans restriction aux demandes en garantie formées devant les tribunaux civils ; ces tribunaux ayant la plénitude de la juridiction, le garant ne peut échapper à leur compétence, à moins cependant, dit l'art. 181, qu'il paraisse par écrit ou par l'évidence du fait que la demande originaire n'a été formée que pour les traduire hors de leur tribunal.

Devant les tribunaux de commerce qui ne sont que des tribunaux d'exception et qui par conséquent ne peuvent connaître que des contesations relatives à des engagements commerciaux, l'art. 181 n'est applicable que dans un seul cas; c'est lorsque le fait qui donne naissance à la garantie est réputé acte de commerce à l'égard du garant. On comprend que, la demande en garantie étant considérée comme principale vis-à-vis de ce dernier, le tribunal n'est compétent pour la juger qu'autant qu'il pourrait la vider si elle était formée par action principale. Or, si elle était intentée de cette manière le tribunal de commerce ne pourrait en connaître qu'autant qu'il aurait pour objet un engagement commercial.

Mais lorsque le fait d'où dérive la garantie ne constitue point un acte de commerce à l'égard du garant, celui-ci ne peut être appelé en garantie devant le tribunal de commerce saisi de la demande principale. On ne peut, dans ce cas, procéder contre lui que par voie d'action principale devant le juge de paix ou le tribunal civil de son domicile, selon que la demande est de la compétence de l'un ou de l'autre de ces tribunaux.

Telle est l'opinion émise dans notre *Encyclopédie* au mot *Exceptions*, n°s 128 à 133, et professée par Carré, *L. procéd. civile*, question 772; Chauveau sur Carré, quest. 771 bis; Thomine-Desmazures, *Comment. pr. civ.*, t. 1, n° 216; Favart de Langlade, *Rép.* v° *Exception* n°s 4 et 5; Berriat Saint-Prix, *Cours procéd.* p. 259, note 53, belle édition; Boitard, *Leç. procéd.*, t. 2, p. 96; Boncene, *Théorie de la procéd.*, t. 3, p. 402; Despréaux, *Comp. des trib. de commerce*, n° 118; Orillard, *ibid.*, n° 57.

Jurisprudence. Elle admet généralement que le garant qui n'a point fait acte de commerce ne peut être appelé en garantie devant le tribunal de commerce saisi de la demande principale. —Ainsi il a été décidé — que l'action en garantie contre un huissier qui a fait un protêt nul ne peut être portée devant les tribunaux de commerce. Cassation, 30 novembre 1813, 19 juillet 1814, 20 juillet 1815, 2 janvier et 16 mai 1816, 27 juin 1817.— Que le marchand de chevaux, assigné devant le tribunal de commerce en nullité de la vente d'un cheval pour vice rédhibitoire, ne peut appeler en garantie devant ce tribunal le cultivateur dont il a acheté ce cheval. Paris, 14 juillet 1825, 5 mai 1837; Poitiers, 9 février 1838. — *Contrà.* Rouen, 30 août 1813, qui décide que l'huissier qui a fait un protêt nul peut être appelé en garantie devant le tribunal de commerce. — Colmar, 18 juin 1825, qui décide qu'un cultivateur qui a vendu un cheval atteint d'un vice rédhibitoire peut être appelé en garantie devant le tribunal de commerce.

Toutefois la Cour de cassation paraît s'être écartée un peu de son principe en décidant:

1° Le 16 novembre 1826, que le porteur d'une traite non protestable qui a négligé d'en poursuivre le recouvrement et de la renvoyer temps utile, pouvait être appelé en garantie devant le tribunal de commerce pour cause de *négligence et de quasi-dol*.

2° Le 2 août 1827, que le tribunal de commerce, saisi de la demande en payement d'un billet, est compétent pour statuer sur la demande en garantie contre l'un des endosseurs, négociant, *pour faits de dol ou de fraude*.

3° Le 26 mai 1830, que l'individu non commerçant *qui a promis* au syndic d'une faillite garantie pour toutes les actions pouvant être intentées à raison de l'administration de celui-ci, est tenu de procéder devant le tribunal de commerce où ces actions sont portées.

4° Le 12 juillet 1814, que celui qui, en chargeant quelqu'un de faire une opération, a *promis d'accepter* toutes les traites qui seraient faites sur lui et qui ensuite ne les accepte pas, peut être assigné devant le tribunal où le porteur a intenté son action.

Remarquons ici qu'il est admis, nonobstant l'arrêt de 1814 dont nous venons de parler, que celui qui n'a ni signé, ni accepté, ni endossé une lettre de change, ne peut être traduit comme garant devant le tribunal de commerce saisi de la demande en payement, à moins que ce tribunal ne soit celui de son domicile. Liége, 11 juin 1812 et 3 mars 1836; Angers, 3 janvier 1810; Grenoble, 22 juillet 1806; Bordeaux, 22 avril 1828; Agen 26 novembre 1828; Cassation 21 thermidor an 8, 22 primaire an 9, 12 février 1811.—Il en est de même, à plus forte raison, à l'égard de celui qui n'a ni signé, ni accepté, ni endossé, ni *promis payer* une lettre de change. Arrêts de cassation du 12 juillet 1814 rapporté *suprà*, et du 17 juin 1817.

En terminant ces observations nous devons dire qu'elles ne sont applicables en rien à la demande en garantie formée contre des endosseurs non négociants d'effets de commerce.— *Voir Encyclopédie des Huissiers*, au mot *Compétence*, n° 358.

A annoter au mot **Exceptions**, n°s 128 à 133.

ART. 39.

—

EXPLOIT.

APPEL. — DOMICILE. — CONNAISSANCE PERSONNELLE. — NULLITÉ.

Est nul l'exploit d'appel dont la copie est ainsi formulée : « A la requête de.... juge de paix du canton d'Aubenas, » *sans expri-*

mer que l'appelant est domicilié audit lieu, encore que l'intimé connaisse personnellement le domicile de l'appelant, son proche parent.

FAITS.

M. Durand a fait signifier aux époux Dejoux un exploit d'appel dont l'original portait : « *à la requête de M. Eugène Durand, juge de paix du canton d'Aubenas, demeurant et domicilié en la ville d'Aubenas;* » dans la copie, l'huissier passa une ligne et écrivit seulement : « *à la requête de M. Eugène Durand, juge de paix du canton d'Aubenas.* »

Devant la Cour, les époux Dejoux ont opposé la nullité de l'exploit d'appel, par la raison qu'il ne contenait pas l'énonciation du domicile de l'appelant.

Celui-ci a répondu qu'il n'était pas nécessaire de se servir dans un exploit de termes sacramentels pour désigner le domicile du demandeur; qu'il suffisait que les circonstances de la cause établissent d'une manière constante que le défendeur connaissait et devait connaître ce domicile; que, dans l'espèce, les intimés, sœur et beau-frère de l'appelant, ne pouvaient ignorer que le domicile de ce dernier était à Aubenas; que la copie à eux signifiée indique cette ville comme étant le lieu où l'appelant exerçait les fonctions de juge de paix; que c'est également dans la même ville que les époux Dejoux ont adressé jusque-là toutes leurs significations; qu'il devient donc évident que les intimés ne peuvent exciper, comme viciant la copie de l'acte d'appel, d'une irrégularité résultant, dans tous les cas, d'une simple erreur de copiste, et qu'en présence de tels faits, on doit décider que ladite copie, conforme du moins au vœu de la loi, sinon à la rigueur de son texte, a été valablement signifiée.

ARRÊT.

COUR ROYALE DE NÎMES. — 19 JANVIER 1842.

LA COUR, — Attendu que lorsque la loi présente une disposition expresse et que son texte est clair, elle doit être exécutée dans les termes où elle est conçue, sans qu'il soit permis de s'écarter de ce qu'elle prescrit littéralement, sous prétexte de suivre ce qu'on voudrait en appeler l'esprit; — Attendu que, d'après les articles 61 et 456 du Cod. de procéd. civ., l'exploit d'ajournement ou l'acte d'appel doit contenir mention *du domicile* du demandeur ou de l'appelant à peine de nullité; qu'aux termes de l'art. 1029 du même Code, aucune des nullités qu'il prononce n'est comminatoire; — Attendu en fait que la copie signifiée à la requête du sieur Eugène Durand à la dame Dejoux, le 18 juin 1841, contenant appel envers le jugement rendu entre les parties le 30 décembre 1840, et assignation devant la Cour, ne fait pas mention du domicile de l'appelant; que cette copie sert d'original à l'in-

timé; que, dès lors, elle est nulle aux termes des articles de la loi précités;
— Par ces motifs; — Déclare l'appel non recevable, réservant à Durand son
recours contre l'huissier rédacteur de la copie signifiée.

Auteurs. — Pour : Chauveau sur Carré, *quest* 296 *bis.*

Jurisprudence. — Pour : Paris, 7 mars 1842; Nîmes, 18 janvier 1837 ; Cass. 21 février 1826; Poitiers, 18 juin 1830. Dans l'espèce de ces deux derniers arrêts, il a été décidé qu'un exploit, à la requête de... *maire* de telle commune, n'indiquait pas suffisamment la demeure. — Il n'en serait pas de même aujourd'hui que la loi du 12 mars 1831 exige que le maire ait son domicile réel dans la commune; auparavant le maire pouvait ne pas être domicilié dans la commune.

A annoter au mot **Exploit**, n° 45; — et **Appel**, n° 159.

ART. 40.

QUESTIONS PROPOSÉES [1].

EXPLOIT.

COUT. — PROCÈS-VERBAL DE VENTE MOBILIÈRE. — DÉBOURSÉS. — HONORAIRES. — AMENDE.

L'art. 67 du Code de procédure civile est-il applicable aux procès-verbaux de vente mobilière, et l'amende qu'il prononce peut-elle être perçue sur un acte de cette nature ne contenant pas la mention des déboursés et honoraires dus à l'huissier qui y a procédé?

En d'autres termes, les procès-verbaux de vente mobilière doivent-ils, comme les exploits, contenir la mention de leur coût, à peine de 5 francs d'amende et d'interdiction?

FAITS.

M. Biard, huissier à Doudeville (Seine-Inférieure), procéda à une vente mobilière par suite de saisie-exécution. A la suite de

---

[1] Par M. Biard, huissier à Doudeville (Seine-Inférieure).

son procès-verbal il mit cette mention : *clos et arrêté après avoir employé trois vacations dont le coût est de* 12 *francs, sauf debours.* Puis avant l'enregistrement il établit en marge et en chiffres le détail tant de ses déboursés que de ses honoraires.

Le vérificateur de l'enregistrement considéra ces mentions comme incomplètes et réclama contre l'huissier l'application de l'art. 67 du Code de procédure. De là, les questions qui précèdent.

DISCUSSION.

Nous ne pensons pas que l'art. 67 du Code de procédure soit applicable à un procès-verbal de vente mobilière, par la raison qu'un tel acte n'est point un exploit et ne peut être considéré comme tel.

En effet, un exploit est un acte du ministère exclusif d'un huissier; un procès-verbal de vente peut être rédigé non–seulement par un huissier, mais encore par un commissaire-priseur, un notaire, un greffier de justice de paix ; il est même de la compétence exclusive des commissaires-priseurs dans les villes où résident ces fonctionnaires.

Un exploit doit être signifié à personne ou à domicile, et il doit en être délivré copie à la partie avant l'enregistrement; un procès-verbal de vente n'est point sujet à signification, et il ne peut en être délivré d'expédition qu'après l'enregistrement.

Un exploit contient en général une demande, une intimation à comparaître devant un juge, une sommation ou une défense de procéder à une opération ; un procès–verbal de vente ne contient ni demande, ni intimation, ni sommation, ni défense; il n'est que la relation pure et simple d'une opération.

Un exploit ne garde pas minute ; il se compose pour ainsi dire d'un original pour le demandeur et d'une copie tenant lieu d'original pour le défendeur; un procès–verbal de vente reste en minute en la possession de l'huissier, qui ne peut le délivrer à aucune des parties. Tarif, art. 41, § 4.

N'est-il pas incontestable d'ailleurs que si les huissiers ont le droit de procéder à des ventes de meubles, ce n'est pas en leur qualité d'huissier proprement dite, mais uniquement par suite de la réunion à leurs attributions des fonctions conferées anciennement *aux jurés-priseurs-vendeurs de meubles?* Cette remarque suffit à elle seule pour faire sentir toute la différence qui existe entre un exploit et une vente de meubles, et pour démontrer que les fonctions des huissiers d'aujourd'hui sont divisées en deux catégories bien tranchées, comprenant : l'une tout ce qu'ils ont le droit de faire comme *serviteurs de justice*, comme *agents judiciaires* chargés de soumettre à l'obéissance des lois ceux qui refusent de les exécuter ; l'autre ce qu'ils peuvent faire en qualité d'officiers-priseurs-vendeurs de meubles. — Vouloir soumettre ces attributions différentes à des formalités communes, vouloir que les prisées et les ventes de meubles soient assimilées pour leur rédaction aux exploits, c'est évidemment jeter le désordre et la confusion dans l'accomplissement d'opérations très-simples en elles-mêmes, et interpréter la loi d'une manière erronée.

Ainsi un procès-verbal de vente n'étant point un exploit ne peut être soumis aux formalités de cet acte ; dès lors l'huissier qui procède à une vente mobilière n'est pas obligé, à peine d'amende, de faire mention à la suite de son procès-verbal, comme le veut l'art. 67 du Code de proc. pour les exploits, de la somme qui lui est due pour avoir procédé à la vente.

La preuve de cette proposition se trouve non-seulement dans la différence qui existe entre un exploit et un procès-verbal de vente, et que nous venons de signaler, mais encore dans l'examen des textes sur la mention du coût et de la taxe des exploits.

L'article 67 du Code de procédure, placé au titre *des ajournements* et reproduisant le sens de l'art. 5, tit. 2 de l'ordonnance de 1667, est ainsi conçu :

« Les huissiers seront tenus de mettre à la fin de l'original
» et de la copie de l'exploit le coût d'icelui, à peine de 5 francs
» d'amende, payables à l'instant de l'enregistrement. »

On comprend le motif de cette disposition, à laquelle l'article 66, § 7 du tarif, est venu donner une nouvelle sanction en ces termes :

« Les huissiers qui auront omis de mettre au bas de l'original
» de chaque copie des actes de leur ministère, la mention du
» coût d'icelui, pourront, indépendamment de l'amende portée
» par l'article 67 du Code de procédure, être interdits de leurs
» fonctions sur le réquisitoire d'office des procureurs généraux
» et des procureurs du roi. »

Le législateur voulant éviter aux parties l'obligation de se transporter inutilement devant le président du tribunal de première instance pour y faire taxer un exploit régulièrement tarifé par l'huissier, a exigé que ce fonctionnaire mît à la fin de l'original et de la copie de chaque exploit le coût d'icelui, afin que les parties pussent vérifier elles-mêmes s'il y avait ou non exagération, et en conséquence payer ou faire taxer. Faisons remarquer ici que les dispositions que nous venons de transcrire ne s'appliquent qu'aux exploits en général ; — que la taxe n'est *obligatoire* ni pour l'huissier ni pour la partie, et que celle-ci par conséquent peut payer et l'huissier recevoir sans qu'il y ait taxe ; — que la partie a seulement la faculté de recourir à la taxe du président si celle faite par l'huissier lui paraît trop élevée, et l'huissier a le droit de faire taxer, s'il le juge à propos, lorsqu'il veut réclamer en justice le coût d'un exploit; — que lorsque l'huissier se soumet volontairement à la taxe, il ne lui est jamais alloué aucun droit (2ᵉ décret du 16 février 1807, article 9, § 10.)

Il existe encore une autre disposition législative qui complète l'art. 67 du Code de procédure, et qui a été introduite autant dans l'intérêt du juge taxateur que dans celui des parties. Nous voulons parler de l'article 48 du décret du 14 juin 1813 ainsi conçu :

« Pour faciliter la taxe des frais, les huissiers, outre la men-
» tion qu'ils doivent faire au bas de l'original et de la copie de
» chaque acte du montant de leurs droits, seront tenus d'indi-
» quer en marge de l'original le nombre de rôles des copies
» de pièces, et d'y marquer de même le détail de tous les ar-
» ticles de frais formant le coût de l'acte. »

Tels sont les seuls textes légaux concernant l'obligation imposée aux huissiers de faire mention du coût de leurs exploits; tous ont eu en vue les actes judiciaires, et comme il s'agit d'une peine à appliquer, loin de les étendre d'un cas à un autre on doit, au contraire, les restreindre aux actes qu'ils ont eu l'intention d'atteindre, c'est-à-dire aux exploits et non aux procès-verbaux de vente. Trouve-t-on quelque part une disposition qui oblige les huissiers à énoncer le coût des procès-verbaux de vente mobilière à la fin de ces actes? trouve-t-on même une disposition générale qui oblige les huissiers à cette énonciation dans tous les actes qu'ils recevront? — Non : l'article 67 du Code ne s'applique qu'aux ajournements; l'article 66, § 7 du tarif, n'est qu'un corollaire de cet article 67 qu'il rappelle et dont il étend la disposition pénale; enfin l'article 48 du décret de 1813 n'est que le complément de ces deux dispositions. Faisons observer d'ailleurs que l'article 66 du tarif et 48 du décret de 1813 ne prononcent aucune amende, et que la régie n'en peut exiger une qu'en vertu d'un texte positif de loi.

Mais il y a plus; le tarif, par une disposition spéciale, rend la taxe des procès-verbaux de vente obligatoire pour l'huissier et lui alloue une vacation pour faire taxer ses frais. L'article 42 de ce règlement porte en effet : « *Pour la vacation de l'huissier*
» *ou autre officier public qui aura procédé à la vente, pour faire*
» *taxer ses frais sur la minute de son procès-verbal.* » Ainsi, lorsqu'il s'agit d'une vente mobilière, la taxe doit être faite sur la minute du procès-verbal par le président du tribunal civil et non par l'huissier; ce fonctionnaire ne peut, sans contravention, ni recevoir le coût de son procès-verbal, ni assigner sans qu'il y ait taxe régulière, ce qu'il peut faire lorsqu'il s'agit d'exploits; cette taxe est prescrite d'une manière si impérieuse qu'il est ac-

cordé à l'huissier une vacation pour la requérir, outre le droit de transport quand il y a lieu à déplacement.

De plus, l'article 657 du Code de procédure qui ordonne la consignation des fonds et autorise l'huissier à retenir les frais de vente d'après la taxe qui en a été faite par le juge sur la minute du procès-verbal, confirme le principe posé en l'art. 42 du tarif, puisqu'en cas de consignation il interdit à l'huissier de retenir ses frais sans qu'il y ait taxe par le juge.

Il résulte de ces dispositions :

Qu'en matière de vente de meubles après saisie exécution ou à l'amiable, qu'il y ait lieu ou non à consignation, la taxe est obligatoire pour l'huissier qui a procédé à la vente.

Que cette taxe doit être faite par le juge sur la minute du procès-verbal ; que si elle était faite par l'huissier elle ne produirait aucun effet, puisque la loi refuse à cet officier public le droit de taxer lui-même son procès-verbal de vente.

Que les motifs qui ont dicté l'article 67 ne peuvent être invoqués ici, puisqu'il n'y a point lieu par les parties de vérifier la taxe faite par l'huissier, et que ce fonctionnaire ne peut recevoir et elles être contraintes à payer qu'après la taxe du juge.

Au surplus à l'impossible nul n'est tenu, et n'est-il pas impossible à l'huissier qui procède à une vente et qui doit rédiger à l'instant même son procès-verbal, de pouvoir établir à la fin le coût de son acte en déboursés et honoraires ? Peut-il fixer le chiffre exact des droits d'enregistrement, ce qu'il devra payer aux magistrats et aux gendarmes qui l'ont assisté dans son opération, au voiturier qui a transporté les meubles à vendre, aux gens de peine qui les ont chargés et déchargés ? Donc en admettant même que l'article 67 soit applicable aux procès-verbaux de ventes de meubles, l'huissier satisferait à ce qu'il exige s'il établissait à la fin ce qui lui serait dû pour honoraires, par la raison que ne pouvant connaître tous ses déboursés au moment de la rédaction de son procès-verbal, il lui est impossible de les établir.

A annoter au mot Vente de meubles aux enchères, n° 24.

ART. 41.

QUESTIONS PROPOSÉES [1].

PREMIÈRE QUESTION.

HUISSIER.

INCOMPATIBILITÉ. — COMMIS GREFFIER.

Les fonctions d'huissier sont-elles incompatibles avec celles de commis-greffier de justice de paix?

Nous le pensons.

Le commis greffier est une personne présentée par le greffier titulaire ou nommé d'office par le juge de paix, et qui, après avoir prêté serment devant ce magistrat, remplace le greffier, soit pour une opération spéciale, soit pour un certain temps. Il est substitué littéralement aux fonctions de greffier et par conséquent soumis aux mêmes devoirs, aux mêmes obligations, aux mêmes incompatibilités pendant tout le temps qu'il exerce en qualité de commis greffier.

Or, aux termes de l'article 5 de la loi du 6-27 mars 1791, les greffiers des justices de paix ne peuvent être en même temps huissiers, et par application de cette disposition la Cour de cassation a déclaré par arrêt du 6 prairial an x, que les fonctions d'huissier étaient incompatibles avec celles de greffier de justice de paix.

Un huissier qui exercerait les fonctions de commis-greffier de justice de paix ne pourrait en même temps faire le service des audiences, cela est évident; il contreviendrait donc à la disposition de l'article 16 de la loi du 25 mai 1838, qui oblige tous les huissiers d'un même canton à faire le service des audiences et à assister le juge de paix toutes les fois qu'ils en seront requis. Cette raison seule suffirait pour démontrer, en l'absence même de toute autre disposition, que les huissiers ne peuvent accepter les fonctions de commis greffier.

Toutefois comme la loi ne prononce aucune nullité, il s'ensuit

---

[1] Par M. Veis, dit Leblanc, huissier à Selles-sur-Cher.

que les jugements qui seraient rédigés par un huissier comme
commis-greffier ne seraient pas nuls ; seulement l'huissier pourrait encourir une peine disciplinaire qui devrait être prononcée
par la chambre de discipline, et de plus, dans le cas où il refu-
serait de quitter ses fonctions de commis greffier pour faire le
service de l'audience, il serait passible de la peine établie par
l'article 19 de la loi du 25 mai 1838, outre les dommages-intérêts, s'il y avait lieu d'en accorder.

DEUXIÈME QUESTION.

INTERVENTION.

INSTANCE CIVILE. — PEINE DE SIMPLE POLICE. — MINISTÈRE PUBLIC.

*Le ministère public peut-il intervenir dans une instance intro-
duite civilement devant le juge de paix de sa résidence, lorsque les
faits de l'instance peuvent donner lieu à l'application d'une peine
de simple police ?*

Non.

Parmi les nombreuses fonctions déférées aux juges de paix,
les principales dérivent de leur qualité de juges civils et de
juges de simple police.

Comme juges civils ils peuvent statuer dès qu'ils sont assistés
du greffier, et la loi a pris le soin de désigner les actions qui
devaient leur être soumises et d'indiquer la procédure à suivre
devant eux. Au nombre de ces actions nous ne voyons pas figurer le droit accordé au commissaire de police d'intervenir
pour faire appliquer une amende, et, dans la procédure, les
formes à suivre sur une pareille intervention.

Comme juges de simple police, les juges de paix ne peuvent
procéder sans greffier ni ministère public. Le Code d'instruction
criminelle a réglé leur compétence et la manière de procéder
dans les affaires qui leur sont soumises ; ils ne peuvent s'écarter
des règles prescrites à peine de nullité.

Ainsi, si d'une part la loi a réuni sur la tête du juge de paix
les fonctions de juge civil et de juge de simple police, de
l'autre elle a pris le soin de tracer une ligne de démarcation
très-tranchée entre ces deux attributions distinctes, en prescri-
vant pour l'exercice de chacune d'elles des formalités qui lui
sont propres et qui ne pouvant être accomplies simultanément,

imposent au juge l'obligation de remplir lesdites fonctions séparément. Il suit de là que le juge civil ne peut jamais appliquer une peine de simple police, ni par conséquent le commissaire de police intervenir dans une instance civile à l'effet de réclamer l'application d'une telle peine. Admettre le contraire c'est vouloir jeter le trouble dans l'ordre des juridictions, et accorder au ministère public le droit d'exercer l'action publique accessoirement à l'action civile et devant le tribunal civil saisi de cette action, ce que la loi n'a permis dans aucune de ses dispositions.

Au surplus, de ce que dans une instance civile un fait de nature à entraîner l'application d'une peine de police a été avoué, prouvé même, il n'en résulte pas que le ministère public, alors qu'il aurait le droit d'intervenir, pourrait s'étayer de cet aveu ou de cette preuve pour requérir l'application de la peine et se dispenser de prouver à son tour, de la manière prescrite par le Code d'instruction criminelle. En effet les auteurs et la jurisprudence sont d'accord pour reconnaître que les jugements sur l'action civile n'ont aucune influence au criminel, et que les preuves et l'aveu du prévenu dans une action civile ne peuvent lui être opposés au criminel.

L'intervention produisant cet effet de lier essentiellement la cause avec la partie intervenante, il s'ensuivrait, si elle était admise au civil pour faire prononcer une peine de simple police, que le juge de paix devrait instruire l'affaire d'abord comme juge civil, ensuite comme juge de police, puis prononcer en même temps comme juge civil et juge de police par un seul jugement. Eh bien, cela serait impossible, puisque l'exercice de l'action publique suspend l'action civile jusqu'après la décision sur l'action publique; Code d'instr. crim. 3. Il faudrait donc qu'il y eût violation ou des règles de l'intervention ou de l'article 3 du Code d'instr. crim. Et d'ailleurs devant quelle juridiction porterait-on l'appel d'un tel jugement? Serait-ce devant le tribunal civil ou devant le tribunal correctionnel?

On ne peut tirer aucun argument contre notre opinion de ce que l'intervention de la partie civile est admise dans l'instance criminelle, car cette intervention est formellement autorisée par la loi, qui d'ailleurs accorde au juge criminel le droit de prononcer accessoirement sur les dommages-intérêts réclamés. En matière civile, l'intervention n'étant admise que dans un intérêt purement civil, ne peut jamais être introduite ni reçue dans le but de faire appliquer une peine. Ce qui toutefois n'empêche pas le ministère public de prendre note des contraventions de police qui se révèlent à l'audience civile, et d'en poursuivre la repression devant le tribunal de police s'il le juge à propos.

Le ministère public ne faisant point partie du tribunal de

paix, il s'ensuit que s'il assiste à l'audience civile, ce ne peut être que comme un simple auditeur, sans caractère public, par conséquent sans qualité pour introduire une action criminelle, et venir retarder par un incident la marche et le jugement d'une affaire civile. Aucune loi ne lui accorde un droit aussi exorbitant, et si un commissaire de police prétendait en user, il excèderait assurément les pouvoirs qu'il tient de la loi et serait au moins passible des dommages-intérêts de la partie à laquelle son intervention aurait pu porter préjudice.

Les commissaires de police et les adjoints de maire ne peuvent remplir les fonctions du ministère public que près les tribunaux de simple police, et par conséquent, il n'y a que devant ces tribunaux qu'ils ont droit de prendre des conclusions et requérir l'application des peines prononcées par la loi. Avant que l'audience de police soit commencée, comme lorsqu'elle est finie, le commissaire de police ou l'adjoint cesse d'être l'organe du ministère public, et n'a plus d'autres fonctions que celles qui consistent à rechercher les crimes, délits et contraventions, à en rassembler les preuves et à en livrer les auteurs aux tribunaux.

En résumé, nous pensons que les juges de paix siégeant comme juges civils n'ont pas le droit d'appliquer une peine de simple police, pas plus que les tribunaux civils d'arrondissement, jugeant en matière civile, n'ont le droit d'appliquer une peine correctionnelle, et que les commissaires de police et adjoints de maire n'ont pas le droit d'intervenir à l'audience civile du juge de paix pour y demander l'application d'une peine qui doit être prononcée exclusivement par le tribunal de simple police.

A annoter aux mots **Huissiers**, n° 205, et **Intervention**, n° 14.

ART. 42.

QUESTIONS PROPOSÉS [1]

JUSTICE DE PAIX.

JUGEMENT PAR DÉFAUT. — OPPOSITION. — SIGNIFICATION. — DOMICILE ÉLU.

PREMIÈRE QUESTION.

L'opposition à un jugement de justice de paix portée à une pre-

---

[1] Par M. Lagrange, huissier à Gouzon (Creuse).

mière audience et renvoyée à une seconde à laquelle les parties font défaut, peut-elle être reproduite plus tard alors surtout qu'il s'est écoulé quatre mois sans poursuites depuis cette dernière audience ?

Devant tous les tribunaux, lorsqu'une cause est inscrite au rôle et qu'il ne se présente personne pour la soutenir ou pour y défendre, sa radiation est ordonnée. Les conséquences de cette opération sont d'anéantir la procédure en ce qu'elle avait pour objet l'instruction d'une demande, sauf aux parties à la recommencer si leur action n'est pas prescrite.

Appliquant ces principes à la question ci-dessus, nous dirons que la procédure d'opposition est tombée d'elle-même faute par l'opposant d'avoir comparu, et cela, bien que le défendeur de l'opposition ait fait défaut ; ce dernier, en effet, pouvait ne pas comparaître et se laisser condamner par défaut, tandis que le défendeur ne se présentant pas, abandonnait, tacitement du moins, son action et confirmait la sentence obtenue contre lui.

Ne pourrait-on pas invoquer ici l'art. 22 du Code de procédure ? Le but de cet article est, selon nous, d'empêcher qu'une partie condamnée par défaut puisse former opposition deux fois, et cela devient évident si l'on rapproche cet article de l'art. 20 qui veut que l'opposition soit formée dans les trois jours et qu'elle contienne assignation au prochain jour d'audience. Or, l'opposant qui ne s'est pas présenté pour faire juger son opposition, ne peut plus la reproduire, car il ferait revivre une instance éteinte par sa faute. Peu importe que le défendeur à l'opposition n'ait pas comparu ; son défaut ne peut excuser celui du demandeur, qui d'ailleurs ignorait s'il y aurait débat contradictoire, et qui, en tous cas, s'est volontairement exposé à voir rayer son opposition ou à se laisser condamner une seconde fois. Sa non comparution est un aveu de l'impuissance où il était de faire réformer le premier jugement obtenu.

Le délai de quatre mois qui s'est écoulé depuis l'opposition jusqu'à ce jour n'est d'aucune influence pour la solution de notre question, puisque l'art. 15 du Code de procédure n'est applicable qu'au cas où il y a eu interlocutoire. La péremption de trois ans (C. de pr., art. 397) est la seule qui puisse être invoquée en justice de paix dans les affaires où il n'y a pas eu interlocutoire. Remarquez d'ailleurs que la péremption ne concerne que les instances qui se sont poursuivies pendant trois ans et que dans l'espèce il n'y a pas eu poursuite sur l'opposition, mais désistement tacite.

DEUXIÈME QUESTION.

En supposant qu'on change la date de la comparution sur l'original et la copie étant entre les mains de l'huissier, la citation ne serait-elle pas nulle comme étant donnée à un délai trop éloigné ?

Non, sauf au défendeur à assigner en anticipation de délai. Tous les auteurs sont d'accord sur ce point, qui cependant peut paraître en contradiction avec l'article 20 du Code de procéd., et ce principe d'ordre public qui veut que la procédure des justices de paix s'accomplisse avec célérité.

Mais il est impossible que la date soit changée. L'huissier qui se permettrait une pareille action encourrait certainement une peine disciplinaire très-grave ; il serait d'ailleurs confondu immédiatement par la représentation du jugement de renvoi qui énonce la date de la citation, par la citation elle-même qui attesterait le changement opéré, enfin par l'accusation que porterait contre lui la partie victime d'une pareille déloyauté.

TROISIÈME QUESTION.

L'opposition à un jugement par défaut rendu en justice de paix peut-elle être signifiée au domicile élu dans la signification du jugement ?

Nous ne le pensons pas. Règle générale, tous les exploits doivent être signifiés à la personne ou au domicile du défendeur à moins d'une disposition expresse de la loi ; or, nous ne voyons aucun texte qui permette la signification de l'opposition au domicile élu dans la signification. Chaque fois que la loi a entendu attribuer à l'élection de domicile faite dans un exploit l'effet de remplacer le domicile réel pour la signification d'un acte, elle l'a exprimé très-clairement (art. 61, 422, 559, 563, 584, 634, 637, 673, 783, 789, 927), d'où l'on doit conclure qu'il n'est pas permis de signifier à domicile élu quand la loi n'en a pas donné la faculté. L'exploit est donc nul.

A annoter au mot Jugement par défaut, n° 59.

ART. 43.

OFFICE.

PREMIÈRE ESPÈCE.

OFFICE POSSÉDÉ AVANT LA LOI DE 1816. — COMMUNAUTÉ ENTRE ÉPOUX. — SOCIETÉ D'ACQUÊTS.

Un office possédé par le mari, avant son mariage antérieur à la loi du 28 *avril* 1816, *est tombé, à partir de cette loi, dans la communauté d'acquêts stipulée entre époux.*

FAITS.

Le sieur Knœpffler, greffier près le tribunal de Saverne depuis 1800, contracta mariage avec la demoiselle Monnet le 18 mars 1805. Leur contrat de mariage stipula une communauté d'acquêts, et réserva comme propres aux époux tous les biens qu'ils posséderaient au jour de leur mariage ou qui pourraient leur échoir dans la suite à titre gratuit.

A l'époque ou Knœpffler a été investi de sa charge, les titulaires avaient la faculté de faire des conventions sur le droit de présentation d'un successeur, du moins l'usage de ces sortes de transactions était toléré par le gouvernement. La loi du 28 avril 1816 intervint, et par son article 91 convertit cet usage en un droit positif.

En 1828 Knœpffler se démit de ses fonctions moyennant 28,000 fr. — Sa femme décéda en 1836 et laissa pour lui succéder des collatéraux.

Lors de l'inventaire et du partage, Knœpffler prétendit que le prix de son office était sa propriété, qu'il lui appartenait avant son mariage et qu'il devait lui rester propre aux termes des conventions matrimoniales. — A quoi les héritiers de la dame Knœpffler ont répondu que l'office n'ayant acquis de valeur vénale que par l'effet de la loi de 1816, c'est-à-dire pendant le mariage, devait être considéré comme un acquêt, et que par suite le prix qui en avait été retiré devait tomber dans la communauté.

9 août 1838, jugement du tribunal de Saverne, qui accueille la prétention des sieurs Monnet et consorts. Ce jugement est ainsi conçu : — « Attendu que ce n'est qu'en exécution de la loi du 27 vent. an VIII, sur la nouvelle organisation judiciaire, que le sieur Knœpffler a obtenu sa nomination de greffier du tribunal de Saverne, du chef du gouvernement qui, aux termes de l'art. 91 de la même loi, pouvait aussi la révoquer à volonté ; que si déjà, en 1796, le sieur Knœpffler était greffier, ce n'était point du tribunal civil, qui n'était plus établi à Saverne, mais du tribunal correctionnel, qui se trouvait composé du directeur du jury d'accusation, du juge de paix et de l'un de ses assesseurs, et c'est à ce tribunal que cette nomination, ainsi que la révocation, étaient dévolues, en vertu de l'art. 170 du Code des délits et des peines du 3 brum. an IV ; — Qu'il suit de là qu'à l'époque du mariage du sieur Knœpffler, qui a eu lieu au mois de mars 1805, la place de greffier qui lui avait été déférée par le gouvernement était purement précaire ; qu'elle n'était point à vie ni dans le commerce, et ne pouvait, par conséquent, faire,

comme en effet elle n'a fait, l'objet d'aucune stipulation ou réserve dans son contrat de mariage ; — Que la faculté de présenter un successeur à l'agrément du roi n'a été introduite dans la loi des finances du 28 avril 1816, que pour indemniser les titulaires d'office du supplément de cautionnement auquel ils étaient assujettis par cette même loi, et dont le défaut de versement entraînait la révocation de l'officier nommé ; — Que ce droit n'ayant été accordé que postérieurement au mariage du sieur Knœpffler, et la somme nécessaire pour le payement de ce supplément ayant été tirée de la communauté, le droit de présenter un successeur est réputé avoir été acquis par elle ; que le sieur Knœpffler s'étant démis de ses fonctions durant la communauté, et ayant présenté un successeur qui a été agréé par le roi, le prix qu'il a obtenu de l'exercice de ce droit, doit, comme acquêt, entrer dans l'actif de la communauté ; et ce, aux termes mêmes de l'art. 2 de son contrat de mariage, qui porte qu'il y aura entre les époux communauté réduite aux acquêts, en sorte que tous les immeubles, biens meubles, effets et toute autre valeur réputée meuble par la loi, qu'ils acquerront durant le mariage, seront, lors de la dissolution, partagés par moitié entre le survivant et les héritiers du prédécédé ; — Attendu, d'ailleurs, que l'ancienne jurisprudence, qui considérait les offices vénaux comme immeubles fictifs, ne peut pas être invoquée par les titulaires de charges au moment de la publication de la loi du 28 avril 1816, parce que ces derniers n'ont obtenu, par cette loi, d'autre droit que celui de pouvoir présenter un successeur moyennant une somme d'argent qui forme le prix de la cession de l'office ; que c'est donc une créance mobilière qui a été acquise pendant le mariage, et que, quelle que soit son importance, elle entre dans la communauté ; qu'il suit de là que la communauté ne doit aucune récompense au sieur Knœpffler pour le prix de 28,000 fr. qu'il a tiré de la cession de l'office dont il était pourvu. »

Appel par le sieur Knœpffler. Mais le 15 février 1839, arrêt de la Cour royale de Colmar qui confirme, en adoptant les motifs des premiers juges.

Pourvoi en cassation pour violation de l'article 1498, Code civ., et fausse application de la loi du 28 avril 1816, en ce que la Cour royale a jugé que le prix de vente d'un office de greffier faisait partie des acquêts de la communauté, bien que l'office appartînt au mari avant le mariage, sous prétexte que la faculté de présenter un successeur n'ayant été accordée au titulaire que pendant le mariage, c'est alors seulement que son office avait acquis une valeur vénale et était entré dans le commerce. — La Cour royale, disait-on pour le demandeur, s'est trompée sur la nature du droit qui appartenait aux titulaires de charges et d'offices avant la loi de 1816. Les lois révolutionnaires avaient, il est vrai, aboli la vénalité des charges ; mais il n'en est pas moins constant que, même après la promulgation de ces lois, on continua de vendre les offices ministériels, et que les traités qui avaient pour objet la transmission de ces offices étaient généralement considérés comme licites. Les offices avaient donc une valeur vénale antérieurement à la loi du 28 avril 1816, de telle sorte que cette loi n'a pu leur donner pour la première fois une valeur qu'ils avaient déjà, ni faire entrer dans la communauté un propre que les conventions matrimoniales en excluaient. — On objecte que la loi de 1816 a imposé aux titulaires d'offices l'obligation de verser uu supplément de cautionnement qui doit être considéré comme le prix du droit de présentation, lequel est, dès lors, devenu un acquêt de communauté. C'est une erreur : le supplément de cautionnement versé par le sieur Knœpffler n'est ni le prix de sa charge, ni le prix du droit de présentation ; c'est une condition nouvelle imposée à l'exercice de ses fonctions. Tout ce qui peut donc résulter de ce versement, c'est qu'il est dû récompense à la communauté, avec les deniers de laquelle le cautionnement a été fourni. Mais on ne peut en conclure que, par l'emploi des deniers communs, la femme soit devenue copropriétaire de l'office. En jugeant que la valeur de cet office faisait partie de la communauté, l'arrêt attaqué a donc violé l'article 1498 Code civ., et faussement appliqué la loi du 28 avril 1816.

ARRÊT.

COUR DE CASSATION. — 8 MARS 1843.

LA COUR, — Attendu que la charge de greffier, dont le sieur Knœpffler était pourvu au moment de son mariage, n'était point alors dans le commerce ; que le droit de la transmettre, créé par la loi du 28 avril 1816, est né pendant la communauté ; que, dans ces circonstances, l'arrêt attaqué a pu décider, sans violer aucune loi, que le prix de l'office du demandeur en cassation devait profiter aux deux époux comme acquêt de communauté ; — Par ces motifs, rejette.

Auteurs. — Pour : Dard, *Des offices*, p. 304 et suiv. ; Guillemin, consult. rapportée art. 3265 de la *Jurisprud. du not.* — Contre : Rolland de Vill, *Jurisprud. du not.*, art. 5706.

Jurisprudence. — Pour : Douai, 15 janvier 1833 ; Agen, 2 décembre 1836. — Contre : Metz, 24 décembre 1835 ; Bordeaux, 2 juillet 1840.

SECONDE ESPÈCE.

OFFICE TOMBÉ EN COMMUNAUTÉ. — ESTIMATION.

Un office tombé en communauté doit, lors de la liquidation, être estimé selon sa valeur au jour de la dissolution de la communauté, et non selon la valeur pour laquelle il a été cédé plus tard par le mari titulaire.

FAITS.

En 1793 N... et son épouse se marièrent en communauté. — En l'an viii le mari fut nommé avoué. — En 1820 la dame N... mourut, laissant un fils pour lui succéder. — Enfin en 1825, N... vendit sa charge moyennant 172,000 francs.

Lorsqu'il s'agit de procéder à la liquidation de la communauté, la question de savoir pour quelle somme l'office devait y figurer fut élevée. L'héritier prétendit que c'était le prix du traité de 1825 qui devait figurer ; de son côté N... père soutenait que c'était la valeur de l'office à l'époque du décès de son épouse.

Jugement interlocutoire admettant ce dernier système et renvoyant devant la chambre des avoués pour déterminer la valeur de l'office au jour de la dissolution de la communauté. Cette valeur fut fixée à 110 mille francs.

16 juin 1842, jugement définitif qui statue dans les termes suivants : — « Attendu qu'une charge d'officier ministériel est une propriété d'une nature particulière ; qu'il est certain que les héritiers de la femme n'en peuvent provoquer la vente et forcer le titulaire à s'en dessaisir ; que les principes du droit commun, applicables aux objets mobiliers dépendants d'une succession, ne sont donc point applicables à la propriété d'un office ; que, dès lors, par une conséquence forcée, il faut reconnaître qu'à la dissolution de la communauté, les héritiers de la femme, qui n'ont aucune action sur l'office, n'ont plus qu'un droit de créance qui demeure fixé, d'après la valeur de cet office, à l'époque même de la dissolution, et que les chances, bonnes ou mauvaises, qui augmenteraient la valeur de la charge ou qui viendraient à l'anéantir, doivent leur demeurer complétement étrangères ; — Attendu que, conformément à ces principes, la chambre des avoués de la Cour royale a fixé la valeur de l'office de N... père, au jour de la dissolution de la communauté, prenant en considération la valeur des offices à cette époque, et faisant profiter N... père de l'accroissement qui résultait pour les charges d'avoués à la Cour de l'ordonnance du 16 juillet 1823, intervenue postérieurement au décès de la dame N..., ordonnance qui arrêtait les effets de la réduction précédemment ordonnée du nombre des avoués de la Cour ; — Attendu que N... fils conteste cette fixation, prétendant qu'il doit lui être fait compte du prix moyennant lequel son père a vendu en janvier 1825 ; et se fondant, pour appuyer cette prétention, sur ce que la chambre des avoués de la Cour a constaté que la clientèle n'avait pas augmenté depuis le jour du

décès de la dame N... jusqu'au jour de la vente ; mais attendu que si la charge a été vendue 172,000 fr., et si le prix n'en a été fixé, au jour de la dissolution de la communauté, qu'à 110,000 fr., cette différence s'explique par ces deux circonstances : la plus-value que le titre avait nécessairement acquise par le bénéfice du temps, et celle qu'il a acquise par l'effet de l'ordonnance du 16 juillet 1823, circonstances qui profitent exclusivement à N... père, d'après les principes ci-dessus posés ; — Le tribunal déboute N... fils de sa demande. »

Appel par N... fils. — Il soutient d'abord, en fait, que la clientèle de N... père n'avait pas augmenté de 1820 à 1825, et qu'ainsi rien ne justifie la différence de valeur admise par le tribunal. — En droit, l'appelant s'attache à établir que si l'office est une propriété d'une nature particulière, il n'en est pas de même de la finance. Ainsi, bien que les héritiers de la femme ne puissent forcer le mari à vendre sa charge, il n'en résulte pas que celui-ci vendant volontairement, le prix de la vente ne doive pas être partagé ; car, la finance étant commune, augmente ou diminue pour le compte de la communauté ; et s'il est vrai qu'à défaut de vente, on soit forcé, pour liquider la succession, de faire une estimation approximative de l'office, il n'en est plus ainsi lorsqu'une vente est venue déterminer la valeur réelle, dont on chercherait vainement ailleurs les bases incertaines.

L'intimé répond que le système de l'appelant, outre qu'en droit il ferait revivre la continuation de la communauté abolie avec tant de raison par nos Codes, aurait, en fait, le très-grave inconvénient de mettre les héritiers de la femme à la discrétion du mari, et de les exposer à voir périr dans ses mains une valeur souvent fort importante pour eux, car s'ils n'ont pas le droit, ainsi que le reconnaît l'adversaire lui-même, de forcer le titulaire à vendre sa charge, il pourrait arriver que par un concours de circonstances indépendantes même de la volonté du titulaire, l'office perdît de sa valeur et fût réduit même à celle d'un titre nu.

ARRÊT.

COUR ROYALE DE PARIS. — 6 AVRIL 1843.

LA COUR, — Adoptant les motifs des premiers juges, — Confirme.

Auteurs. — Pour : Dard, *Des offices*, p. 280 et suiv. ; Duranton, t. 14, n° 130 ; Toullier, t. 13, n° 175.

Jurisprudence. — Pour : Douai, 15 novembre 1833 ; Agen, 2 décembre 1836.

A annoter au mot **Office**, n° 10.

ART. 44.

OFFICE.

PRIX DU TRAITÉ RÉDUIT PAR L'ADMINISTRATION.— PAYEMENT DE LA SOMME RETRANCHÉE, SANS CONTRE-LETTRE NI STIPULATION. — IMPUTATION.

Lorsque le prix de la cession d'un office a été réduit par le gouvernement, et que l'acquéreur, sans qu'il y ait eu aucun engagement de sa part, a payé la différence qui existait entre le traité officiel et le traité primitif, il peut exiger que la somme qu'il a ainsi payée soit imputée sur le prix porté au dernier traité.

FAITS.

En juillet 1840, M. Boucher acquit l'office de M. Doury, notaire, moyennant 46,000 francs.

L'administration ayant trouvé ce prix trop élevé, en exigea la réduction. En conséquence les parties, par un nouveau traité du 17 février 1841, le réduisirent à 40,000 francs, payables : 8,000 francs dans les six semaines qui suivraient la prestation de serment, et le surplus en cinq payements égaux d'année en année, à commencer du 1er janvier 1842.

Ce dernier traité, agréé par l'administration, fut affirmé sincère par les parties, sous serment ; par suite M. Boucher fut nommé notaire.

Le premier payement fut versé par M. Boucher à son prédécesseur, qui ne lui donna qu'une quittance de 2,000 francs, à valoir sur les 40,000 francs portés au traité officiel : en sorte que les 6,000 francs de réduction se trouvèrent payés.

Au terme de janvier 1842, M. Boucher avait à payer la première annuité de 38,000 francs restant dus ; il a exigé que M. Doury consentît l'imputation des 6,000 francs payés ; mais ce dernier refusa. De là procès.

ARRÊT.

COUR ROYALE DE METZ. — 6 AVRIL 1843.

LA COUR, — Attendu en principe que tout payement suppose une dette, et que ce qui a été payé sans être dû est sujet à répétition ; que, s'il y a exception à cette règle générale, ce n'est qu'à l'égard des obligations naturelles qui ont été volontairement acquittées ; — Attendu que, de l'aveu même de Doury, le traité du 17 février 1841, enregistré, a été sincère de part et d'autre ; qu'il n'a été accompagné d'aucun engagement secret ; que, loin de là, Boucher a formellement déclaré qu'il ne voulait rien dissimuler ni s'engager à payer un centime au delà de la somme portée au traité ; — Attendu que le serment prêté postérieurement entre les mains du procureur du roi de Vouziers est venu confirmer et corroborer ces déclarations, puisque Doury a juré qu'il n'exigerait pas et Boucher qu'il ne payerait pas au delà de 40,000 francs ; — Attendu qu'il n'est pas le moins du monde vraisemblable, qu'en tout cas il n'est pas prouvé que plus tard Boucher ait changé d'opinion et oublié un serment qu'il avait prêté consciencieusement et avec la ferme intention d'y être fidèle ; — Attendu que ce n'est pas spontanément que la quittance du 4 mai 1842 a été rédigée telle qu'elle est ; que, en effet, ledit jour 4 mai, Boucher ne se regardait évidemment comme débiteur que de la somme de 40,000 fr., puisqu'il n'avait préparé qu'un à-compte de 8,000 fr., c'est-à-dire le montant du premier terme échu de la somme de 40,000 fr. ; que si donc, à ce moment, Boucher a accepté une quittance de 2,000 francs seulement, à-compte du principal de 40,000 francs contre une somme de 8,000 francs qu'il versait réellement, cette conduite de sa part ne peut s'expliquer que par la dépendance dans laquelle était Boucher vis-à-vis de Doury et par les exigences manifestées par ce dernier, mais qu'il ne peut résulter de tout cela ni obligation naturelle, ni l'acquit volontaire d'une dette de conscience à la charge de Boucher ; — Que dès lors les premiers juges ont dû ordonner l'imputation de toute la somme de 8,000 francs pour Boucher, le 4 mai 1842, sur celle portée au traité du 17 février 1841 ; — Met l'appel au néant, avec amende et dépens.

Jurisprudence. — Un arrêt de la Cour royale de Paris, du 15 février 1840, décide que les sommes payées sur un traité annulé et remplacé par un autre doivent être imputées sur le traité maintenu.

OBSERVATIONS.

L'arrêt que nous venons de transcrire ne contrarie pas la jurisprudence admise par les arrêts transcrits et indiqués sous l'article 37, 2ᵉ partie, page 119 de ce journal, lesquels établissent que le supplément du prix ostensible de la cession d'un office stipulé par une contre-lettre ou traité secret, et volontairement payé, n'est pas sujet à répétition, le payement étant considéré comme l'acquit d'une obligation naturelle.

En effet, dans l'espèce de l'arrêt du 6 avril 1843, il n'y avait point d'obligation naturelle, puisque aucun engagement n'avait été contracté par Boucher, indépendamment du prix porté au traité du 17 février 1841 ; l'arrêt, au contraire, a le soin de constater que de l'aveu même de Doury ce traité a été sincère de part et d'autre, et qu'il n'a été accompagné d'aucun engagement secret ; il établit enfin que si sur 8,000 francs versés, Boucher n'a accepté qu'une quittance de 2,000 francs, il a été contraint de le faire par la dépendance dans laquelle il se trouvait vis-à-vis de Doury et par les exigences de ce dernier.

L'arrêt de la cour de Metz ne porte donc aucune atteinte aux principes admis jusqu'à ce jour sur la répétition des sommes payées en exécution des contre-lettres pour supplément de prix ; il se borne uniquement à ordonner la restitution d'une somme payée sans être due, même naturellement, et qui d'ailleurs avait été arrachée en quelque sorte par des moyens que la loi reprouve et que la morale flétrit.

A annoter au mot Office, nº 9.

ART. 45.

OFFICE.

SUPPLÉMENT DE PRIX PAYÉ COMPTANT. — CRÉANCIER DU TITULAIRE. — IMPUTATION.

Les créanciers du dernier titulaire ont le droit d'exiger que le supplément du prix de la cession payé comptant soit imputé sur la somme portée au traité officiel.

FAITS.

M. Leclerc, notaire à Vertus, céda son office, en 1835, à M. Bigaut de Granrut ; le traité intervenu entre eux énonça un prix de 28,000 francs, payable en six années ; mais, outre ce prix, il fut payé comptant, sans contre-lettre, une somme de 20,000 francs, ce qui porta le prix réel à 48,000 francs. Le père du concessionnaire concourut au traité officiel, et se porta caution des 28,000 francs dus par son fils.

En 1838, Bigaut de Granrut, forcé par l'état de ses affaires d'abandonner ses fonctions de notaire, revendit son étude moyennant 48,000 francs.

Sur l'ordre ouvert sur ce prix, M. Leclerc, vendeur privilégié, demanda à être colloqué pour les 28,000 francs lui restant dus. Le juge-commissaire admit cette demande, mais les autres créanciers de Bigaut de Granrut contestèrent cette collocation.

M. Leclerc ayant reconnu qu'il avait reçu 20,000 francs en dehors du traité, les créanciers prétendirent que ce payement était le résultat d'un traité secret nul surtout à l'égard des tiers ; en conséquence, ils demandèrent que ces 20,000 francs fussent imputés sur les 28,000 francs , prix ostensible.

M. Leclerc a soutenu qu'il n'y avait là ni contre-lettre ni traité secret, que la somme lui avait été payée à valoir sur le prix réel, et qu'en tous cas c'était l'acquit d'une obligation naturelle, non sujette à restitution ni à imputation.

Le 29 juillet 1842 , un jugement du tribunal de Châlons-sur-Marne admit le système des créanciers en ces termes :

Attendu qu'en autorisant certains officiers publics ou ministériels à présenter des successeurs à l'agrément du roi, l'article 91 (28 avril 1816) n'a jamais entendu que le pouvoir exécutif n'aurait plus le droit d'imposer des conditions à la réception de ces candidats ; que cette loi n'a pas dépouillé le gouvernement des moyens de surveillance et de discipline qui lui sont nécessaires et qui ont été arrêtés par diverses instructions ministérielles ; qu'au nombre de ces mesures se trouve celle qui a pour but de surveiller les traités et les prix stipulés ;

Que toute infraction à ces règles et toute violation des déclarations faites à ce sujet par les cédants et cessionnaires doit être réprimée par l'annulation de ce qui a été fait à l'égard des tiers ;

Qu'ainsi, toute contre-lettre ou convention verbale qui tend à augmenter le prix ostensible de la cession d'office est nulle et de nul effet, comme contraire à l'ordre public vis-à-vis des tiers ; — qu'à supposer que la question d'une obligation naturelle survivant à cette annulation légale pût s'agiter entre le cédant et le cessionnaire, elle ne saurait, en aucune manière, être résolue contre les tiers étrangers à tout engagement personnel , et auxquels on ne peut opposer de contre-lettre ; qu'autrement ce serait ouvrir la porte à tous les abus , favoriser les fraudes, et se jouer impunément de la surveillance tutélaire des autorités : — Dit que le payement des 20,015 francs effectué ès-mains de Leclerc, viendra en déduction du prix de 28,000 francs porté au traité du 2 juillet 1835.

Appel de la part de Leclerc.

ARRÊT.

COUR ROYALE DE PARIS. — 25 AVRIL 1843.

LA COUR, — Adoptant les motifs des premiers juges : — Met l'appellation au néant ; ordonne que la sentence dont est appel sortira son plein et entier effet.

Jurisprudence. — Aucun précédent spécial. — V. néanmoins l'arrêt de la Cour de Metz du 14 février 1843 (2e partie, p. 122), qui refuse aux créanciers de la caution qui avait acquitté la contre-lettre le droit de réclamer contre le payement de la somme portée en cet acte secret.

OBSERVATIONS.

L'arrêt de la Cour de Paris, du 25 avril 1843, et qui aggrave singulièrement la position des anciens titulaires d'office, ne nous paraît pas à l'abri de toute critique.

Sans méconnaître que le payement du prix secret soit l'exécution irrévocable d'une obligation naturelle en ce qui concerne le vendeur et l'acquéreur, cet arrêt invoque l'article 1321 du Code civil qui dispose que les contre-lettres n'ont point d'effet vis-à-vis des tiers, pour obliger le vendeur privilégié à imputer le montant de la contre-lettre sur le prix du traité officiel.

Il nous semble que ce n'est point ici le cas d'appliquer l'article 1321, qui, suivant nous, considère à l'égard des tiers les contre-lettres comme n'existant pas, par conséquent comme n'étant susceptibles ni de leur nuire ni de leur profiter. — Ce qu'a voulu l'article 1321, c'est qu'on ne vînt point détruire, vis-à-vis des tiers et par un acte secret, des conventions ostensibles.

Or, dans l'espèce, la contre-lettre a-t-elle été opposée aux tiers ou invoquée contre eux ? nullement. Le vendeur primitif réclamait sa collocation en vertu d'un titre régulier, ostensible, avoué par le gouvernement ; il ne parlait pas de la contre-lettre qui avait été exécutée ; on devait donc faire droit à la demande.

Chose incroyable dans cette circonstance, tous les créanciers de Bigaut de Granrut étaient postérieurs au payement de la contre-lettre ; il s'ensuit qu'ils prendront part à une somme sortie des mains de leur débiteur avant qu'ils fussent ses créanciers, et sur laquelle ils n'avaient jamais dû compter. On fait produire à leur créance un effet rétroactif de plusieurs années, et on annulle une obligation exécutée depuis longtemps ; en un mot, on jette la perturbation dans une famille qui, d'après les principes admis lors du traité, et même ceux qui ont prévalu jusqu'aujourd'hui, devait se croire en parfaite sécurité.

Si la jurisprudence de la Cour de Paris est admise par les autres Cours royales ou la Cour suprême, ce que nous ne croyons guère possible, il en résultera que les créanciers d'un titulaire d'office pourront, pendant trente ans, réclamer de son prédécesseur les sommes reçues par lui à titre de supplément de prix, et cela bien que leurs créances soient postérieures de plusieurs années au payement.

A annoter au mot Office, n° 26.

ART. 46.

—

OFFICE.

PRIVILÉGE. — DESTITUTION. — ACTES CONSERVATOIRES.

*Le vendeur d'un office non payé a privilége, en cas de destitu-
tion de son acquéreur, sur l'indemnité imposée par le gouvernement
au nouvel institué.*

*Ce privilége est conservé par des oppositions et autres actes con-
servatoires, entre les mains du nouveau titulaire, avant qu'il se soit
dessaisi de l'indemnité.*

PREMIÈRE ESPÈCE.

COUR ROYALE DE BORDEAUX. — 2 DÉCEMBRE 1842.

LA COUR, — Attendu que les biens du débiteur sont, il est vrai, le gage
commun de ses créanciers, mais que le prix ne doit s'en distribuer entre eux
par contribution, qu'autant qu'il n'y a pas des causes légitimes de préférence ;

Attendu que suivant l'article 516 du Code civil, tous les biens sont meubles ou immeubles ; que l'expression *effets mobiliers*, employée dans le n° 4
de l'article 2101 dudit code, embrasse, dans sa généralité, les objets corporels
et incorporels sans définition ; que la définition que la loi donne des immeubles, et la règle qu'elle pose dans les articles 527 et suivants, et notamment
dans l'article 529, sur les biens qui sont meubles par leur nature ou par la
volonté de la loi, tels que des obligations et actions qui ont pour objet des
sommes exigibles, établissent avec évidence que les droits incorporels ne
peuvent pas être des immeubles, et sont meubles par la détermination de la
loi ;

Attendu d'ailleurs que la loi du 28 avril 1816, en autorisant les officiers
ministériels à présenter leurs successeurs, a reconnu l'existence d'une nouvelle espèce de biens mobiliers susceptibles d'être vendus, et dont l'administration doit être régie par les principes généraux du droit ; qu'ainsi il
faut nécessairement admettre que l'office ou la charge de notaire dont ladite
loi permet au titulaire de disposer forme un effet mobilier ; que, du reste,
tel est aujourd'hui, en pareille matière, le principe et le point de départ de
toutes les doctrines et de toutes les décisions, et qu'il n'est pas possible qu'il
en soit autrement sous une législation qui ne reconnaît que deux espèces de
biens, savoir : des meubles ou des immeubles ; d'où il suit que le privilége
établi par le n° 4 de l'article 2102 du Code civil, quant au prix d'effets mobiliers non payés, doit être attribué au créancier du prix d'un office, si cet
office est resté en la possession du débiteur ;

Attendu qu'il n'est pas contesté entre les parties que la veuve Jacquet,
qui a trouvé dans la succession du sieur Jacquet, son fils, dont elle est léga-

taire universelle, une charge de notaire à Bordeaux, a vendu cette charge à Godinet, et qu'il lui est dû par celui-ci, pour solde du prix de cette vente, une somme capitale de 61,558 francs, avec les intérêts légitimes;

Attendu que la nature de la créance de la veuve Jacquet lui donnait droit à un privilége sur l'office dont Godinet était pourvu, et dont il a été destitué par jugement du 27 avril 1840; qu'elle avait conservé ce privilége sur la chose ou sur le prix, si l'une ou l'autre était restée en la possession de son débiteur; qu'en conséquence et dans ce cas, elle pouvait l'exercer sur la somme de 60,000 francs que Me Dénucé, successeur dudit Godinet, a versée dans la caisse du receveur des dépôts et consignations, et ce, nonobstant la disposition de l'article 91 de la loi du 28 avril 1816, qui, en accordant aux notaires et à leurs héritiers la faculté de présenter des successeurs, ajoute : *Cette faculté n'aura pas lieu pour les notaires destitués*; — Qu'en effet, lorsqu'un notaire est destitué, il est bien dépouillé du droit de présenter un successeur, parce que sa charge ou fonction, c'est-à-dire le droit d'instrumenter et de retenir des actes authentiques, est rentrée dans les mains du roi, qui peut en disposer d'une manière absolue; mais que, pour ce qui concerne les minutes et la transmission du droit d'en délivrer des expéditions, il n'est ni juste ni exact de dire, même alors que le fonctionnaire révoqué n'a plus de qualité pour les conserver, que ce ne soit pas là une propriété personnelle dont la valeur réelle ou présumée lui doive revenir ou à ses créanciers, s'il en a ; — Qu'aussi, et en pareil cas, le tribunal du lieu de l'exercice des fonctions du notaire est appelé par le gouvernement à déterminer la valeur *de son office,* indépendamment de celle qu'aurait pu y ajouter le droit par lui perdu de présenter son successeur; que c'est ainsi qu'il a été procédé par le tribunal de première instance de Bordeaux, relativement à la charge de Godinet; que la valeur de cette charge, après avoir été arbitrée par ce tribunal à la somme de 60,000 francs, a été fixée à ce prix par l'ordonnance royale qui a nommé le sieur Dénucé et qui a prescrit en même temps que cette somme serait affectée, à titre d'indemnité, aux créanciers dudit Godinet, sans toutefois rien disposer ni préjuger sur l'ordre ou la distribution qui en serait faite entre eux, pas plus que sur le privilége dont ils pourraient venir à se prévaloir ;

Attendu qu'on soutient en vain, dans l'intérêt des appelants, qu'il n'y a pas eu de vente de la part du gouvernement au sieur Dénucé ; qu'il est bien vrai qu'il n'a pas été passé de contrat de vente proprement dit entre le gouvernement et Dénucé, concernant l'office de notaire dont ce dernier a été pourvu, mais que la transmission de cette charge, moyennant un prix ou une indemnité déterminée, au payement de laquelle ledit Dénucé s'est librement et volontairement soumis, équivaut à une véritable vente, et doit en avoir tous les effets en faveur des créanciers de Godinet, qui ont droit à ladite indemnité; qu'il faut donc tenir pour certain, nonobstant la perte du droit de présentation de la part de Godinet, que le prix de son office, tel qu'il a été réglé par le tribunal et fixé par l'ordonnance royale de nomination du sieur Dénucé, appartenait à Godinet et devait être le gage de ses créanciers, selon l'ordre de leurs priviléges; que ladite ordonnance, si elle avait voulu que ce prix fût distribué aux créanciers au marc le franc de leurs créances, n'aurait pas manqué de s'en expliquer d'une manière expresse; que ne l'ayant pas fait, il faut évidemment en conclure qu'elle n'a pas entendu déroger aux règles du droit commun ; que, du reste, c'est ainsi que la question a été décidée dans des espèces identiques à celle de la cause actuelle, par plusieurs cours du royaume, et notamment : 1° par un arrêt de la Cour royale de Paris du 11 décembre 1834 ; 2° par un arrêt de la Cour royale de Lyon du 1er mars 1838 : en telle sorte qu'il ne s'agit plus, pour résoudre définitivement la question du privilége réclamé par la veuve Jacquet, que de savoir si Godinet, son débiteur, était encore en possession de son office, lorsqu'elle a formé sa demande et fait valoir ses droits;

Attendu, sur ce point, que l'article 2102 du Code civil ne s'explique pas et n'avait pas à s'expliquer sur le mode d'exercice d'un pareil privilége; qu'il n'est pas douteux que le vendeur conserve son privilége lorsqu'il fait saisir et vendre, au préjudice de son débiteur, l'effet mobilier qu'il avait vendu et dont le prix lui est encore dû, parce qu'alors cet effet mobilier a été mis sous la main de la justice avant de sortir de la possession du débiteur, et que la vente qui en est opérée à la requête du créancier est une suite nécessaire de l'exercice du privilége qui a pour objet le payement; qu'en ce cas, il est évident que le prix obtenu par la voie judiciaire représente la chose vendue; que toutefois le titulaire d'un office n'ayant qu'un droit de présentation, et ce droit se trouvant perdu pour lui lorsqu'il vient à être destitué, la jurisprudence a dû reconnaître, comme elle l'a effectivement reconnu, que les charges d'office ne sont pas susceptibles d'être saisies, et qu'il n'y a de prix sur lequel le privilége puisse s'exercer qu'après l'institution royale, c'est-à-dire à un moment où la charge n'est plus entre les mains du débiteur, mais est représentée par le prix lui-même, tant qu'il n'est pas sorti des mains de l'officier ministériel nouvellement investi;

Attendu, en fait, qu'ainsi qu'il a été déjà dit, Godinet est resté débiteur envers la veuve Jacquet d'une portion considérable du prix moyennant lequel cette dernière lui avait vendu la charge de feu Jacquet son fils; que le privilége par elle réclamé pour sa créance à cet égard, en conséquence des principes ci-dessus, ne saurait lui être refusé, puisque aussitôt que la nomination du sieur Dénucé, en remplacement dudit Godinet, lui a été connue, elle a, avant tout versement de fonds, de même qu'avant la prestation de serment dudit Dénucé, dénoncé son droit au procureur du roi, puis demandé le payement, par privilége, de ce qui lui restait dû, par des oppositions et actes conservatoires plusieurs fois réitérés, tant dans les mains de ce notaire que dans celles du receveur général du département de la Gironde; qu'enfin le sieur Dénucé n'a été nommé qu'à la condition de verser dans la caisse dudit receveur, avant de prêter serment, une indemnité de 60,000 francs.

DEUXIÈME ESPÈCE.

TRIBUNAL DE LA SEINE. — 21 MARS 1843.

LE TRIBUNAL, — Attendu qu'il est de jurisprudence constante dans les cas ordinaires, que le privilége du vendeur s'exerce sur le prix d'un office, comme sur tout autre effet mobilier;

Attendu que, d'après l'article 91 de la loi du 28 avril 1816, l'officier ministériel destitué ne peut présenter un successeur; que de l'économie de cette disposition, résulte que l'officier ministériel destitué se trouve privé de son titre, qui passe dans les mains du gouvernement, maître dès lors d'en disposer à son gré, puisque seul il peut nommer et remplacer l'officier ministériel destitué, sans qu'il soit besoin de présentation et en imposant telle condition que bon lui semble; qu'appliquée et exécutée dans toute sa rigueur, la loi autorise même l'état à faire la nomination pure et simple d'un nouveau titulaire en remplacement du titulaire destitué;

Que, dans ce dernier cas, toute espèce de privilége de vendeur et autres disparaît et s'éteint entièrement par la seule force des choses, l'accessoire suivant nécessairement le sort du principal; mais qu'il n'en saurait être ainsi lorsque l'autorité supérieure, qui peut enlever tout à la fois et le titre et le prix, tempère la sévérité de la loi, n'inflige que l'une de ces deux peines, et tout en écartant la présentation d'un successeur de la part d'un homme désormais indigne de sa confiance, se charge elle-même de fixer les conditions pécuniaires à l'accomplissement desquelles sera subordonnée la nomination d'un nouveau titulaire; qu'alors, en effet, le prix subsiste et avec lui tous les droits qui s'y rattachent;

Qu'on objecterait en vain que, par la destitution, le titulaire ayant perdu le droit de présenter un successeur, n'était plus en possession de sa charge, et ne peut plus être réputé l'avoir vendue; que la stipulation d'un prix payable soit aux tiers dont l'office était le gage, soit à l'ancien titulaire, proteste nécessairement contre cette idée que la chose aurait péri pour les uns ou pour l'autre;

Que si on veut considérer ce prix comme une simple indemnité, cette indemnité n'en sera pas moins la représentation de l'office; qu'on ne pourrait effectivement trouver d'autre cause à son allocation sur la transmission de la charge; qu'enfin le prix étant, par l'ordonnance royale qui a révoqué Brunat et nommé son successeur, stipulé payable à qui de droit, il est par cela même dévolu jusqu'à due concurrence et spécialement affecté à tous les droits qui grevaient l'office, et notamment au privilége dont il était le gage; que les créanciers ordinaires ne sauraient se plaindre, puisqu'on ne leur enlève aucune des garanties sur lesquelles ils ont pu raisonnablement compter; que leur position ne doit pas devenir plus avantageuse, par cela seul que leur débiteur commun est plus coupable;

Maintient le privilége du vendeur primitif et de ses cessionnaires, etc.

Auteurs. — Conforme à l'opinion admise dans l'*Encyclopédie des huissiers*, au mot *Office*, n° 39. — Pour : Bioche et Gouget, *Dict. procéd.* v. off. n°ˢ 49 et 82.

Jurisprudence. — Pour : Paris, 11 déc. 1834, 12 mai 1835, 8 mai 1836; Lyon, 1ᵉʳ mars 1838.

OBSERVATIONS.

Il a été admis par un arrêt de la Cour de cassation, du 30 mars 1831, qu'en cas de destitution l'ordonnance royale qui permettait aux ayants-cause du titulaire destitué de présenter un successeur à l'agrément du roi, pouvait décider que l'indemnité à payer pour cette présentation serait affectée de telle ou telle manière, et que cette affectation était irrévocable. — Il en serait de même, bien entendu, si, au lieu d'autoriser la présentation, l'ordonnance royale contenait nomination d'office, à la charge de payer une indemnité.

Dans l'espèce de l'arrêt du 30 mars 1831, un sieur Roger, agent de change, avait emprunté d'un sieur Cuoq une somme de 25,000 francs pour son cautionnement. — Roger tomba en faillite et fut destitué; mais en considération de ses créanciers, une ordonnance royale du 4 août 1826 permit aux syndics de la faillite de présenter un successeur à Roger, à condition que le prix de la charge serait affecté de la même manière et d'après les mêmes règles que le cautionnement, à la garantie des opérations du fonctionnaire destitué. — Les faits de charge ayant absorbé le cautionnement, Cuoq a demandé à exercer son privilége sur le prix de l'office. Les syndics ont refusé, et le tribunal de commerce de la Seine (25 juin 1828), la Cour royale de Paris (13 janvier 1829), et la Cour de cassation, ont validé le refus en se fondant sur ce que le prêt du cautionnement ne pouvait être considéré comme un fait de charge.

Les arrêts que nous venons de rapporter ne dérogent point à ce principe, puisque l'une des ordonnances qui ont précédé les nominations ne contenait aucune disposition relativement à l'indemnité, et que l'autre stipulait que l'indemnité à payer par le nouveau titulaire serait payée à qui de droit.

La jurisprudence nous paraît donc fixée en ce sens, 1° que lorsque l'ordonnance de nomination a affecté l'indemnité à l'acquit de telle ou telle créance, cette affectation doit être respectée ; 2° que si au contraire elle ne contient aucune disposition sur le payement du prix de la charge, ou si elle dispose que ce prix sera payé à qui de droit, il doit être distribué de la même manière qu'il le serait s'il n'y avait pas eu destitution; par conséquent, dans ce cas, le privilége du précédent titulaire doit être admis en première ligne.

A annoter au mot Office, n°ˢ 38 et 39.

ART. 47.

ENQUÊTE.

ASSIGNATION A LA PARTIE. — DÉLAI. — DISTANCE. — AVOUÉ EN CAUSE.

Lorsqu'il y a avoué en cause, le délai de l'assignation à la partie prescrite par l'art. 261 du Code de procédure, pour comparaître à l'enquête, ne doit être augmenté ni du délai simple à raison des distances, ni, à plus forte raison, du double délai dont parle l'article 1033 du Code de procédure.

ARRÊT.

COUR ROYALE DE POITIERS. — 9 MARS 1842.

LA COUR, — Attendu que l'article 1033 du Code de procédure civile n'exige l'augmentation du double des délais à raison des distances, que pour les citations et autres actes faits à personne ou domicile, pour lesquels doit revenir la preuve que l'acte a été notifié; que, dans les cas prévus par l'article 261 du Code de procédure civile, l'assignation de la partie pour comparaître à l'enquête est donnée à l'avoué, que dès lors la partie finale de l'article 1033, concernant le double délai, est sans application à l'assignation donnée pour comparaître à l'enquête;

Attendu qu'en admettant que la simple augmentation d'un jour par trois myriamètres soit indispensable, dans le cas dont il s'agit, pour que la partie citée pour comparaître afin de proposer des reproches ou de faire toutes autres observations, doive avoir le temps suffisant pour se présenter, le sieur Célestin Billiard, demeurant à Paris, a obtenu en fait le délai de l'art. 261, augmenté d'un jour par trois myriamètres, puisqu'il lui a été donné dix-sept jours pour comparaître; que, par ces motifs, il n'est pas fondé dans l'exception de nullité par lui proposée;

Attendu, d'ailleurs, que l'article 261, qui ne contient point renvoi à l'article 1033, porte en termes exprès que la partie sera assignée pour être présente à l'enquête au domicile de son avoué trois jours au moins avant l'audition; que ce ne peut être sans motif que le législateur a abrégé, pour le cas dont il s'agit, les délais ordinaires des assignations; or si l'on admet, comme cela est vraisemblable, qu'il a voulu enlever aux parties le temps et les moyens d'influencer les témoins à entendre, ce but serait manqué dans la plupart des cas si ce délai devait nécessairement être augmenté dans l'une des proportions déterminées par l'art. 1033; qu'il est plus rationnel et plus conforme à cette intention présumée de la loi de prendre dans sa disposition exceptionnelle un peu rigoureuse l'art. 261, que de le rattacher à l'art. 1033; que cette entente de la loi s'expliquerait d'une manière satisfaisante peut-être par ces considérations, qu'avant l'assignation donnée par l'article 261, l'avoué, connaissant déjà soit le jugement qui admet l'enquête, soit l'ordonnance qui fixe le jour où les témoins devront comparaître, a dû informer sa partie de ce qui devait suivre, et la prévenir de se tenir en mesure de comparaître pour agir selon ses intérêts;

Rejette la nullité d'enquête proposée.

Auteurs et jurisprudence. — Peu d'articles ont donné lieu à autant d'interprétations diverses que l'article 261 du Code de procédure.

Plusieurs questions ont été agitées.

La première est celle de savoir s'il y a lieu à augmentation de délai à raison des distances, dans le cas de l'article 261 du Code de procédure?

La question ne fait pas de doute lorsqu'il n'y a pas d'avoué en cause : le délai dans ce cas doit être augmenté d'un jour par trois myriamètres entre le lieu de l'enquête et le domicile de la partie assignée pour y comparaître.

Mais lorsqu'il y a avoué en cause?

Deux opinions sont en présence : l'une qui décide dans le sens de l'arrêt que nous venons de rapporter, qu'il n'y a point lieu à augmentation. Cass. 22 nov. 1810; Bruxelles, 23 février 1809 et 1er mars 1812; Limoges, 11 avril 1812; Bordeaux, 15 mai 1838; Poitiers, 18 juillet 1838.

L'autre, qui admet l'augmentation de délai : c'est celle que nous avons adoptée dans notre *Encyclopédie*, au mot *Enquête*, n° 53. Elle est professée par Pigeau, *Procéd. civ.*, t. I, pag. 338, à la note; Thom. Desm., *Comment. procéd. civ.*, tom. 1er, p. 453; Boncenne, *Théorie procéd. civ.*, t. IV, p. 275 ; Carré et Chauv. sur Carré, *quest.* 1020 ; et elle a été adoptée par les arrêts suivants : Cass., 11 janvier 1815, 23 juillet 1823, 28 janvier 1826; Montpellier, 22 juin 1824 ; Nancy, 14 mars 1839 ; Colmar, 15 juillet 1833 ; Rouen, 22 juillet 1830 ; Poitiers, 17 novembre 1836 ; Limoges, 22 juillet 1837 ; Nîmes, 18 juillet 1838.

Ce point établi, comment le délai doit-il être calculé ?

Un arrêt de la Cour de cassation, du 11 janvier 1815, avait admis que le délai devait être calculé eu égard à la distance qui se trouvait entre le domicile de l'avoué et le lieu où il devait être procédé à l'enquête, mais cette jurisprudence fut bientôt abandonnée par la Cour de cassation elle-même.

Suivant Thomine Desm., *Comment. procéd. civ.*, t. 1er, p. 453; Boncenne, IV, p. 280; Chauveau sur Carré, *quest.* 1020 ; Cass. 28 janvier 1826; Paris, 29 septembre 1808; Limoges, 22 juillet 1837; Nîmes, 18 juillet 1838, l'augmentation de délai doit être double; c'est-à-dire qu'elle doit être calculée en ayant égard : 1° à la distance qui existe entre le domicile de l'avoué et celui de la partie, afin que celle-ci ait le temps de recevoir l'assignation ; 2° la distance qui existe entre le domicile de la partie et le lieu où l'enquête doit se faire, afin que la partie ait le temps de se présenter et de faire valoir ses reproches.

La plupart des arrêts rapportés en tête de cette page décident que la distance à considérer est celle du domicile de l'avoué à celui de la partie; mais dans les affaires où ils sont intervenus la question était, non de savoir s'il y avait lieu au double délai de l'art. 1033 du Code de procédure, mais de savoir seulement si l'on devait accorder une augmentation de délai à raison des distances.

En résumé, la jurisprudence paraît fixée en ce sens qu'il y a lieu à augmentation de délai, et que cette augmentation doit être calculée eu égard à la double distance du domicile de l'avoué à celui de la partie, et du domicile de la partie au lieu où doit se faire l'enquête, par la raison qu'il y a lieu à envoi à la partie et à voyage de celle-ci pour être présente à l'enquête.

À annoter au mot **Enquête**, n° 53.

ART. 48.

POIDS ET MESURES.

ACTE AUTHENTIQUE. — FRACTION DÉCIMALE.

Un officier public qui se sert dans ses actes des dénominations de trois quarts d'hectolitre, trois huitièmes d'hectolitre, *est passible d'amende.*

FAITS.

Mᵉ Hélie, notaire, s'était servi dans un procès-verbal de vente mobilière des expressions de deux hectolitres *trois quarts*, deux hectolitres *trois huitièmes*, vingt-un hectolitres *trois quarts*, quatre hectolitres *trois huitièmes.* — Poursuivi comme coupable de contravention à l'article 5 de la loi du 4 juillet 1837, Mᵉ Hélie forma opposition à la contrainte décernée contre lui.

JUGEMENT.

TRIBUNAL DE LISIEUX. — 23 DÉCEMBRE 1842.

LE TRIBUNAL, — Considérant que le système métrique actuel des poids et mesures établi par les lois des 18 germinal an III et 4 juillet 1837, est essentiellement fondé sur le calcul décimal ; — Qu'en établissant l'unité décimale, et en proscrivant l'ancien système, le législateur a nécessairement entendu qu'il ne se trouvait plus en rapport aujourd'hui avec l'unité reconnue par le nouveau système adopté ; — Qu'admettre le mélange de l'unité décimale avec les anciennes fractions ordinaires, ce serait consacrer l'accouplement de deux systèmes qui reposent sur des bases essentiellement différentes, détruire toute l'économie de la loi, et manquer le but que le législateur s'est proposé ; — Que si la fraction du *demi* ou de la *moitié*, établie par l'article 8 de la loi du 18 germinal an III, a été maintenue par la loi du 4 juillet 1837, ce n'a été qu'à titre d'exception, et que cette exception, qui ne peut s'étendre d'un cas à un autre, vient ici confirmer la règle générale, qui proscrit toute autre énonciation des anciennes fractions ordinaires ; — Qu'il suit de là que Mᵉ Hélie, en employant dans son procès-verbal de vente des 5, 7 et 12 juin dernier, les énonciations de deux hectolitres *trois quarts* et de quatre hectolitres *trois huitièmes*, a contrevenu aux dispositions de la loi du 4 juillet 1837, et a encouru l'amende de 20 fr. qu'elle prononce.

Auteurs. — Pour : Tarbé, *Des poids et mesures*, pag. 459 à la note.

Jurisprudence. — Pour : Circulaire du garde des sceaux du 15 septembre 1839.

A annoter au mot Poids et Mesures, nº 15.

ART. 49.

—

COMPÉTENCE.

HONORAIRES. — NOTAIRES. — JUGE DE PAIX.

Les juges de paix sont-ils compétents pour statuer sur les demandes en payement d'honoraires formés par les notaires contre leurs clients, lorsqu'elles n'excèdent pas 200 francs?

JUGEMENT.

TRIBUNAL DE PAIX DE SENLIS. — 7 MAI 1842.

LE TRIBUNAL, — Considérant qu'aux termes des lois des 16 août 1790 et 25 mai 1838, les juges de paix sont compétents pour connaître de toutes actions purement personnelles et mobilières, dans les limites tracées par ces lois, aujourd'hui en dernier ressort jusqu'à 100 fr., et, sauf l'appel, jusqu'à la valeur de 200 fr.

Considérant qu'aucun texte de loi n'apporte d'exception à cette règle pour ce qui concerne les demandes des notaires en payement d'honoraires d'actes par eux reçus; — Qu'on ne peut leur appliquer les dispositions de l'art. 60 du Code de procédure, portant que les demandes formées par les officiers ministériels sont portées au tribunal où les frais ont été faits, puisque les fonctions de notaires ne consistent pas à postuler près du tribunal civil, et que les actes à l'occasion desquels ils peuvent exiger des honoraires n'ont pas pour objet des procédures par suite desquelles les tribunaux civils sont appelés à prononcer; — Qu'au surplus, par ce même article 60 du Code de procédure, le législateur n'a pas entendu exclure les tribunaux de paix de la connaissance des officiers ministériels en payement de leurs frais; qu'il leur a, au contraire, attribué juridiction en certains cas, par exemple, lorsqu'il s'agit des demandes formées par les greffiers et huissiers des tribunaux de paix pour frais faits à l'occasion d'instances portées devant ces tribunaux, dans les limites sus-fixées;

Qu'on ne peut dire que les notaires exercent plutôt devant le tribunal civil que devant la justice de paix dans le canton de laquelle ils résident, puisque leurs actes n'ont pas pour objet un litige porté à la décision de l'une ou de l'autre juridiction; — Qu'on ne peut non plus argumenter du deuxième décret du 16 février 1807, relatif à la liquidation des dépens en matière sommaire, et portant, article 9, que les demandes des avoués et autres officiers ministériels, en payement des frais contre les parties pour lesquelles ils auront occupé ou instrumenté, seront portées à l'audience sans qu'il soit besoin de citer en conciliation, car cette disposition législative n'a eu évidemment pour objet que d'appliquer aux notaires et autres officiers ministériels le n° 5 de l'article 49 du Code de procédure, qui dispense du préliminaire de conciliation les demandes des *avoués* en payement de frais;

Que cette dispense de conciliation du bénéfice de laquelle le décret de 1807 a voulu faire profiter les notaires et autres officiers publics pour le cas où leurs demandes excéderaient le taux de la compétence du juge de paix, n'est pas une attribution de juridiction, ni une dérogation au droit commun pouvant conférer au tribunal civil seul le pouvoir de connaître des demandes rentrant dans les limites de la compétence des tribunaux de paix; qu'autrement il faudrait décider en principe que toutes les demandes dispensées du préliminaire de conciliation, telles que celles relatives au payement de loyers, celles qui intéressent les mineurs, etc., et quelque minimes qu'elles fussent, devraient nécessairement être portées devant le tribunal civil, ce qui serait évidemment en opposition au texte et à l'esprit de la loi du 25 mai 1838;

Considérant que ni la loi du 25 ventôse an xi, ni le décret du 16 février 1807, contenant le tarif des frais et dépens, n'ont rien de contraire aux principes ci-dessus posés; qu'en effet l'article 51 de cette loi de l'an xi n'avait eu pour objet que de conférer aux tribunaux civils le pouvoir de taxer les vacations et honoraires des notaires, lorsqu'un règlement amiable n'avait pas eu lieu entre les parties, et que la taxe était requise; que cette disposition a été abrogée par l'article 173 du décret de 1807, en ce sens que cet article confère au président du tribunal civil seul le pouvoir de taxer les actes qu'il indique, et qui ne sont pas tarifés par les articles 168 et suivants de ce décret; — Qu'à l'appui des principes ci-dessus posés, on peut invoquer les décisions du ministre de la justice, des 4 décembre 1826, 8 novembre 1827, 28 mai 1828 et 30 novembre 1829, rapportées dans le *Journal des Notaires*, articles 6834 et 7034.

Considérant que la taxe des actes des notaires est purement facultative et non d'obligation si elle n'est requise; — Considérant dans l'espèce qu'il ne s'agit pas d'un règlement sur taxe; que la demande de M. Marge, tendante au payement d'une somme de 60 fr. seulement, n'a pour objet que la réparation d'une erreur ou omission, et l'allocation de vacations tarifées, vacations que M. Fasquelle aurait fait comprendre dans une liquidation comme étant dues, et desquelles il lui aurait été tenu compte par ses copartageants quant à la portion à leur charge; — Par ces motifs, se déclare compétent.

Auteurs. — Pour : *Dictionnaire du notariat*, v° *Honoraires*, n° 50; A. Dalloz, *Dict. génér.*, v° *Honoraires*, suppl. n° 128.

Jurisprudence. — Pour : Décisions du garde des sceaux des 4 décembre 1826, 8 novembre 1827, 28 mai 1828 et 30 novembre 1829. — Contre : Jugement du tribunal de Civray, du 24 avril 1841.

Nous persistons dans l'opinion admise dans notre *Encyclopédie*, au mot *Honoraires*, n° 17, et nous pensons que dans l'état actuel de la jurisprudence, il est prudent d'assigner directement et sans préliminaire de conciliation, devant le tribunal du domicile du défendeur, quelle que soit la somme réclamée. — V. d'ailleurs *infrà*, art. 52.

A annoter au mot **Honoraires**, n° 17.

ART. 50.

HUISSIER.

CITATION EN SIMPLE POLICE. — DISCIPLINE. — AMENDE. — JUGE DE PAIX. — JURIDICTION CIVILE.

Depuis la loi du 25 mai 1838, les citations devant le tribunal de police peuvent être données par tous les huissiers du canton, de même que celles en matière civile. — (Résolu par le réquisitoire ci-après.)

La décision d'un juge de paix qui condamne un huissier à une amende pour avoir signifié des citations devant le tribunal de police où il n'était pas audiencier, ne peut être attaquée que devant la juridiction civile.

FAITS.

Le réquisitoire ci-après les explique suffisamment :

Réquisitoire. — Le procureur général expose :

« La ville de Poitiers est divisée en deux cantons : les deux juges de paix président alternativement le tribunal de police. Pendant que ces fonctions étaient remplies par le juge de paix du canton *nord*, le sieur Aubard, huissier audiencier de la justice de paix du canton *sud*, donna, à la requête du ministère public, les 5, 6 et 9 avril, plusieurs citations devant le tribunal de simple police ; ces citations parurent au juge de paix une infraction au décret du 14 juin 1813, et il rendit le 11 avril un jugement qui condamnait le sieur Aubard à 5 francs d'amende, par application de l'article 1030 du Code de procédure civile.

» Ce jugement, qui consacre en principe que, dans les villes divisées en plusieurs cantons, les huissiers près le juge de paix qui tient le tribunal de simple police ont, à l'exclusion de tous autres, pendant la durée de l'exercice de ce juge, le monopole des citations à donner devant lui, renferme une violation de la loi du 25 mai 1838 sur les justice de paix.

» En effet cette loi, par son article 16, a aboli le droit exclusif conféré aux huissiers audienciers par l'article 28 du décret du 14 juin 1813 ; elle porte formellement que tous les huissiers d'un même canton auront le droit de donner toutes les citations et de faire tous les actes devant la justice de paix, et elle ajoute, pour les villes divisées en plusieurs cantons, que les huissiers exploitent dans tout le ressort de la juridiction assignée à leur résidence. A la vérité, cette même loi a conservé aux juges de paix le droit qu'ils avaient précédemment de choisir des huissiers pour le service de leurs audiences; mais il résulte des discussions des chambres, et notamment de l'exposé des motifs lu à la chambre des pairs le 8 mai 1837, et du rapport fait à la chambre des députés dans la séance du 6 avril 1838, que ce choix ne confère aucun droit exclusif aux huissiers audienciers, et qu'il ne leur attribue d'autre avantage que d'être désignés à la confiance des justiciables par celle du juge, et d'être chargés, de préférence à tous autres, de la signification des jugements par défaut.

» Le tribunal de simple police a considéré ensuite l'art. 16 de la loi du 25 mai 1838 comme ne s'appliquant qu'aux matières civiles. Cette interprétation restrictive est une seconde erreur. Cette loi a entendu abolir le privilége des audienciers d'une manière complète et absolue; cela résulte de la généralité des termes dont s'est servi le législateur, ainsi que de la discussion à laquelle l'article 16 a donné lieu dans les chambres; il suffit d'ailleurs, pour lever tous les doutes à cet égard, de remarquer que la première rédaction votée par la chambre des députés, dans la séance du 17 avril 1837, supprimait totalement les audienciers, ce qui incontestablement emportait suppression complète du droit exclusif, tant pour les matières de simple police que pour les matières civiles; et si les audienciers ont été rétablis ensuite, c'est en expliquant, comme il a été dit plus haut, que le choix du juge ne leur conférait aucun droit particulier.

» La jurisprudence consacrée par le tribunal de simple police aurait en outre des inconvéniens graves pour le service. Il importe en effet que l'officier du ministère public puisse choisir pour les actes à faire à sa requête, celui des huissiers du ressort qui lui inspire le plus de confiance, et qui est le plus à sa portée; il n'importe pas moins, d'un autre côté, que les parties soient affranchies des frais de transport que leur occasionnerait, dans certains cas, le recours forcé à un huissier éloigné de leur résidence.

» Dans ces circonstances, et d'après ces considérations : vu l'article 441 du Code d'instruction criminelle; la loi du 25 mai 1838 sur les justices de paix (art. 16); l'art. 28 du décret du 14 juin 1813; l'art. 15 de la loi du 28 floréal an x, et la lettre de M. le garde des sceaux, en date du 22 août 1842, le procureur général requiert qu'il plaise à la Cour casser et annuler, etc.

» *Signé* DUPIN. »

ARRÊT.

COUR DE CASSATION. — 10 FÉVRIER 1843.

LA COUR, — Attendu que le jugement dénoncé n'est qu'une décision disciplinaire, prononcée à la chambre du conseil par le juge de police, en exécution de l'art. 1030 du Code de procédure civile, et n'est point un acte de la juridiction pénale ressortant à la chambre criminelle de la Cour de cassation; que l'amende infligée à l'huissier Aubard n'a pas le caractère de peine qualifiée, et ne dépasse pas la compétence des tribunaux civils; qu'elle n'est point l'accessoire d'une action publique qui aurait été légalement déférée à un tribunal de répression, et n'a point été poursuivie en même temps que cette action à l'audience publique sur les conclusions du ministère public, et n'a point dès lors formé un chef principal ou accessoire de cette sorte d'action; — Attendu dès lors que les principes du droit public qui attribuent la connaissance des décisions disciplinaires aux magistrats civils, s'opposent à ce que la chambre criminelle s'en attribue la connaissance; que l'art. 441 du Code d'instr. crimin. n'a point, sous ce rapport, dérogé aux règles de la division des matières, qui ne réservent à la juridiction criminelle que les faits qui intéressent l'intérêt général de la société, et qui se résolvent en jugements publics; — Par ces motifs, la Cour se déclare incompétente et renvoie l'affaire devant qui de droit.

Auteurs. — Dans notre *Encyclopédie,* au mot *Huissier,* n° 264, nous avions adopté une opinion contraire à la première des solutions qui sont en tête de cet article, pensant que la loi de 1838 n'ayant eu en vue que les affaires civiles, n'avait point abrogé une disposition relative aux affaires de simple police.

Outre l'opinion de M. le procureur général Dupin, on peut encore citer contre la nôtre une circulaire de M. le ministre de la justice du 6 juin 1838, portant : « Cette disposition (l'art. 16 de la loi du 25 mai 1838) déroge à l'art. 28 du décret du 14 juin 1813. L'accroissement de la compétence des juges de paix doit produire ce résultat, que plus d'assignations seront données devant cette juridiction. C'est en considération de ce nouvel état de choses que tous les huissiers dont la résidence est fixée dans le même canton acquièrent le droit d'exploiter auprès de la justice de paix, droit qui n'appartenait qu'aux seuls audienciers. »

Jurisprudence. — Aucun précédent sous la loi de 1838.

A annoter au mot **Huissier,** n° 264.

ART. 51.

—

OFFICE.

TRAITÉ. — PAYEMENT AVANT LA NOMINATION. — EFFET RÉTROACTIF. — SAISIE-ARRÊT. — DATE CERTAINE.

L'ordonnance de nomination du cessionnaire d'un office rétro-agit à la date du traité d'acquisition ; en conséquence elle valide à l'encontre des créanciers opposants, les payements faits sans fraude au cédant avant l'ordonnance et les oppositions, encore que ces payements soient anticipés.

FAITS.

Le sieur Bernard, notaire à Marseille, avait vendu son office à de Gasquet, qui paya une portion de son prix avant l'ordonnance de nomination, et malgré même la clause du traité qui lui réservait certaines échéances indiquées.

Postérieurement à ces payements, les créanciers de Bernard firent opposition aux mains de de Gasquet, qui leur fit connaître, par sa déclaration affirmative, les sommes payées à Bernard.

Les créanciers, sans alléguer aucune fraude, ont rejeté ces quittances en se prévalant de l'article 1328 du Code civil ; de Gasquet leur répondit par les dispositions de l'article 1322 du même Code.

Jugement du tribunal de Marseille qui adopte le système des créanciers. — Appel et arrêt infirmatif de la Cour d'Aix du 8 janvier 1841, portant que les payements quoique faits par de Gasquet antérieurement à sa nomination, n'en sont pas moins valables même relativement à ses créanciers.

Pourvoi en cassation pour fausse application des art. 1179, 1186, 1187 du Code civil ; violation des art. 1181, 1185, 1321, 2092 du même Code, et 91 de la loi du 28 avril 1816, en ce que l'arrêt attaqué a déclaré les payements faits par le successeur désigné d'un notaire à son prédécesseur, antérieurement à l'ordonnance de nomination, et contrairement à la teneur du traité qui déclare le prix payable après cette ordonnance, valable à l'égard des créanciers, qui, avant l'investiture, ont usé de saisie-arrêt ou d'opposition. — Les conventions sur la transmission des offices, a-t-on dit pour les demandeurs, sont, de leur nature,

soumises à un événement futur et incertain, savoir: la nomination royale, ce qui les range dans la classe des obligations sous
condition suspensive (req. 24 fév. 1835; ch. civ. 24 déc. 1838).
Il en résulte qu'une telle convention n'était susceptible de per-
fection qu'après l'accomplissement de l'événement d'où dépendait son existence même; que le créancier ne pouvait rien exiger, ni être tenus de rien recevoir jusque-là; qu'il y avait seulement espoir d'obligation, mais non encore obligation faite
(Pothier, *Obligation*, n° 218; Toullier, t. VI, n° 473, 526,
537). De là cette conséquence que ces sortes d'obligations ne
confèrent au créancier que les moyens de conserver le droit
qu'il espère avoir un jour (Pothier, *Obligation*, n° 222; Toullier, t. VI, n° 528), et qu'elles ne sont, d'ailleurs, susceptibles d'aucune exécution, tant que la condition est pendante.
Si l'on applique ces principes à l'espèce, on doit conclure que
les payements anticipés faits par M. de Gasquet ne peuvent être
opposés aux créanciers saisissants, puisque ces payements
avaient été faits lorsqu'il n'existait encore entre les parties ni
chose vendue ni prix de vente, mais seulement une espérance
dont la réalisation dépendait d'un événement futur et incertain.
— Vainement l'arrêt attaqué a-t-il invoqué l'art. 1179 du Code
civil, d'après lequel la condition accomplie a un effet rétroactif
au jour auquel l'engagement a été contracté. L'effet de cette ré-
troactivité donne bien droit au créancier *in spe* de faire tous les
actes conservatoires qu'il peut croire utiles, mais il n'autorise
pas l'exécution provisoire du contrat que les art. 1181 et 1258
ne permettent qu'après l'événement; il laisse la chose objet du
traité aux risques du débiteur; il ne permet au créancier ni d'en
percevoir les fruits (L. 8, Dig. *De per. et com. rei vend.*), ni d'en
exiger le principal (L. 16 Dig. *De cond. ind.*). — L'arrêt s'est
encore fondé sur ce qu'en suspendant le payement du prix, les
actes qui stipulaient ainsi cette stipulation n'avaient fait qu'accorder au sieur de Gasquet un terme pour le payement, et à laquelle il pouvait renoncer, d'après la maxime *damnum non facit
qui jure suo utitur*. Mais l'arrêt a fait ici confusion entre le terme
et la condition. — Concluons que ces payements ne pouvaient
être d'aucune valeur à l'égard des créanciers du vendeur, puisqu'ils constituaient une exécution anticipée de la vente, non
moins contraire à la loi du 28 avril 1816 qu'au droit commun.

ARRÊT.

COUR DE CASSATION. — 8 NOVEMBRE 1842.

LA COUR, — Attendu que si la convention intervenue entre de Gasquet
et Bernard sur la transmission de l'office de notaire à Marseille, dont Ber-

nard était titulaire, était conditionnelle dans son origine et soumise, dans son exécution, à l'agrément du roi, cette convention est devenue définitive par l'approbation postérieure du chef du gouvernement; que, d'après les principes du droit, l'effet de l'accomplissement de la condition a dû rétroagir à la date même du traité du 8 janvier 1841, et par conséquent valider des payements faits antérieurement à l'ordonnance de nomination et aux saisies-arrêts des demandeurs en cassation; — Rejette.

Auteurs. — Pour : *Gazette des tribunaux*, n° du 26 avril 1843; Roll. de Vill., *Jurisprud. du not.*, art. 5710; A. Dalloz, *Suppl.*, v° *Office*, n° 112-3°

Jurisprudence. — Contre : tribunal de Marseille, 12 août 1840; tribunal de la Seine, 5 avril 1843; Angers, 12 août 1840.

A annoter au mot **Office**, n°s 9 et 42.

ART. 52.

CONCILIATION.

DISPENSE. — NOTAIRE. — FRAIS ET HONORAIRES.

Les notaires étant considérés comme des officiers ministériels dans le sens de l'art. 9 du second décret du 16 février 1807, les demandes en payement des frais et honoraires qui leur sont dus sont dispensées du préliminaire de la conciliation.

JUGEMENT.

TRIBUNAL DE LIBOURNE. — 17 JANVIER 1843.

LE TRIBUNAL, — Attendu que les articles 49, § 5, du Code de procédure, et 9 du 2e décret du 16 février 1807, dispensent du préliminaire de la conciliation des demandes des avoués et autres officiers ministériels, en payement de frais, contre les parties pour lesquelles ils ont occupé ou instrumenté;

Attendu que, si l'on consulte l'esprit et l'économie du second décret de 1807, on demeure convaincu que ses auteurs ont nécessairement entendu comprendre les notaires dans la dénomination générique d'*officiers ministériels*;

Qu'il existe, en effet, entre ce décret et celui qui concerne le tarif des frais et dépens, une corrélation évidente; que tous les deux sont du même jour, et que le second, à raison même des dispositions qu'il contient, n'est que la suite et le complément du premier;

Attendu que le premier décret du 16 février 1807 est divisé en deux livres : l'un relatif aux justices de paix, l'autre réglant la taxe des frais dans les tribunaux inférieurs et dans les Cours ; qu'après s'être occupé, dans ce dernier livre, des huissiers et des avoués, le décret s'occupe, au chapitre 7, des notaires ;

Que, régis ainsi, pour la taxe de leurs actes, par une loi commune, ils restent tous nécessairement assujettis au mode de procédure déterminé pour l'exécution de cette loi, et participent dès lors, d'une manière égale et distincte, au bénéfice consacré par l'article 9 du deuxième décret de 1807 ;

Que les prescriptions de la partie du tarif afférente aux notaires suffiraient, d'ailleurs, pour éloigner la pensée qu'on a entendu les exclure de la classe des officiers ministériels ; qu'ils demeurent soumis, en effet, à l'autorité et au contrôle légal des magistrats, non-seulement pour les actes prévus par le Code, mais encore pour tous les autres actes volontaires, ainsi que s'en explique l'article 173 ;

Que la Cour de cassation va même jusqu'à déclarer aujourd'hui que cette disposition du décret doit être réputée d'ordre public, à ce point que les règlements amiables intervenus entre les notaires et leurs clients ne font point obstacle à la taxe du président du tribunal, dans les cas même où les parties auraient exécuté la convention en payant les honoraires fixés (arrêt du 1er décembre 1841) :

Attendu, du reste, que le caractère d'officiers ministériels a plusieurs fois été reconnu aux notaires, d'une manière plus expresse encore, par la doctrine et la jurisprudence ; que, notamment, Carré, dans la dernière édition *Lois de la procédure,* n° 2, sur l'article 60, pense que le privilége de plaider devant leurs juges, pour les frais à eux dus, n'est pas restreint aux avoués seuls, et doit être étendu aux notaires, en faveur desquels existent de semblables raisons de décider ; que ce point a également été consacré de la manière la plus formelle par un arrêt de la Cour d'Orléans, sous la date du 15 mars 1832 ;

Attendu que la qualité d'officiers ministériels ressort en outre, pour les notaires, de quelques-unes de leurs attributions ; qu'ils sont notamment chargés des protêts, concurremment avec les huissiers (art. 173, Code de commerce) ; qu'ils procèdent aux ventes et aux adjudications dans les lieux où il n'y a pas de commissaires-priseurs (loi du 27 vent. an XI), et que, suivant une jurisprudence aujourd'hui constante, ils ont capacité pour faire les offres réelles dont l'article 1258 du Code civil détermine les formes et les conditions ;

Attendu qu'au point de vue disciplinaire, les notaires sont, avec les avoués et les huissiers, placés sous la surveillance du ministère public ;

Attendu que la Cour de Bordeaux, dans une affaire personnelle à Me Malescot lui-même, a, par un arrêt du 4 août 1841, implicitement reconnu le principe que le tribunal consacre aujourd'hui, en faisant application à ce notaire des dispositions de l'article 102 du décret du 30 mars 1808, article qui n'est relatif qu'aux officiers ministériels ;

Qu'il suit de tout ce qui précède, que Malescot a été fondé à assigner Vacher-Lestage devant le tribunal sans recourir au préliminaire de la conciliation ; que, dès lors, l'exception proposée par le défendeur ne saurait être accueillie ;

Par ces motifs, etc.

Auteurs. — Conforme à l'*Encyclop. des huissiers,* au mot *Honoraires,* n° 17. — Pour : Carré et Chauveau sur Carré, *quest.* 276 à la note; Pigeau, *Comment.* t. I, 172; Thomine, t. I, p. 152; Boncenne, II, p. 253; Boitard, I, 236.

Jurisprudence. — Pour : Toulouse, 7 août 1819; Orléans, 15 mars 1832; Cass. 7 mai 1828. — Contre : Poitiers, 7 décembre 1730.

A annoter au mot **Honoraires**, n° 17.

ART. 53.

QUESTIONS PROPOSÉES [1].

EXPLOIT.

REMISE DE LA COPIE. — REFUS DE LA RECEVOIR.

L'huissier qui signifie un exploit doit-il remettre la copie aux mains de la personne à laquelle il parle?

En cas de refus de la part de cette personne, peut-il déposer la copie sur un meuble?

Ou bien doit-il se transporter chez le maire, y déposer la copie et faire viser l'original?

L'article 68 du Code de procédure dispose : « Tous exploits seront *faits* à personne ou domicile; mais si l'huissier ne trouve ni la partie, ni aucun de ses parents ou serviteurs, il remettra de suite la copie à un voisin qui visera l'original. »
Le but principal de cet article est qu'une personne ne puisse ignorer l'exploit qui lui est adressé par son adversaire, afin qu'elle soit en mesure ou de répondre en connaissance de cause à la demande formée contre elle, ou de refuser ce qui lui est proposé. Ainsi dès qu'il est certain qu'une partie a su ou qu'elle a pu légalement savoir qu'un exploit lui avait été signifié, elle n'a point à se plaindre, surtout lorsque l'huissier a fait tout ce qu'il était possible de faire pour qu'elle connaisse la demande dirigée contre elle.
L'article 68 exige que l'exploit soit *fait* au domicile, c'est-à-

---

[1] Par M. Giraut, huissier à Semur en Brionnais (Saône-et-Loire).

dire *remis* au domicile du défendeur, soit à ce dernier, soit à l'un de ses parents ou serviteurs. Or, qu'est-ce que remettre un exploit? n'est-ce pas l'action par laquelle l'huissier s'en dessaisit pour le faire passer en *la possession*, si ce n'est aux mains, de la personne à laquelle il parle? Si cette personne accepte l'exploit, il ne peut s'élever aucune difficulté, mais si elle le refuse, que doit faire l'huissier?

Selon nous il a la faculté — ou de laisser l'exploit à portée de la personne à laquelle il parle, c'est-à-dire sur un des meubles de la chambre où il se trouve, — ou constater le refus et se transporter chez le maire pour y déposer la copie et faire viser l'original.

Premièrement. — Il peut, disons-nous, laisser l'exploit en possession de la partie, malgré son refus de le recevoir. En effet, d'une part l'huissier qui exerce un ministère rigoureux ne peut être astreint à obtenir le consentement de la personne contre laquelle il instrumente, pour la réception de son exploit, ce à quoi on l'obligerait indirectement si l'on admettait que la partie pût refuser l'exploit et apporter un obstacle à l'accomplissement de la mission de l'huissier; d'une seconde part, l'art. 68 en ne supposant pas qu'il puisse y avoir refus, puisqu'il n'a obligé l'huissier à se transporter chez le maire que dans le cas où il ne trouverait au domicile ni la partie, ni aucun de ses parents ou serviteurs, a formellement dispensé l'huissier d'interroger la partie sur son intention de recevoir ou refuser la copie, et l'a ainsi autorisé à se conduire en cas de refus comme en cas d'acceptation. Cela nous paraît d'autant plus vrai que si l'on poursuit la lecture de l'article 68 on voit que le législateur a prévu le refus du voisin et a indiqué les formalités à suivre en pareil cas; d'où l'on doit conclure que n'ayant point pris la même précaution vis-à-vis du défendeur, ni par conséquent prescrit aucune forme destinée à suppléer au refus de ce dernier, considéré, dès lors, comme ne pouvant légalement se produire, il n'y en a aucune à remplir.

Ainsi l'huissier, après avoir rempli le *parlant à* et offert de remettre la copie aux mains de la personne à laquelle il parle, peut, en cas de refus, déposer et laisser cette copie sur un meuble de la chambre où il se trouve, sans qu'il soit nécessaire de faire mention du refus de recevoir en mains propres; il suffit que l'exploit contienne l'énonciation que la copie a été laissée au domicile de la partie et à la personne à qui l'huissier a parlé.

Toutefois ce que nous venons de dire doit recevoir une exception dans le cas où l'huissier qui se présente au domicile de la partie pour y remettre une copie, en est expulsé violemment avec fermeture de portes. Alors ne pouvant laisser sa copie en la possession du défendeur, il doit constater l'impossibilité où il se trouve et se transporter chez le maire pour y déposer sa copie et faire viser son original.

Il devrait encore y avoir exception lorsque la partie à laquelle on doit signifier un exploit est trouvée hors de son domicile et d'un domicile quelconque, c'est-à-dire sur un chemin, une rue ou une place publique et qu'elle refuse de recevoir la copie. Nous ne croyons pas que dans ce cas l'huissier doive la lui jeter aux pieds, et bien qu'après tout la partie ne pourrait se plaindre et faire retomber sur l'huissier les suites de son propre refus, nous pensons qu'il serait plus prudent, et surtout plus digne, de reprendre la copie et de signifier l'exploit à domicile.

Dans les deux hypothèses que nous venons de signaler, la copie n'a pu être mise en la possession du défendeur, et suivant nous il faut qu'elle y ait été (ou en celle de l'un de ses parents ou domestiques) ne fût-ce qu'une seconde; il faut qu'il ait pu en disposer, qu'il ait été mis à portée de connaître la demande et qu'il ne puisse imputer qu'à lui le fait qui l'empêche de savoir quel exploit on lui a signifié et ce qu'il contenait.

Deuxièmement. — L'huissier peut également, en cas de refus, le constater et remettre la copie au maire. On ne voit pas, en effet, de quoi pourrait se plaindre le défendeur. La copie lui a été offerte et il l'a formellement refusée; elle a été portée chez le maire, où il a pu la faire prendre. Ainsi d'une part la partie a été personnellement instruite qu'une demande était formée contre elle, et d'autre part elle a eu les moyens de s'assurer de quelle nature était cette demande et sur quoi elle était basée; le but de l'article 68 a donc été atteint. D'ailleurs si la partie a pu éprouver un préjudice quelconque, elle ne peut l'imputer qu'à son refus, l'huissier y est totalement étranger.

Que peut-on d'ailleurs reprocher à l'huissier? qu'il eût dû laisser la copie à la partie malgré son refus? mais on doit remarquer qu'en permettant à l'huissier d'agir ainsi, le législateur lui a accordé une faculté, celle de mépriser la volonté de la partie, et que dès lors il a pu y renoncer, soit pour éviter des injures, soit même dans l'intérêt de sa propre dignité. Il n'est pas possible de se faire une arme contre l'huissier de ce que dans un but louable, celui de calmer l'irritation qui s'empare d'une personne à laquelle on signifie un exploit, il ait renoncé à un droit, alors surtout qu'il n'en pouvait résulter aucun inconvénient. Ne serait-ce pas une chose étrange que de voir une partie demander la nullité d'un exploit en se fondant sur ce que l'huissier a pris dans son intérêt, à elle, plus de précautions qu'il ne devait en prendre?

Au surplus la question a été présentée à la Cour de cassation dans les termes suivants. Un commandement avait été signifié avec déclaration par l'huissier que vu l'absence du débiteur et

le *refus des personnes de son domicile et de ses voisins de recevoir
la copie, il l'a remise au sieur Dupont, adjoint à Bonneuil.* Cet
acte fut argué de nullité parce que l'huissier ayant pu et dû
laisser la copie aux domestiques du demandeur qu'il avait
trouvés dans le domicile, avait cependant remis cette copie à
l'adjoint du maire; que l'exploit prouvait évidemment que
l'huissier avait trouvé au domicile du sieur Jouenne des personnes de sa maison auxquelles il avait parlé; que nonobstant
le refus de celles-ci de recevoir la copie il devait la leur laisser,
et que ce n'était pas le cas de la remettre à un voisin ou au
maire ou à son adjoint, ce que la loi ne prescrit que lorsque
l'huissier ne trouve au domicile ni la partie ni aucun de ses parents ou serviteurs; mais la Cour, — par arrêt du 24 janvier
1816, considérant qu'il a été reconnu que la copie du commandement a été remise au sieur Dupont, adjoint, vu l'absence du
sieur Jouenne et le refus des personnes de son domicile et de ses
voisins de recevoir la copie apportée à son domicile où l'huissier
s'est transporté, — a rejeté la nullité proposée.

La même question s'est encore présentée devant la Cour de
Bourges, qui l'a résolue dans notre sens par l'arrêt ci-après du
16 décembre 1828 : — Considérant qu'aux termes de l'art. 68 du
Code de procédure, si l'huissier ne trouve au domicile ni la
partie ni ses parents ou serviteurs, il doit remettre la copie à un
voisin; et si ce voisin ne peut ou ne veut signer, l'huissier doit
remettre cette copie au maire, lequel visera l'original ; mention
sera faite du tout tant sur l'original que sur la copie. Dans l'espèce l'appel avait été signifié au domicile ancien de la dame de
Saint-Haon, et toujours indiqué dans les actes de la procédure;
le portier alléguant que la dame de Saint-Haon n'y demeure plus
et n'ayant pas voulu recevoir la copie, l'huissier ne pouvait pas
la remettre au voisin, puisqu'il avait trouvé dans le portier le
serviteur de toutes les personnes de l'hôtel; il ne pouvait pas
non plus afficher à la porte de l'auditoire, ni donner une seconde copie au procureur du roi, puisque la dame de Saint-
Haon avait un domicile indiqué. L'huissier a bien fait tout ce
qu'il a pu, tout ce qu'il devait, pour que la copie parvînt à la
dame de Saint-Haon.

De tout ce qui précède il résulte que l'exploit est valable soit
que l'huissier l'ait laissé au domicile de la partie malgré son refus, soit qu'ayant égard au refus, il l'ait remis au maire avec
visa de l'original.

A annoter au mot Exploit, n°s 161 et 180.

———

ART. 54.

QUESTIONS PROPOSEES [1].

TAXE DES EXPLOITS.

TRANSPORT-VOYAGE. — DISTANCES. — CALCUL. — TAXE INSUFFISANTE. — OPPOSITION.

La distance sur laquelle doit être calculé le droit de transport accordé à l'huissier par l'art. 66 du tarif, doit-elle être mesurée en ligne droite, à vol d'oiseau, ou en suivant les sinuosités du chemin parcouru?

Doit-elle être calculée du domicile de l'huissier — à l'endroit où il remet la copie de son exploit, — ou au clocher de la commune, — ou au centre réel de cette commune?

Le droit de transport est-il le même de cinq à dix kilomètres, de dix à quinze, de quinze à vingt, ainsi de suite?

En cas de taxe insuffisante, comment l'huissier doit-il se pourvoir?

L'art. 66 du tarif, en allouant aux huissiers une indemnité à raison du chemin qu'ils sont obligés de parcourir pour la signification des exploits, ne s'est point expliqué sur la manière de calculer la distance parcourue, et par conséquent n'a point résolu explicitement les deux premières questions posées en tête de cet article.

A ne consulter que le texte de cet article 66, et même en invoquant son esprit, qui est de récompenser l'huissier du temps qu'il perd et de la peine qu'il éprouve en parcourant une distance quelconque pour signifier un acte, on déciderait que cette distance devrait être calculée du domicile de l'huissier à l'endroit précis où il dépose la copie, en tenant compte des sinuosités du chemin. En agissant ainsi, on appliquerait le tarif de la manière la plus exacte, puisqu'on tiendrait compte à l'huissier du trajet réel par lui effectué, sans y rien ajouter ni retrancher.

---

[1] Par un de nos abonnés du département de la Creuse.

Mais est-il possible d'exécuter l'art. 66 de cette manière ? est-il possible d'imposer au juge taxateur l'obligation de connaître la distance qui sépare, non-seulement toutes les communes d'un arrondissement entre elles et la résidence de l'huissier qui instrumente, mais encore tous les hameaux, fermes et maisons isolées ? Nous ne le pensons pas. La loi, au surplus, ne peut être exécutée que dans les limites du possible. Or, ici, ce qu'il est possible de faire, c'est de calculer la distance réelle, effective, en suivant le chemin le plus usuel d'une commune à l'autre, c'est-à-dire de clocher à clocher, sans avoir égard aux hameaux qui en dépendent.

C'est au surplus ce qui est en usage dans tous les tribunaux civils de France, où l'on suit les tableaux officiels dressés pour la taxe des exploits en matière criminelle, en exécution de l'article 93 du décret du 18 juin 1811, bien que ces tableaux n'aient aucune force obligatoire en matière civile, et qu'ils contiennent des erreurs et des inexactitudes faciles à rectifier, et rectifiées en effet par les juges taxateurs sur les renseignements qui leur sont fournis par les huissiers, et certifiés par les maires. C'est, du reste, le seul document reconnu qu'on puisse consulter dans l'espèce.

Il fallait nécessairement prendre une base uniforme, et celle de clocher à clocher est la plus naturelle qui se soit présentée, la plus facile à saisir, et d'ailleurs la plus juste, puisque, si dans certains cas, l'huissier dépasse ce point, il arrive aussi aussi que sa course se termine avant de l'avoir atteint. Il en résulte que par la seule force des choses, il s'opère une juste compensation qui rétablit l'équilibre et balance les chances de perte et de gain.

La base de clocher à clocher est infiniment préférable à celle du centre des communes, par la raison que ce centre n'étant pas déterminé, sa fixation par l'huissier ou le juge taxateur donnerait lieu à des difficultés sans nombre, et desquelles il serait impossible de sortir d'une manière équitable la plupart du temps ; car aux frais de qui le point central serait il fixé ? ce ne serait certes pas aux frais du juge. Quant à l'huissier il préférerait cent fois abandonner son droit plutôt que de s'exposer aux chances d'une opération de cette nature.

La prétention de calculer la distance de clocher à clocher *à vol d'oiseau*, c'est-à-dire, en mesurant le trajet avec un compas sur une carte du pays, et en se servant de l'échelle de proportion de cette carte, nous paraît aussi ridicule qu'insoutenable. Elle est en effet en contradiction avec l'esprit du décret de 1807, l'équité et le bon sens, qui ne peuvent permettre d'une part qu'on ne tienne pas compte de la distance parcourue, et d'autre part, qu'on puisse supposer qu'un huissier aille à travers champs de sa résidence à l'endroit où il a affaire. En outre, peu de cartes sont exactes, et on peut facilement se tromper dans le calcul d'augmentation fait sur l'échelle de proportion.

Mais cette manière de procéder est-elle adoptée quelque part? Oui, puisque l'abonné qui nous consulte nous apprend que le président du tribunal dont il relève, a chez lui *une vieille* carte du pays, sur laquelle il mesure la distance d'un clocher à un autre et n'alloue de transport qu'en raison de cette distance, sans tenir compte des détours du chemin parcouru; il en résulte que toujours il prive l'huissier, soit d'un droit de transport légitimement dû, soit d'une partie de ce droit. On ne se figure pas le nombre d'injustices de cette nature qui sont commises au préjudice des huissiers qui n'osent élever la voix dans la crainte de soulever contre eux des inimitiés dangereuses; qu'on nous les signale, et nous les flétrirons comme elles le méritent; ce sera l'exercice d'un droit pour les huissiers qui en souffrent, en même temps que pour nous l'accomplissement d'un devoir.

Nous devons reconnaître que tant qu'un règlement n'aura pas déterminé de quelle manière les distances seront calculées, les juges taxateurs exerceront une sorte de pouvoir discrétionnaire sous le contrôle du tribunal, juge en dernier ressort des difficultés qui pourraient s'élever à cet égard; — règlement qui serait d'une grande importance pour les huissiers, et que nous demanderons au garde des sceaux, en indiquant les moyens de le réaliser.

La troisième question de notre article est résolue par l'art. 66 du tarif, qui n'établit aucune différence pour le droit de transport, relativement aux distances intermédiaires existant de cinq à dix kilomètres. Ainsi, le transport est le même pour cinq passés, pour six, pour sept, pour huit, pour neuf kilomètres que pour dix inclusivement; au delà de dix kilomètres il est le même jusqu'à quinze, et ainsi de suite.

Répondant à notre dernière question, nous dirons à notre abonné qu'il ne nous paraît pas possible de saisir le tribunal de la question d'insuffisance de taxe, autrement qu'en assignant la partie débitrice des frais; l'huissier ne pourrait pas, par exemple, comme notre abonné le suppose, présenter une requête au tribunal afin de faire rectifier la taxe, en l'absence de la partie. Au surplus, une taxe obtenue de cette manière ne serait point irrévocable, puisque la partie pourrait toujours y former opposition et la faire diminuer.

Voici, ce nous semble, ce qu'il convient de faire en pareille circonstance : — Si les frais n'ont pas été taxés par le juge avant la demande en payement, on forme cette demande suivant la taxe faite par l'huissier; la contestation engagée, la taxe du juge intervient; si elle est insuffisante, on s'y oppose incidemment, et le tribunal, saisi de la question du payement, vide l'incident basé sur l'insuffisance de taxe. — Si, au contraire, les frais ont été taxés par le juge avant la demande, on notifie la taxe à la partie débitrice, avec opposition et assignation pour voir dire qu'elle sera élevée à un chiffre plus considérable, en déduisant les motifs de l'augmentation réclamée. — Si enfin, la partie a payé, qu'ensuite elle fasse taxe, que la taxer soit insuffisante et que cette partie réclame l'excédant payé, on élèvera la question de taxe incidemment à la demande en répétition.

A annoter au mot **Transport-Voyage**, n°s 10, 11 et 18.

ART. 55.

PATENTE.

HUISSIER. — EXPLOIT. — ÉNONCIATION. — AMENDE. — PEINE DISCIPLINAIRE.

Un huissier est-il tenu d'énoncer, sous peine d'amende, sa patente personnelle dans les actes de son ministère?

L'infraction à l'art. 1er de l'ordonnance du 23 décembre 1814, ne peut-elle qu'entraîner, tout au plus, une peine disciplinaire, une ordonnance ne pouvant ni créer une peine, ni emprunter à une loi relative à un objet autre que celui sur lequel elle statue, les peines prononcées par cette loi?

JUGEMENT.

TRIBUNAL DE CHARLEVILLE. — 28 JANVIER 1843.

LE TRIBUNAL, — Attendu que Cochard n'était pas traduit et ne pouvait être traduit devant le tribunal pour avoir exercé sans patente les fonctions de son ministère; que le seul fait qui lui est reproché est de ne pas avoir mentionné sa patente dans trois actes par lui signifiés sous la date du 19 décembre 1842; que dès lors la seule question à examiner est celle de savoir si un huissier est tenu, sous les peines édictées par l'art. 37 de la loi du 1er brumaire an VII, d'énoncer sa patente personnelle dans les actes de son ministère;

Attendu que l'art. 18 de la loi du 6 fructidor an IV portait que nul ne pourrait former demande, fournir une exception pour tout ce qui pouvait être relatif à son commerce, sa profession ou son industrie, sans justifier de sa patente, dont mention sera faite en tête des actes, à peine de nullité; — Qu'outre la peine de nullité établie par la disposition qui précède, l'article 26 de la loi du 7 brumaire an VI est venu prononcer une amende égale au droit de la patente qui aurait dû être prise contre les notaires, gréffiers ou autres officiers publics qui dresseraient ou signifieraient des actes et jugements en contravention à l'article précité de la loi du 6 fructidor an IV ;

Attendu que les prescriptions établies par les deux dispositions qui viennent d'être rappelées n'étaient nullement applicables à la patente personnelle des officiers publics, ainsi que l'a jugé la Cour de cassation, le 7 nivôse an VII ;

Attendu que l'art. 37 de la loi du 1er brumaire an VII n'a fait que restituer, avec une modification uniquement relative à la pénalité, le texte des articles 18 de la loi du 6 fructidor an IV et 26 de la loi du 7 brumaire an VI ; — Qu'il résulte dès lors de ce rapprochement la conséquence nécessaire que la loi du 1er brumaire an VII est aussi étrangère à la patente des officiers publics que l'était la législation antérieure (Merlin, v° *Patente*, § 2, n° 4) ;

Attendu néanmoins que la Cour de cassation a décidé (notamment par arrêt du 21 thermidor an IX) qu'un huissier était obligé, sous peine de l'amende prononcée par la loi du 1er brumaire an VII, de mentionner sa propre patente dans un acte de son ministère ; mais qu'il convient de remarquer, ainsi que le fait observer Merlin (*loc. cit.*), que cette jurisprudence était commandée par la loi du 7 nivôse an VII, dont l'art. 2 imposait aux huissiers l'obligation d'énoncer dans leurs exploits leurs patentes, conformément à la loi du 6 fructidor an IV ;

Attendu que la loi du 7 nivôse an VII ne renfermait que des dispositions provisoires, qu'elle a été virtuellement abrogée par l'art. 1041 du Code judiciaire, et que dès lors les effets qu'elle pouvait produire n'ont pu survivre à l'époque où elle a cessé d'être en vigueur (Merlin, *loc. cit.*) ;

Attendu que l'art. 61 du Code de procédure précité, qui indique toutes les énonciations que doivent contenir les exploits des huissiers, ne parle pas de la patente de ces officiers ministériels ; que dès lors on ne rencontre plus, à la date de la promulgation de ce Code, et d'après ce qui a été établi plus haut, aucune disposition législative qui prescrirait aux huissiers d'énoncer leur patente dans les actes de leur ministère ; d'où suit que l'omission de cette mention ne pouvait les exposer à aucune pénalité ;

Attendu que cette lacune a été reconnue par le gouvernement lui-même, puisqu'une ordonnance royale du 23 décembre 1814 est venue prescrire aux huissiers l'obligation de mentionner leurs patentes dans leurs exploits ou autres actes (art. 1er) ;

Attendu qu'en admettant que la pénalité prescrite par l'art. 2 de cette ordonnance dût se référer aux dispositions de l'article précédent, toujours est-il qu'aucune peine étrangère au pouvoir disciplinaire ne pourrait être la conséquence d'une infraction aux prescriptions de cette ordonnance royale ; car une ordonnance ne peut, par sa sanction, ni créer des peines, ni, ce qui reviendrait au même, emprunter à une loi relative à un autre objet les peines prononcées par cette loi ; — Qu'ainsi donc, s'il est vrai, ainsi qu'il a été établi ci-dessus, que le fait reproché à Cochard n'est puni par aucune loi relative à la matière, il ne peut encourir les peines édictées par la loi du 1er brumaire an VII, pour contravention à l'ordonnance précitée ;

Attendu enfin que ni cette ordonnance, ni les lois ci-dessus visées, ne font aucune espèce de distinction entre les différents actes du ministère des huissiers ; que dès lors il en résulte que si ces officiers publics devaient mentionner leurs patentes dans leurs actes, ils devraient remplir cette obligation dans les actes d'avoué à avoué aussi bien que dans les exploits signifiés aux parties, ce qui serait contraire à la pratique de tous les siéges ;

Renvoie Cochard des poursuites dirigées contre lui par le ministère public, sans dépens.

Auteurs. — Pour : Chauveau, *Journal des Huissiers*, t. XIV,

p. 322. — Contre : *Encyclopédie des huissiers*, aux mots *Exploit*, n° 74, et *Patente*, n° 15 ; Bioche et Gouget, *Dict. procéd.*, v° *Ajourn.*, n° 77.

Jurisprudence. — Pour : Cass., 7 niv. an VII ; Décision du ministre des finances, 22 novembre 1807. — Contre : Cass., 21 thermidor an IX.

OBSERVATIONS.

Les huissiers, en n'énonçant pas dans les exploits qu'ils rédigent leur patente personnelle, ne sont pas tenus de payer une amende, mais ils encourent une peine disciplinaire.

Telle est la question résolue par le jugement que nous venons de rapporter, et résolue : 1° contre l'usage général et sans aucune exception, pratiqué par tous les huissiers ; 2° contre l'interprétation donnée, sans réclamation jusqu'à ce jour, à l'ordonnance du 23 décembre 1814 ; 3° contre trois arrêts de la Cour de cassation des 2 novembre 1807, 28 mars 1808 et 2 janvier 1834, qui ont décidé que le défaut d'énonciation de la patente de l'huissier entraînait non la nullité de l'exploit, *mais seulement une amende ;* 4° enfin contre l'opinion que nous avons nous-même adoptée au mot *Patente*, n° 15.

Le tribunal de Charleville a-t-il sainement interprété et justement appliqué les dispositions législatives en vigueur sur la mention de la patente des huissiers ? Nous ne le pensons pas.

La loi du 2 mars 1791, portant abolition des maîtrises et jurandes et établissement des patentes, dispose art. 22 :

« Aucun particulier assujetti à prendre une patente ne pourra former de demande en justice pour raison de son négoce, profession, art ou métier, ni faire valoir aucun acte qui s'y rapporte, par forme ou par moyen d'exception ou défense, ou enfin par aucun acte, traité ou transaction en forme authentique qui y soit relatif, s'il ne produit sa patente en original ou en expédition ; et il en sera fait mention en tête de l'acte ou exploit. Tout huissier et notaire qui contreviendra à cette disposition sera condamné à 50 livres d'amende pour chaque contravention, et en cas de récidive à 500 livres. »

Cette loi qui ne soumit à la patente que les personnes qui voudraient exercer un commerce quelconque, n'établit aucune catégorie et basa le prix de la patente sur la valeur locative des bâtiments servant à l'exploitation du commerce. Les officiers ministériels ne furent point imposés, et dès lors la prohibition qu'elle contient de ne faire aucun acte sans énonciation de la patente, leur est totalement étrangère ; néanmoins cette loi démontre que dès l'origine les patentés ne pouvaient faire aucun acte sans y énoncer leur patente; cette mesure fut répétée dans toutes les lois de la matière publiées postérieurement.

Bientôt fut promulguée la loi du 6 fructidor an IV, qui établit l'impôt sur les métiers et professions désignés au tableau y annexé, lequel comprend les *notaires*, mais non les *huissiers*. Cette loi porte, art. 18 :

« Nul ne pourra former de demande, fournir aucune exception ou défense en justice, passer aucun acte, pour tout ce qui peut être relatif à son commerce, sa profession ou son industrie, sans justifier de sa patente dont mention sera faite en tête des actes à peine de nullité. »

Il est évident pour nous que cette disposition où on lit : *Nul ne pourra passer aucun acte relatif à sa profession*, était applicable aux notaires comme à toutes les autres personnes patentées, et que ces fonctionnaires étaient tenus d'énoncer leur patente dans les actes qu'ils recevaient à peine de nullité. Mais il ne pouvait en être de même en ce qui concerne les huissiers, et c'est à tort que le tribunal a invoqué comme moyen d'explication, cet article 18 de la loi du 6 fructidor an IV, puisque alors les huissiers n'étaient point soumis à la patente.

La loi du 9 frimaire an V, additionnelle à celle du 6 fructidor an IV, considérant que quelques professions avaient été omises, déclara d'urgence qu'il était pressant de les rétablir et ordonna que les *huissiers* feraient partie de la cinquième classe des patentables. Du reste, cette loi n'imposa point spécialement aux huissiers l'obligation d'énoncer leur patente; mais ils durent être astreints à cette formalité par application de la disposition pénale de la loi de l'an IV, à laquelle celle du 9 frimaire an V était pour ainsi incorporée.

La loi du 7 brumaire an VI, après avoir déclaré exécutoire les lois des 6 fructidor an IV et 9 frimaire an V, ajouta par son article 26 :

« Outre la peine de nullité prononcée par l'article 18 de la loi du 6 fructidor an IV, les notaires, greffiers, huissiers ou autres officiers publics qui dresseront ou signifieront des actes et jugements en contravention audit article, seront condamnés à une amende égale au droit de la patente qui aurait dû être prise. »

Il nous semble que les dispositions pénales des lois de l'an IV et de l'an VI sus-énoncées étaient générales et devaient être appliquées indistinctement à tous les patentés; ces dispositions, en effet, n'avaient d'autre but que d'obliger les individus soumis à la patente, à l'exécution immédiate de la loi. Or comment supposer que le législateur ait créé une exception en faveur des officiers ministériels, et qu'il leur ait permis de ne pas énoncer leur patente, alors surtout que rien dans le texte n'indique une telle faveur et que la loi de l'an VI aggrave la peine déjà trop sévère prononcée en termes généraux par celle de l'an IV.

Aussi ne pouvons-nous nous expliquer, si ce n'est par le désir de tempérer la rigueur d'une loi déjà abrogée depuis deux mois par celle du 1er brumaire an VII, comment la Cour de cassation a pu, par son arrêt du 7 nivôse an VII, déclarer, non pas, comme le dit le tribunal de Charleville, que les officiers publics n'étaient pas tenus d'énoncer leur patente personnelle, mais qu'un exploit du 15 frimaire an VI (5 décembre 1797), dans lequel un huissier avait omis de dire qu'il était pourvu de patente, n'était pas nul. Du reste, la Cour de cassation elle-même a reconnu, par les deux arrêts des 3 novembre 1807 et 28 mars 1808, que la loi du 6 fructidor an IV avait été applicable aux huissiers, et, depuis son abrogation, remplacée par celle du 1er brumaire an VII.

Il résulte de ce qui précède qu'antérieurement à la loi du 1er brumaire an VII, les huissiers étaient obligés d'énoncer leur patente à peine de nullité; au surplus l'énonciation de la patente était d'usage général, et ce qui le prouve c'est un jugement du tribunal de commerce de Poitiers du 6 nivôse an VI, qui annulle un protêt dans lequel l'huissier avait omis de déclarer qu'il était patenté.

La loi du 1er brumaire an VII (22 octobre 1798), abrogative des lois des 6 fructidor an IV, 9 frimaire an V et 7 brumaire an VI, porte, art. 37 :

« Nul ne pourra former de demande ni fournir aucune exception ou défense en justice, ni faire aucun acte ou signification par acte extra-judiciaire pour tout ce qui serait relatif à son commerce, sa profession ou son industrie, sans qu'il soit fait mention en tête des actes de la patente prise, avec désignation de la classe, de la date, du numéro et de la commune où elle aura été délivrée, à peine d'une amende de 500 fr. (réduite à 50 fr. par la loi du 10 juin 1824) tant contre les particuliers sujets à la patente que contre les fonctionnaires publics qui auraient fait ou reçu lesdits actes sans mention de la patente. »

Cette disposition, qui reproduit, sauf la peine de nullité, les art. 18 de la loi du 6 fructidor an IV et 26 de celle du 7 brumaire an VI, a eu en vue le même but que ces lois, c'est à dire l'exécution de la loi; dès lors on doit décider, et telle est d'ailleurs notre opinion, que cet article 37 est applicable à tous les patentables désignés au tableau annexé à la loi du 1er brumaire an VII, sans aucune distinction puisée dans la qualité des patentés. Comment supposer que le législateur qui a poussé la prévision à ce point qu'il a interdit aux marchands non-seulement de faire des actes sans énonciation de patentes, mais même d'exposer des marchandises en vente sans pouvoir se dispenser d'exhiber la patente à toute réquisition, ait permis aux huissiers de faire des exploits sans énoncer la leur? Comment voir une exception en faveur de qui que ce soit dans une disposition conçue en termes aussi généraux que ceux de l'article 37 de la loi du 1er brumaire an 7, qui, par le mot *nul*, exprime très-clairement que l'obligation qu'il impose et la peine qu'il prononce sont applicables à toutes les personnes sur lesquelles pèse l'impôt de la patente?

Si nous avions besoin d'une interprétation de cette disposition, nous la trouverions dans l'article 2 de la loi du 7 nivôse an VII, ainsi conçu : « Les huissiers ci-dessus mentionnés ne sont tenus provisoirement et jusqu'à l'organisation générale, qu'à énoncer dans leurs actes le lieu de leur résidence, le tribunal du département dans l'étendue duquel ils exercent leurs fonctions et *leurs patentes, conformément à la loi du 6 fructidor an IV.* » Il est évident qu'en renvoyant à cette loi, le 7 nivôse an VII (27 décembre 1798), c'est-à-dire plus de deux mois après l'abrogation formelle de la loi du 6 fructidor an IV, prononcée par l'article 1er de celle du 1er brumaire an VII (22 octobre 1799), il y a eu erreur, et que c'est à cette dernière loi qu'on a entendu exiger que les huissiers se conformassent pour l'énonciation de leur patente. Mais qu'importe l'erreur? il n'en reste pas moins établi que sous l'empire de l'art. 18 de la loi du 6 fructidor an IV, reproduit par notre article 37 de la loi du 1er brumaire an VII, ou au plus tard dès l'instant de la promulgation de cette loi, les huissiers étaient tenus d'énoncer leur patente à peine de nullité et d'amende ou simplement d'amende.

Le 21 thermidor an IX, par conséquent sous l'empire de la loi de brumaire an VII et de celle du 7 nivôse suivant, la Cour de cassation a été saisie de la question dans cette circonstance: Un huissier avait signifié une citation dans laquelle il n'avait point énoncé sa patente. Assigné à raison de ce fait, il fut acquitté, mais par suite du pourvoi formé par le ministère public, la Cour de cassation, considérant que l'art. 37 de la loi du 1er brumaire an VII n'établissait aucune exception, a condamné l'huissier à l'amende de 500 fr. — C'est à tort que le tribunal de Charleville énonce dans son jugement, en citant cet arrêt du 21 thermidor an IX, que cette jurisprudence était commandée par la loi du 7 nivôse an VII, car non-seulement l'arrêt ne s'appuie point sur cette loi, mais elle n'a pas même été invoquée dans la cause par le ministère public.

Depuis cet arrêt la Cour de cassation a été appelée à se prononcer deux fois avant l'ordonnance du 23 décembre 1814 dont nous allons parler, non pas, il est vrai, sur la question de savoir si la patente de l'huissier devait être énoncée dans un exploit à peine d'amende, mais s'il devait en être fait mention à peine de nullité, et deux fois la Cour a déclaré que la nullité prononcée par l'art. 18 de la loi du 6 fructidor an IV *avait été remplacée par une amende dans l'art. 37 de la loi du 1er brumaire an* VII. En décidant ainsi, la Cour admettait donc que cet article 37 était applicable à la patente personnelle de l'huissier, de même que l'était la loi du 6 fructidor an IV, et par là revenait sur la jurisprudence de son arrêt du 7 nivôse an VII.

Voici dans quelles affaires ces deux arrêts sont intervenus :

1er *arrêt.* — Du 3 novembre 1807. On demandait la nullité d'une signification dans laquelle l'huissier avait omis d'énoncer sa patente. La Cour, considérant que la peine de nullité proposée par l'article 18 de la loi du 6 fructidor an IV a été remplacée par une amende dans l'art. 37 de la loi du 1er brumaire an VII, et que l'art. 2 de la loi du 7 nivôse an VII avait été abrogé par l'art. 1041 du Code de procédure civile, a validé l'exploit.

2e *arrêt.* — Du 28 mars 1808. La nullité de l'exploit avait été prononcée par application de la loi du 6 fructidor an IV; mais la Cour de cassation, après avoir copié textuellement dans son arrêt l'art. 37 de la loi du 1er brumaire an VII, et attendu que, par cette loi, la nullité prononcée par l'art. 6 de la loi du 6 fructidor an IV contre les actes d'huissier dans lesquels la mention de la patente de ce dernier serait omise, a été convertie en une amende pécuniaire seulement, a cassé le jugement qui avait admis la nullité.

Il est donc certain, et nous devons le constater ici, qu'avant l'ordonnance de 1814, l'art. 37 de la loi du 1er brumaire an VII était interprété en ce sens par la jurisprudence de la Cour de cassation, qu'il obligeait les huissiers à énoncer leur patente personnelle à peine d'amende, et cela malgré les différentes tentatives faites non pour faire décharger les huissiers de l'énonciation de la patente, on n'y avait jamais prétendu, mais dans le but de faire prononcer la nullité des exploits ne contenant pas cette énonciation, par application des lois des 6 fructidor an IV et 7 nivôse an VII, tentatives couronnées de succès devant plusieurs tribunaux.

Le gouvernement voulant faire cesser toute incertitude sur la disposition légale concernant l'énonciation des patentes, prescrivit, par ordonnance du 23 décembre 1814 dont suit la teneur, l'exécution de l'article 37 de la loi du 1er brumaire an VII, en en expliquant le véritable sens conformément à la jurisprudence, au texte et à l'esprit de la loi. — Art. 1er. Les huissiers feront mention de leur patente dans les exploits et autres actes de leur ministère. — Art. 2. Les notaires, greffiers, avoués et huissiers sont également tenus de faire mention de la patente des particuliers qui y sont soumis, dans tous leurs actes et exploits ; le tout sous peine de l'amende de 500 fr. prononcée par l'article 37 de la loi du 1er brumaire an VII. — Déclarer, comme l'a fait le tribunal de Charleville, que cette ordonnance a comblé une lacune et qu'ainsi elle est la seule disposition qui oblige les huissiers à énoncer leur patente, c'est évidemment tomber dans l'erreur, car lors de la promulgation de cette ordonnance il n'y avait point de lacune à remplir, puisque la loi de l'an VII était généralement appliquée ; il y avait au contraire à faire disparaître cette tendance des esprits à faire revivre la nullité prononcée par les lois du 6 fructidor an IV et 7 nivôse an VII. Tel a été le but de l'ordonnance qui n'en avait et ne pouvait en avoir d'autre.

Le 2 janvier 1834 on demandait à la Cour de cassation de prononcer la nullité d'un exploit en matière criminelle, par la raison qu'il ne contenait pas l'énonciation de la patente de l'huissier ; mais la Cour a rejeté cette demande en se fondant sur la loi du 1er brumaire an VII, qui ne prononçait qu'une amende, et sur l'ordonnance du 23 décembre 1814. Donc la Cour de cassation reconnaissait encore une fois que cet art. 37 de la loi du 1er brumaire an VII était applicable à la patente personnelle des huissiers, et considérait l'ordonnance de 1814 comme purement explicative et non comme introductive d'une disposition nouvelle.

En résumé, selon nous, les huissiers sont tenus d'énoncer leur patente personnelle à peine de 50 francs d'amende, tandis que selon le tribunal de Charleville, ils ne sont astreints à cette énonciation que par l'application d'une peine disciplinaire.

A annoter au mot **Patente**, n° 15.

ART. 56.

EXPLOIT.

CITATION. — MATIÈRE CRIMINELLE — REMISE A PERSONNE OU DOMICILE. — DOMICILE.

En matière correctionnelle, la citation doit, comme en matière civile, être donnée à personne ou domicile, à peine de nullité.

Ainsi, signifiée à un domicile où l'assigné a un établissement de commerce, où même il paye une cote mobilière, au lieu d'avoir été remise à son domicile réel, c'est-à-dire à celui où il habite avec sa famille et où il est imposé à la contribution personnelle, la citation est nulle comme n'ayant pas été donnée au véritable domicile.

FAITS.

Le sieur Galibert, prévenu d'une contravention aux droits d'octroi de Bordeaux, fut assigné à comparaître devant le tribunal correctionnel. La citation fut donnée *parlant à une servante, rue des Menuts, n° 46*, à Bordeaux, où Galibert possède un établissement de commerce et paye une cote mobilière.

Le prévenu ayant opposé que son domicile réel était au lieu où il résidait avec sa famille et où il payait sa cote personnelle, c'est-à-dire chemin du Sablonat, n° 112, la Cour royale de Bordeaux, par arrêt du 18 août 1841, annula la citation par les motifs que le domicile réel de Galibert est distinct du siége de ses opérations de commerce; qu'il importe peu qu'il ait à la rue des Menuts, n° 46, un établissement commercial ou industriel, et qu'il y paye une cote mobilière; que c'est, d'ailleurs, à ce domicile réel que la régie a fait notifier le procès-verbal de la contravention.

Pourvoi de la régie. — Le prévenu, dit-on à l'appui du pourvoi, avait deux domiciles à chacun desquels il pouvait être valablement assigné, ainsi que le décide la loi 5 *ff, ad municipalem*. — On convient qu'il eût été plus régulier de donner la citation au domicile réel; mais cette irrégularité n'est pas une cause de nullité, alors que l'individu cité est présumé avoir eu connaissance de la citation. L'art. 182 du Code d'instruction criminelle ne trace, en effet, ni la forme ni le mode des notifications en matière de police correctionnelle. Or, dans l'espèce, l'assignation a été remise au fils du prévenu (c'est à tort que l'arrêt attaqué porte parlant à une servante), dans son établissement industriel : n'est-il pas, dès lors, présumé l'avoir reçue? — On cite un arrêt de cassation du 21 septembre 1835, qui aurait consacré ces principes.

ARRÊT.

COUR DE CASSATION. — 21 MAI 1842.

LA COUR, — Sur l'unique moyen de cassation tiré de la fausse application de l'art. 182 du Code d'instruction criminelle et de la violation de l'art. 102 du Code civil : — Attendu que nul ne peut être jugé sans avoir été appelé ou entendu : que, pour être régulière, la citation doit être donnée à personne ou domicile, et qu'il n'a point été dérogé à cette règle de droit commun par l'article 182 du Code d'instruction criminelle ; — Attendu qu'aux termes de l'article 13 du titre 2 de la loi des finances du 21 avril 1832, la taxe personnelle n'est due que dans la commune du domicile réel ;

Attendu que l'arrêt attaqué a constaté, en fait, que l'assignation donnée à Paul Galibert, à Bordeaux, rue des Menuts, n. 46, pour comparaître devant le tribunal correctionnel, n'a point touché sa personne ; que, depuis 1839, il est imposé à Bordeaux, pour la contribution personnelle, chemin du Sablonnat, n. 112 ; que c'est là qu'il habite avec sa famille ; que c'est aussi à ce domicile que l'administration des contributions indirectes lui a fait notifier le procès-verbal constatant la contravention pour laquelle il a été poursuivi, et qu'en se fondant sur ce motif pour annuler la citation donnée à Paul Galibert, ledit arrêt n'a violé aucune loi ; — Rejette.

Auteurs. — Conforme à l'*Encyclopédie des huissiers*, aux mots *Citation*, n° 84, et *Exploit*, n° 266.

Jurisprudence. — Pour : cassation, 10 septembre 1831.

A annoter aux mots **Citation**, n° 84, et **Exploit**, n° 266.

ART. 57.

EXPLOIT.

COPIE UNIQUE. — ÉPOUX AYANT UN INTÉRÊT COMMUN. — PARLANT A.

Est valable un exploit dont la copie unique est signifiée à deux époux ayant un intérêt commun, en parlant à leurs personnes, sans désignation de l'époux à qui la copie a été remise, lorsque tous deux ont été trouvés dans leur domicile.

FAITS.

La Cour royale de Dijon avait résolu la question en sens contraire par arrêt du 10 février 1835, ainsi conçu :

« Considérant qu'aux termes de l'article 456 du Code de procédure, l'acte d'appel devant contenir assignation n'est valable qu'autant qu'il renferme toutes les mentions exigées à peine de nullité par l'article 61 du même Code pour la validité de l'exploit d'ajournement ; que le § 2 de cet article veut qu'il soit fait mention de la personne à laquelle copie de l'exploit sera laissée ;

» Considérant que de l'acte d'appel du 16 avril 1834 il résulte que l'huissier, après avoir déclaré qu'il s'est transporté au domicile des mariés Seurre, leur a donné assignation *parlant à leurs personnes*, et qu'à la fin de l'acte il énonce qu'il leur a donné copie *parlant comme dessus;* que bien qu'une seule copie eût dû être donnée aux deux époux puisque leur intérêt était commun, néanmoins l'huissier n'a pas fait connaître auquel des deux époux la copie a été laissée; qu'ainsi il n'a pas rempli le vœu de la loi; d'où il suit que l'acte d'appel est entaché d'une nullité radicale.

» La Cour déclare l'appel nul et renvoie les mariés Seurre de l'assignation. »

Pourvoi et arrêt du 21 décembre 1840, qui casse en ces termes :

« Attendu qu'il résulte de l'arrêt attaqué que les époux Seurre avaient un intérêt commun dans la contestation jugée par les deux jugements du tribunal de Charolles dont M. Aufilatre s'est porté appelant;

» Qu'il n'y avait, dès lors, lieu qu'à la délivrance d'une seule copie de l'exploit d'appel qui pouvait être laissée indistinctement au mari ou à la femme;

» Que l'huissier, trouvant les deux époux dans leur domicile, a pu les considérer comme ne faisant, pour l'assignation qu'il leur donnait, qu'une seule et même personne;

» Qu'ainsi, en déclarant qu'il avait donné assignation aux époux Seurre, *en parlant à leurs personnes*, et qu'il avait délivré copie *en parlant comme dessus*, l'huissier s'est conformé aux prescriptions du n° 3 de l'article 61 du Code de procédure, relatives à la mention de la personne à laquelle la copie d'un exploit a été remise;

» Qu'en jugeant le contraire la Cour royale de Dijon a faussement appliqué l'article 61 du Code de procédure civile, qu'elle a admis une nullité non prononcée par la loi, et qu'elle a ainsi expressément violé l'article 1030 du même Code. »

Par suite du renvoi contenu en cet arrêt, la question fut soumise à la Cour de Lyon, qui la décida ainsi qu'il suit :

ARRÊT.

COUR ROYALE DE LYON. — 23 FÉVRIER 1842.

LA COUR, — En ce qui touche la fin de non-recevoir élevée contre l'appel : — Considérant qu'il n'y avait lieu qu'à la délivrance d'une seule copie de l'exploit d'appel, puisque les époux Seurre avaient un intérêt commun; que l'huissier, trouvant les deux époux dans leur domicile, a pu les considérer comme ne faisant pour la signification qu'il leur donnait qu'une seule et même personne ; — Déclare l'appel recevable.

Auteurs. — Pour : *Encyclop. des huissiers*, au mot *Exploit*, n° 105 ; Chauveau sur Carré, *L. procéd. civ.*, art. 68, *quest.* 362 *bis*.

Jurisprudence. — Pour : Cassation, 14 décembre 1815, qui valide l'exploit remis aux domestiques de la partie assignée. — 15 janvier 1833, qui déclare valable celui remis à une des servantes domestiques de l'assigné. — 29 janvier 1840, qui valide l'exploit laissé au sieur N.... et à sa femme parlant à leurs personnes. — Bruxelles, 13 mars 1828 ; Bourges, 20 août 1832. — Contre : Liége, 8 décembre 1814 ; Lyon, 13 janvier 1825 ; Bourges, 21 mars 1823 et 30 août 1828.

Il nous semble qu'on peut considérer la jurisprudence comme fixée dans le sens de l'arrêt que nous venons de transcrire, la Cour de cassation n'ayant pas varié depuis 1815.

A annoter au mot Exploit, n° 105.

ART. 58.

ENQUÊTE.

NOTIFICATION DES NOMS DES TÉMOINS. — DÉLAI. — NULLITÉ.

Il doit y avoir, à peine de nullité, entre la notification à la partie des noms, professions et demeures des témoins, et l'audition de ces témoins, un délai de trois jours ; la seconde partie de l'article 261 du Code de procédure supposant que cette notification et l'assignation prescrite par la première partie du même article, doivent avoir lieu par le même exploit.

La nullité ne serait pas couverte par le retard apporté postérieurement à l'audition des témoins.

ARRÊT.

COUR ROYALE DE MONTPELLIER. — 8 DÉCEMBRE 1841.

LA COUR , — Attendu que l'article 261 du Code de proc. a eu essentiellement pour objet d'assurer à la partie les moyens de connaître d'avance les motifs de reproche ou d'incapacité qu'elle pourrait proposer contre les té-moins ;

Que, dans ce but, il a exigé que les noms, professions et demeures des témoins à produire contre elle lui fussent notifiés, et qu'une assignation pour être présente à l'enquête lui fût donnée trois jours au moins avant leur audition ;

Que ce délai de trois jours est évidemment commun aux deux actes ; que, d'après les termes comme d'après l'esprit de la loi, ce délai doit profiter à la partie aussi bien pour connaître les témoins que pour se disposer à comparaître à leur audition ;

Et attendu que le jour auquel l'assignation est donnée est celui fixé par l'ordonnance du commissaire pour l'audition des témoins :

Qu'ainsi le délai de trois jours doit être complet entre le jour de la notification des témoins et le jour fixé pour l'enquête ;

Attendu que la circonstance accidentelle que tous les témoins ne seraient pas entendus au jour fixé ne pourrait avoir pour effet de rendre la notification valable si elle avait été faite à un délai moindre ;

Qu'admettre un pareil système, ce serait faire dépendre la nullité de l'enquête de la volonté du commissaire, qui pourrait entendre tous les témoins assignés le premier jour ou retarder leur audition ;

Qu'il faut donc reconnaître pour la notification des noms des témoins, comme pour l'assignation de la partie, qu'il y a nécessité du délai de trois jours avant celui fixé pour l'audition des témoins ;

Attendu que ces formalités sont prescrites à peine de nullité ;

Et attendu, en fait, que la signification de la liste de six témoins faite le 16 août ne l'a pas été dans le délai légal ;

Par ces motifs, démet de l'appel quant à ce, ordonne de plus que la déposition des témoins dont s'agit ne sera point lue.

Auteurs. — Conforme à l'*Encyclopédie des huissiers*, au mot *Enquête*, n° 54. — Pour : Pigeau, *Comment.* t. I, p. 512 ; Fav. de Langlade, II, p. 360 ; Dalloz, VI, p. 866 ; Thom. Desm., I, p. 454 ; Boitard, II, p. 201 ; Boncenne, IV, p. 287 ; Chauveau sur Carré, *quest.* 1023.

Jurisprudence. — Pour : Cass. 12 juillet 1819 ; Turin, 25 juin 1810. — Contre : Cass. 16 février 1815 ; Metz, 22 avril et 28 août 1813 ; Poitiers, 28 novembre 1822 et 7 mars 1823.

ART. 59.

SAISIE-ARRÊT.

SAISISSANT. — TIERS-SAISI. — PAYEMENT. — QUITTANCE SOUS SEING-PRIVÉ.

Le tiers-saisi peut opposer au saisissant les payements faits sans fraude au saisi avant toute opposition, encore que ces payements ne

*soient constatés que par des quittances sous seing privé non enre-
gistrées.*

ARRÊT.

COUR DE CASSATION. — 8 NOVEMBRE 1842.

LA COUR, — Attendu que les demandeurs en cassation n'ayant fait autre chose, par leurs oppositions et saisies-arrêts, qu'exercer les droits du sieur de Gasquet, leur débiteur, ils se trouvaient nécessairement soumis aux charges et obligations de ce débiteur, et ne pouvaient réclamer que ce qu'il aurait pu réclamer lui-même ; que, dès lors, ils étaient tenus de reconnaître la validité des payements faits entre les mains du vendeur Bernard avant toute opposition régulière et sans fraude, ainsi que l'a reconnu l'arrêt attaqué ; — Rejette.

Auteurs. — Pour : Favard, t. I, p. 98 ; Dalloz, II, p. 641, n° 7 ; Boitard, III, p. 364 ; Thom. Desmaz. II, p. 79 ; Roger, *Saisie-arrêt,* p. 345 ; Chardon, *Dol et fraude,* II, n° 257 ; Chauveau sur Carré, *L. procéd. civ. quest.* 1967.

Jurisprudence. — Pour : Brux., 18 janv. 1816 ; Orléans, 18 décembre 1816 ; Bourges, 3 février 1836 ; Cass. 14 nov. 1836.

A annoter aux mots Saisie-Arrêt, n° 111 ; — Créancier, n° 7.

ART. 60.

QUESTIONS PROPOSÉES [1].

PREMIÈRE QUESTION.

EXÉCUTION.

SIGNIFICATION DU TITRE A L'HÉRITIER DU DÉBITEUR.—FRAIS.

Les frais de la signification prescrite par l'article 877 du Code

[1] Par M. Goguet, huissier à Niort.

civil doivent-ils être supportés par le créancier ou par l'héritier du débiteur?

L'article 877 est ainsi conçu : « Les titres. exécutoires contre le défunt sont pareillement exécutoires contre l'héritier personnellement ; et néanmoins les créanciers ne pourront en poursuivre l'exécution que huit jours après la signification de ces titres à la personne ou au domicile de l'héritier. »

Autrefois la plupart des coutumes interdisaient aux créanciers d'une succession, porteurs de titres authentiques contre le défunt, toutes poursuites personnelles contre les héritiers, avant que ces titres n'aient été rendu exécutoires par un jugement de déclaration d'héritier ; c'était là un grave inconvénient, et qui retardait, au préjudice du créancier et sans grand bénéfice pour l'héritier, l'exécution d'un titre contre lequel en définitive on ne pouvait rien opposer de sérieux ; il en résultait nécessairement des chicanes n'ayant d'autre but que de procurer des délais à un débiteur souvent de mauvaise foi, et de lui faciliter les moyens de faire disparaître le gage de son créancier.

Le Code, en remédiant à cet abus par son article 877, a dû néanmoins prendre certaines précautions afin que l'héritier, qui est présumé ignorer les engagements souscrits par son auteur, ne puisse être contraint par la saisie-exécution après un simple commandement et un jour de délai. A cet effet il a prescrit la signification du titre à la personne ou au domicile de l'héritier, et interdit l'exécution avant l'expiration d'un délai de huit jours francs. De cette manière l'héritier est tenu de prendre connaissance du titre, de décider s'il doit ou non l'exécuter, et de réunir ses fonds ou ses moyens de défense.

La mesure prescrite par l'art. 877 du Code a pour cause un fait absolument indépendant de la volonté du créancier, un fait émané directement du débiteur, le décès de celui-ci ; de plus elle est exigée dans l'intérêt exclusif de l'héritier de ce dernier ; elle est en outre une condition imposée par la loi au créancier qui veut exécuter son titre, et les frais auxquels elle peut donner lieu doivent, de même que tous les frais faits pour parvenir au recouvrement de la créance, être considérés comme accessoires de cette créance, et par conséquent colloqués au même rang qu'elle sur les biens du débiteur, et supportés exclusivement par ce dernier.

Il ne faut pas confondre la signification exigée par l'art. 877 du Code avec la signification des qualités du créancier envers lequel le débiteur n'est pas directement obligé, et qui ne peut poursuivre qu'après avoir fait connaître à ce dernier le titre qui lui transmet la créance. Dans ce cas, l'obligation de signifier procédant d'un fait étranger au débiteur, les frais qui résultent de cette formalité restent à la charge du créancier. Ainsi les frais de signification d'un transport, d'un testament, d'un intitulé d'inventaire doivent être supportés par celui auquel ces actes attribuent la créance.

SECONDE QUESTION.

PRIVILÉGE.

FRAIS D'OPPOSITION A SAISIE. — CRÉANCE PRIVILÉGIÉE. — COLLOCATION.

Les frais de l'opposition prévue par l'art. 609 du Code de procédure civile doivent-ils être colloqués au même rang que la créance privilégiée pour laquelle cette opposition a été formée?

L'article 609 du Code de procédure, placé au *titre de la saisie-exécution*, permet aux créanciers du saisi, pour quelque cause que ce soit, de former opposition sur le prix de la vente. — opposition, qui ne peut avoir lieu que par le ministère d'un huissier, et qui par conséquent occasionne certains frais au créancier; elle est même indispensable pour être appelé à la distribution des deniers de la vente, car le poursuivant n'est tenu d'appeler à cette opération que les créanciers opposants. (Code pr. civ., 659.)

Il est évident que les frais de l'opposition tombent à la charge du débiteur, et qu'il serait contraint de les payer s'il était solvable. Mais lorsque le peu de mobilier qu'il possédait a été vendu, et que sur son prix de nombreux créanciers se présentent porteurs de titres s'élevant à des sommes bien supérieures, dans quel ordre les frais devront-ils être colloqués?

Dans une distribution par contribution, trois sortes de frais sont ordinairement en présence : les frais de vente, depuis et y compris le commandement; les frais de distribution ; enfin, les frais faits par chacun des créanciers dans leur intérêt exclusif.

Les frais de vente, ou autrement les frais de justice, sont colloqués au premier rang (Cod. civ., 2101); les frais de contribution, connus sous le nom de *frais de poursuites*, ne sont admis qu'après les loyers des propriétaires (Cod. pr. civ., 662). Quant aux frais faits dans l'intérêt particulier de chaque créancier, aucune disposition de loi ne décide dans quel ordre ils doivent arriver sur le prix des meubles saisis et vendus.

Toute créance comprend d'abord le principal; elle peut se composer en outre des intérêts que ce principal produit, et des frais faits soit pour le conserver, soit pour le recouvrer. — Or, sous l'ancienne jurisprudence, comme sous la nouvelle, les intérêts et les frais d'une créance chirographaire ont toujours été regardés comme l'accessoire de cette créance ; dès lors on doit les considérer comme incorporés au principal, leur faire subir le même sort, et par conséquent les colloquer dans une distribution par contribution au même rang. Ainsi, si ce principal est privilégié, les frais doivent l'être également.

Notre opinion au surplus est conforme à la pratique et à ce qu'enseigne Pigeau (*Procédure civile*, t. II, 191). On ne colloque, dit cet auteur, de frais par privilége que ceux faits pour l'intérêt commun, soit ordinaire, soit extraordinaire. Quant à ceux faits par les créanciers pour leur intérêt particulier, soit avant la distribution pour poursuivre leur payement, soit lors de cette distribution pour produire, prendre communication, contredire et réclamer contre la distribution, le créancier est colloqué comme de son dû par privilége s'il est privilégié, ou par contribution s'il ne l'est pas.

On procède de la même manière en matière hypothécaire. La raison, dit Troplong (*des Hypothèques*, t. III, p. 176, n° 702), enseigne que les dépens doivent être considérés comme l'accessoire du principal. Sans eux le créancier aurait peut-être été obligé de faire le sacrifice de ses droits. Ils doivent donc être colloqués au même rang que le capital. — Conforme : Persil, *Rég. hypoth.*, art. 2155, n° 1 ; Grenier, *des Hypoth.*, t. I, p. 197 et 198.

TROISIÈME QUESTION.

EXÉCUTION.

SAISIE-EXÉCUTION.— OBJETS MOBILIERS DÉPOSÉS AU DOMICILE
D'UN TIERS.

Résulte-t-il des dispositions de l'article 602 du Code de procédure civile, qu'un créancier puisse faire saisir-exécuter, dans le domicile d'un tiers, les effets mobiliers appartenant à son débiteur ?

En cas d'affirmative, l'huissier auquel le tiers refuse l'ouverture de son domicile peut-il exiger cette ouverture en se conformant à l'art. 587 du même Code ?

Bien que l'article 602 du Code de procédure suppose que la saisie puisse être faite hors du domicile et en l'absence du saisi, on ne peut en conclure qu'il ait permis, même implicitement, de saisir exécuter les effets mobiliers appartenant au débiteur, mais se trouvant en la possession d'un tiers. Notre question ne peut donc trouver sa solution dans l'art. 602 ; l'application des principes généraux en matière de saisie-exécution peut seule la trancher.

Or, il est de principe qu'on ne peut saisir-exécuter : 1° que les meubles qui se trouvent au domicile du débiteur ; 2° et que ceux qui lui appartiennent et qui sont trouvés hors de son domicile, mais qui ne sont pas en la possession d'un tiers. Si les meubles et effets mobiliers étaient en la possession d'un tiers, on devrait procéder non par voie de saisie-exécution, mais par voie de saisie-arrêt. — V. notre *Encyclopédie des Huissiers*, aux mots *Saisie-arrêt*, n°s 28 et 29 ; et *Saisie-exécution*, n°s 14 et 15.

Ainsi on peut saisir-exécuter la voiture et les chevaux de son débiteur qu'on rencontre sur une route, des bois abattus et des matériaux qui sont sa propriété et se trouvent au milieu des champs ou sur une place publique, mais on devrait saisir-arrêter des meubles, des marchandises étant au domicile et en la possession d'un tiers.

Nous disons *au domicile et en la possession d'un tiers*, car un objet mobilier peut être au domicile d'une personne et ne pas être en sa possession. Par exemple, une voiture chargée de marchandises et conduite par un voyageur dans un hôtel n'est pas en la possession de l'hôtelier, bien qu'elle soit à son domicile, le voyageur ne s'en désaisissant pas et conservant sur la voiture et les marchandises l'autorité immédiate et la disposition absolue du maître. Dans ce cas on devrait saisir-exécuter, car la saisie-arrêt entre les mains de l'aubergiste ne produirait aucun effet, puisqu'il ne pourrait retenir ce qu'il ne *possède* pas dans l'acception légale du mot.

Mais si l'aubergiste refuse d'ouvrir les portes de son domicile, que devra faire l'huissier ? Nous croyons qu'il ne peut pas immédiatement, sans autorisation, s'étayer de l'article 587 pour faire ouvrir la porte, même en se conformant aux formalités prescrites ; cet article, évidemment, ne doit recevoir d'application que dans le cas où la saisie a lieu au domicile du créancier, et non lorsqu'elle doit être effectuée au domicile d'un tiers. Néanmoins, qui veut la fin veut les moyens. Les meubles d'un débiteur sont le gage de ses créanciers, et il faut que ce gage puisse être saisi, n'importe où il se trouve. Ce que l'huissier doit faire en pareil cas, c'est : 1° d'établir gardien aux portes pour empêcher la sortie des meubles ; 2° de se pourvoir en référé devant le président du tribunal civil, et de se faire autoriser à ouvrir les portes en se conformant à l'art. 587 du Code de procédure. De cette manière la responsabilité de l'huissier sera mise à couvert et il aura conservé le gage de son client.

A annoter aux mots **Exécution**, n° 21 ; **Privilége**, n° 124 et suiv. ; **Saisie-Exécution**, n° 14.

ART. 61.

QUESTION PROPOSÉE [1].

EXÉCUTION.

JUGEMENT SUSCEPTIBLE D'APPEL. — EXÉCUTION PENDANT LES DÉLAIS D'APPEL.

Peut-on poursuivre l'exécution d'un jugement rendu en premier ressort et non exécutoire par provision, pendant les délais d'appel ?

Tout jugement, de quelque juridiction qu'il émane, qu'il soit ou non exécutoire par provision, qu'il soit de premier ou de dernier ressort, est authentique et fait foi des faits qu'il constate jusqu'à inscription de faux. En outre, il est considéré comme la vérité quant aux condamnations qu'il prononce, tant que cette présomption légale n'est pas détruite par l'effet d'un jugement contraire obtenu par les moyens établis par la loi. Il résulte de ces principes, qui sont incontestables et d'une application journalière, que tout jugement peut être exécuté pendant les délais d'appel et d'opposition, après toutefois l'expiration d'un certain temps qui varie à partir de la prononciation ou de la signification de la sentence, selon qu'elle est de premier ressort ou par défaut, et qu'elle a été rendue par telle ou telle juridiction.

Néanmoins il existe quelque différence entre l'exécution d'un jugement ayant acquis l'autorité de la chose jugée et celle d'un jugement de premier ressort; il y a également une différence entre l'exécution d'un jugement de premier ressort exécutoire par provision et celle d'un jugement non exécutoire par provision. Ces différences les voici :

Le jugement qui a acquis l'autorité de la chose jugée, de même que celui prononcé en dernier ressort et contradictoirement, peut être exécuté sans qu'il puisse en résulter aucun inconvénient à la charge de la partie poursuivante, et surtout sans que le débiteur puisse arrêter l'exécution par un acte quelconque. —Il n'en est pas de même du jugement rendu par dé-

---

[1] Par M. Langlois, huissier à Dourdan (Seine-et-Oise).

faut ou en premier ressort : dans ce cas, en effet, l'exécution peut-être retardée par l'opposition ou l'appel ; de plus, le jugement peut être réformé, et alors exposer le poursuivant à des dommages-intérêts, quelquefois considérables, envers la partie poursuivie. En tout cas, l'exécution ayant lieu aux risques et périls du poursuivant, l'huissier ne peut être soumis à aucune responsabilité.

Les jugements exécutoires par provision nonobstant opposition et appel doivent, quant à leur exécution, être considérés comme s'ils avaient acquis l'autorité de la chose jugée, au moins jusqu'à ce qu'un arrêt duement signifié ait fait défense d'exécuter provisoirement. Si le jugement n'est exécutoire que nonobstant opposition, l'appel suspend les effets de la sentence jusqu'à ce qu'il ait été vidé.

Quant aux jugements non exécutoires par provision, leur exécution est suspendue par l'opposition ou l'appel, selon que l'une ou l'autre de ces voies est permise. Si un jugement était exécuté après l'opposition ou l'appel, il soumettrait le poursuivant à des dommages-intérêts. L'huissier engagerait lui-même sa responsabilité s'il exécutait ayant connaissance de l'acte suspensif.

Ainsi il est bien établi que tout jugement susceptible d'opposition ou d'appel peut être exécuté jusqu'à ce qu'il y ait opposition ou appel ; il y a même certains jugements dont l'exécution est indispensable pour empêcher l'opposition de la partie condamnée. Tels sont les jugements par défaut contre partie prononcés par les tribunaux civils (C. pr. 158), et ceux par défaut prononcés par les tribunaux de commerce. (C. com. 643.)

Mais peut-on poursuivre l'exécution d'un jugement aussitôt sa prononciation ? Pour résoudre cette question plusieurs distinctions sont à faire :

1° Si le jugement est définitif, contradictoire et rendu en dernier ressort, ou bien s'il est exécutoire par provision, on peut en poursuivre l'exécution assitôt qu'il a été prononcé, n'importe de quelle juridiction il émane.

2° Si le jugement est par défaut et en dernier ressort, on doit distinguer s'il a été rendu par un tribunal de paix, — un tribunal de commerce, — ou un tribunal civil et de première instance.

Au premier cas, nous ne voyons aucune disposition qui prohibe l'exécution de la sentence aussitôt qu'elle a été rendue. Il est d'ailleurs généralement admis que les dispositions du Code de procédure sur les jugements des tribunaux de première instance ne sont point applicables aux sentences des juges de paix ; on ne pourrait donc invoquer l'article 155 du Code de procédure, et décider qu'il doit y avoir huit jours entre la signification du jugement et l'exécution. Toutefois certains auteurs appliquent l'art. 155 aux jugements des justices de paix, et c'est en nous conformant à leur opinion que nous avons commis une erreur dans notre *Encyclopédie* au mot *Jugement par défaut*, n° 61 ; erreur qu'il importe de rectifier ici.

Au second cas, le jugement peut être exécuté un jour après la signification. (C. pr. 435.)

Au troisième cas, s'il a été rendu contre partie, l'exécution ne peut en avoir lieu qu'après la huitaine franche de la signification à personne ou domicile. (C. pr. 155.) S'il a été rendu contre avoué, l'exécution en est suspendue pendant la huitaine de la signification à avoué. (C pr. 155. 157.)

3° Le jugement est en premier ressort et contradictoire. — S'il émane d'un juge de paix, il ne peut être exécuté avant les trois jours de sa prononciation. (Arg. L. 25 mai 1838, art. 13.) — S'il est rendu par un tribunal de commerce, l'exécution peut en avoir lieu immédiatement. — Enfin, s'il a été prononcé par un tribunal civil, l'exécution en est suspendue pendant la huitaine à dater de sa prononciation. (C. pr. 450.)

4° Le jugement est en premier ressort par défaut. Dans ce cas il faudra combiner ce que nous avons dit sous les numéros 2 et 3, et ne pas exécuter le jugement avant l'expiration des délais applicables aux jugements par défaut et à ceux rendus en premier ressort.

A annoter aux mots Exécution des Jugements et Actes, sect. I, § 6 ; Jugement, § 5 et 8 ; Jugement par défaut, § 5.

ART. 62.

—

A NOS ABONNÉS.

RÉPONSE A PLUSIEURS LETTRES. — QUESTIONS IMPORTANTES QUI SERONT EXAMINÉES PROCHAINEMENT.

Nous devons répondre en général aux nombreuses lettres que nous avons reçues depuis la publication de notre *Journal*.

Toutes ces lettres, sans aucune exception, nous accordent des louanges que nous voulons bien accepter, mais seulement comme un encouragement à continuer nos travaux sur l'exercice de la profession d'huissier ; du reste, quoi qu'on ait la bonté de nous dire à ce sujet, nous attribuons ces éloges plutôt à notre ardent désir d'être utile à nos anciens confrères et à notre dévouement à leurs intérêts bien entendus, qu'à notre talent, qui, peut-être, est au-dessous de la tâche que nous avons entreprise.

La publication, dans la première partie de notre *Journal*, de trois articles assez étendus, et relatifs au tarif des commissaires priseurs, à l'organisation des chambres de discipline des notaires et à l'exécution du Code de procédure en Algérie, aura pu paraître, au premier abord et sans examen, sortir de la spécialité dans laquelle nous nous renfermons ; mais si, à cet égard, des doutes s'étaient élevés, nous eussions été en mesure de les dissiper entièrement.

En effet, notre *Journal* est destiné à servir de complément à notre *Encyclopédie*, à étendre, développer, expliquer les principes contenus dans ce livre ; il doit dès lors, sous le point de vue de la législation concernant les huissiers, rendre compte des changements proposés, faire connaître en détail les discussions des chambres, indiquer les mesures adoptées et signaler leurs conséquences. C'est ce que nous avons fait, et nous eussions cru manquer à notre mission si nous avions retranché une seule page de ce que contient notre première partie. Selon nous, le propre d'un journal se rattachant à un livre n'est pas de toucher à un nombre infini de questions sans en éclairer aucune, mais d'en soulever peu et de les éclairer de manière à n'avoir plus à y revenir ; ce n'est pas de ne publier que des lois et règlements tout à fait spéciaux, mais de faire connaître tout ce qui peut se rattacher, même indirectement, à la profession d'huissier, tout ce qui peut exercer une influence décisive sur les affaires souvent délicates dont ces fonctionnaires sont journellement chargés.

Considérant, de ce point de vue pratique, les trois articles dont nous venons de parler, on ne peut se dispenser de reconnaître qu'ils sont d'une utilité incontestable. — L'article 13, relatif à la loi sur le tarif des commissaires-priseurs, a porté à la connaissance des huissiers une discussion engagée sur la taxe de la partie de leurs actes la plus lucrative, les ventes de meubles et les prisées ; et les observations dont il est accompagné démontrent dans quelle position les huissiers se trouvent aujourd'hui par suite de l'adoption de cette loi (*Voyez* art. 18), et à quel taux leurs prétentions devront s'élever lorsqu'il s'agira de fixer leurs honoraires pour les ventes et prisées d'objets mobiliers. — L'article 16, contenant l'ordonnance relative au notariat, fait de chaque chambre de discipline une sorte de tribunal chargé de prévenir ou concilier *les plaintes et réclamations des tiers contre les notaires, et de donner son avis sur les dommages-intérêts réclamés;* elle prévoit le cas où un notaire peut être assigné à la requête du syndic de la chambre ou d'un tiers, et trace les formalités des assignations ainsi que celle de la signification des délibérations. Il nous était donc impossible de laisser ignorer des dispositions aussi importantes, et c'eût été avec raison qu'on nous eût blâmé de les avoir omises. — Enfin l'article 17, c'est-à-dire l'ordonnance sur l'exécution du Code de procédure en Algérie, qui ne rend ce Code applicable aux actions nées dans notre colonie que sous des restrictions considérables, met les huissiers à portée de diriger leurs clients dans les difficultés qu'ils pourront avoir avec les colons, aujourd'hui au nombre de plus de cinquante mille, et dont vingt-cinq mille au moins sont partis de tous les points de la France et entretiennent des relations commerciales avec la mère patrie.

Au surplus, nous devons envisager la profession d'huissier d'un peu plus haut qu'on ne l'a fait jusqu'à présent, et considérer les huissiers non comme des machines à exploit n'ayant besoin de connaître absolument que ce qui concerne la *forme*, mais comme des hommes d'affaires intelligents, conseils éclairés de leurs clients, et devant par conséquent se rendre compte du *fond du droit*, et pénétrer d'une manière plus intime dans ce labyrinthe qu'on appelle la législation. Telle est la pensée qui nous a dirigé dans la publication de notre *Encyclopédie*, et qui nous dirigera constamment dans celle de notre Journal; nous y serons fidèle, quoi qu'il puisse advenir, persuadé que tous les gens sensés, et le nombre en est grand parmi les huissiers, apprécieront nos efforts et nous tiendront compte de notre bonne volonté.

Les huissiers qui possèdent notre *Encyclopédie* et qui sont abonnés à notre Journal peuvent être certains qu'ils sont constamment au courant de la législation, de la doctrine et de la jurisprudence, et que rien de ce qui leur est utile n'est omis. Notre manière de procéder est telle, en effet, que toute la jurisprudence est passée en revue chaque mois; ce qui intéresse les huissiers est publié à l'instant ou doit l'être prochainement; nous nous attachons de préférence à signaler les décisions contrariant les principes admis dans l'*Encyclopédie*, ainsi que celles qui mettent au jour une jurisprudence nouvelle. En ce qui touche les annotations, nous ne reculons devant aucune recherche, quelque fastidieuse qu'elle soit, et jamais nous ne nous arrêtons que lorsque la matière est épuisée; enfin tous les auteurs et les arrêts annotés ne sont indiqués qu'après un examen scrupuleux.

Les encouragements qui nous sont prodigués, les nombreux abonnements réalisés et ceux qui nous arrivent chaque jour, attestent que nous avons parfaitement compris notre mission, et nous imposent l'obligation de redoubler d'activité et d'efforts dans la défense des intérêts des huissiers ; aussi allons-nous prendre l'engagement de soulever plusieurs de ces questions dont l'importance est considérable au point de vue de l'avenir de ces fonctionnaires.

Quelques abus, abrités par l'usage, plus fort dans certaines localités que l'esprit d'union qui devait régner entre tous les huissiers, plus fort que l'intérêt général de la corporation et même l'intérêt particulier bien entendu de chacun de ses membres, continuent à exercer leur influence délétère parmi les huissiers. Les principaux sont, dans les villes surtout, la remise par certains huissiers d'une portion de leurs honoraires à des hommes d'affaires et l'enlèvement par les avoués de copies de pièces légitimement dues aux huissiers. Nous examinerons si la législation actuelle n'est pas insuffisante pour la répression de ces abus, et quelles mesures il conviendrait adopter pour extirper ce fléau, qui s'étend sur la majeure partie des études d'huissiers.

Nous examinerons également s'il ne conviendrait pas de provoquer la révision du décret du 14 juin 1813, dont les dispositions pénales ne sont plus en harmonie avec nos mœurs et annoncent une étrange malveillance de la part du gouvernement vis-à-vis des huissiers. A lire ce décret, on sent qu'à l'époque où il fut promulgué le règne du sabre était en honneur en France. Ne pourrait-on pas dire que ce réglement n'a édifié que pour démolir, tant la suspension et la destitution y sont prodiguées à propos de fautes même légères? C'est la loi martiale appliquée aux huissiers; c'est même plus, car lorsqu'un militaire est condamné après s'être publiquement défendu, il peut encore se pourvoir, au lieu qu'un huissier n'a aucun recours efficace contre la décision non publique qui le suspend après une défense à huis-clos, ni contre l'ordonnance de *propre mouvement* qui le destitue.

Le tarif, promulgué il y a bientôt quarante ans, attirera aussi notre attention. La valeur représentative de l'argent a diminué, tandis que les cautionnements, les charges d'exploitation, les objets de consommation ont augmenté. Le tarif seul est resté stationnaire. Ne serait-il donc pas de la plus rigoureuse justice d'augmenter le salaire des huissiers?

Enfin, la manière dont est interprété l'article 17 de la loi du 25 mai 1838 par certains juges de paix nous fournira l'occasion de signaler au garde des sceaux des abus qu'il importe de réprimer, tant dans l'intérêt des huissiers que dans celui des justiciables.

Nous recevrons, dès à présent, les observations et renseignements que les huissiers, et particulièrement nos abonnés, voudront bien nous transmettre sur ces différentes matières.

Décembre 1842.

TABLE CHRONOLOGIQUE

N°s d'ordre.	DATES.	AUTORITÉS.	DÉSIGNATION.	Pages du Journal.
16	10 mars.	Cassation.	RÉBELLION. — Huissier. — Exécution. — Acte nul..........................	24
17	20 mars.	Pétition.	A la chambre des députés sur le droit de patente..........................	48
18	21 mars.	C. R. Paris.	CONTRAINTE PAR CORPS. — Étranger. — Autorisation de résidence............	118
19	7 avril.	Cassation.	CONCUSSION. — Huissier. — Surtaxe. — Amende. — Jury..................	37
20	22 avril.	Ord. cons. d'état.	COMPÉTENCE ADMINISTRATIVE. — Alignement. — Indemnité. —Travaux publics.	103
21	25 avril.			
22	23 avril.	C. R. Angers.	OFFICE. —Société. — Exploitation en commun de plusieurs offices. — Partage de bénéfices. — Bourse commune........	113
23	2 mai.	C. R. Bastia.	SIGNIFICATION. — Cession de créances. — Connaissance officieuse. — Libération..	69
24	4 mai.	C. R. Montpellier.	GRAINS EN VERT. — Vente. — Nullité. — Saisie-brandon......................	80
25	6 mai.	Cassation.	EXPLOIT. — Remise à un tiers. — Nullité. — Non culpabilité..................	35
26	7 mai.	Trib. de paix de Senlis.	COMPÉTENCE. — Honoraires. — Notaires. — Juge de paix.....................	161
27	21 mai.	Cassation.	EXPLOIT. — Citation. — Matière criminelle. —Remise à personne ou domicile — Domicile........................	184
28	23 mai.	Cassation.	EXPLOIT. — Date erronée. — Copie. —Validité..........................	17
29	26 mai.	C. R. Paris.	VENTE PUBLIQUE DE MEUBLES. — Marchandises neuves. — Vins. — Tentative de vente. — Amende. — Vente en gros.	92
30	30 mai.	Cassation.	CONCILIATION. — Omission. — Nullité. — Ordre public. — Défense au fond......	110
31	15 juin.	Cassation.	EXPLOIT. — Copie unique. — Époux mariés en communauté. — Droits immobiliers de la femme..................	7
32	9 juillet.	C. R. Colmar.	PLACARDS. —Vente judiciaire d'immeubles. — Notaire. — Avoué................	87
33	10 juil.	Cassation.	PRIVILÉGE DE SECOND ORDRE. — Cautionnement. — Opposition. — Responsabilité...............................	12
34	19 juil.	Cassation.	SAISIE-IMMOBILIÈRE. — Promesse par un tiers d'acheter les biens saisis. — Défaut de réalisation. — Dommages-intérêts..	98
35	22 juil.	C. R. Riom.	OFFICE. — Société pour l'exploitation. — Partage des bénéfices.— Maître-clerc...	54
36	12 août.	C. R. Paris.	EXPLOIT. — Libellé. —Poursuites disciplinaires. — Exception. — Notaire.......	14
37	13 août.	Cassation.	OFFICE.—Cession.—Fraude.—Escroquerie.	27
38	18 août.	C. R. Paris.	SAISIE-ARRÊT. — Fonctionnaire public. — Traiteme.—Int usaisissabilité. —Pension alimentaire. — Compétence..........	5

N°s d'ordre.	DATES.	AUTORITÉS.	DÉSIGNATION.	Pages du Journal.
39	28 août.	C. R. Dijon.	Saisie-exécution. — Meuble immobilisé. — Vendeur privilégié. — Créancier hypothécaire......................	10
40	29 août.	C. R. Paris.	Garantie. — Tribunal de commerce — Compétence......................	125
41	23 août.	Cassation.	Office. — Supplément de prix. — Contre-lettre. — Payement. — Répétition.	119
42	31 août.	Cassation.	Action possessoire. — Actes de possession par le fermier. — Condamnation de ce dernier	29
43	7 sept.	Cassation.	Délit rural. — Bestiaux. — Prescription. — Garde à vue......................	115
44	6 oct.	C. R. Paris.	Purge. — Commandement expropriatif au débiteur originaire. — Sommation de notifier. — Tiers détenteur..........	20
45	7 oct.	Cassation.	Huissier. — Commandement tendant à saisie immobilière. — Présentation au visa. — Obligation d'agir personnellement......................	72
46	8 nov.	Cassation.	Office. — Traité. — Payement avant la nomination. — Effet rétroactif. — Saisie-arrêt. — Date certaine.............	166
47	8 nov.	Cassation.	Saisie-arrêt. — Saisissant. — Tiers saisi. Délai. — Nullité...................	188
48	24 nov.	Délib. cons. gén. de la Seine.	Office. — Création. — Indemnité au profit des titulaires en exercice..........	84
49	2 déc.	C. R. Bordeaux.	Office. — Privilége. — Destitution. — Actes conservatoires................	153
50	11 déc.	C. R. Montpellier.	Exécution provisoire. — Défense à l'exécution. — Référé. — Compétence. — Appel.	116
51	23 déc.	Tribun. Lisieux.	Poids et mesures. — Acte authentique. — Fraction décimale...................	100
52	1843. 16 janv.	C. R. Paris.	Office. — Privilége du vendeur. — Faillite du titulaire......................	77
53	17 janv.	Trib. Libourne.	Conciliation. — Dispense. — Notaire. — Frais et honoraires.	168
54	28 janv.	Trib. Charleville.	Patente. — Huissier. — Exploit. — Enonciation. — Amende. — Peine disciplinaire......................	177
55	10 fév.	Cassation.	Huissier. — Citation en simple police. — Discipline. — Amende..............	163
56	14 fév.	C. R. Metz.	Office. — Contre-lettre. — Supplément de prix. — Payement. — Répétition...	119
57	1er mars.	Quest. proposées.	Exécution. — Jugement de première instance. — Délai de huitaine. — Commandement....	42
58	1er mars.	Quest. proposées.	Exécution. — Expulsion. — Locataire. — Notaire. — Minutes	44
59	8 mars.	Cassation.	Office. — Office possédé avant la loi de	

TABLE ALPHABÉTIQUE

DES

MATIÈRES CONTENUES DANS LES Iʳᵉ ET IIᵉ PARTIES

DU

JOURNAL ENCYCLOPÉDIQUE DES HUISSIERS.

V. les Tables Chronologiques à la suite de chaque partie. — Nota. Le premier chiffre indique la partie, le second la page.

A

ABONNÉS (A NOS). — Réponse à plusieurs lettres. — Questions importantes qui seront prochainement examinées. II, 197

ACTE ANCIEN. — V. *Poids et mesures*, n. 1.

ACTE AUTHENTIQUE. — V. *Poids et mesures*, n. 2.

ACTE ÉCRIT A LA SUITE D'UN AUTRE. — V. *Timbre*.

ACTE NUL. — V. *Rébellion*.

ACTES CONSERVATOIRES. — V. *Office*, n. 1.

ACTION CIVILE. — *Chose jugée.* — *Action criminelle. — Acquittement.* — Les arrêts d'acquittement rendus sur l'action publique n'ont pas l'effet de la chose jugée relativement à l'action civile. — En conséquence, ils ne font pas obstacle, en général, à ce que l'individu acquitté soit condamné devant les tribunaux civils à des dommages-intérêts, — ou, ce qui revient au même, à ce que l'indemnité qu'il réclame, et à laquelle il aurait droit s'il n'avait pas commis le fait pour lequel il a été acquitté, lui soit refusée. II, 58

ACTION CRIMINELLE. — V. *Action civile.*

ACTION POSSESSOIRE. — *Acte de possession par le fermier. — Condamnation de ce dernier.* — Le propriétaire dans l'intérêt duquel des actes de possession ont été faits par son fermier ou représentant, actes condamnés sur l'action possessoire formée par un tiers contre ce dernier, ne peut ensuite s'en prévaloir contre ce tiers, sous le prétexte qu'il n'a pas été partie au jugement. — En d'autres termes, le bailleur ne peut se prévaloir, pour établir sa possession, des actes faits par son fermier, lorsque, sur une poursuite dirigée uniquement et personnellement contre ce dernier, ces actes ont été déclarés attentatoires à la possession d'un tiers. II, 29

AFFICHES. — V. *Timbre*.

ALGÉRIE. — Ordonnance relative à l'exécution du Code de procédure en Algérie. 1, 166

ALIÉNÉS. — *Sommes dues par les aliénés. — Poursuites. — Contrainte. — Opposition. — Procédure spéciale.* — Instruction du ministre des finances du 28 juin 1842. I, 89

ALIGNEMENT. — V. *Compétence administrative.*

AMENDE. — V. *Exploit*, n. 7. — *Huissier*, n. 3. — *Patente*, n. 3. — *Vente publique de meubles.*

ANALYSE. — V. *Poids et mesures*, n. 1.

APPEL. — V. *Exécution provisoire.* — *Exploit*, n. 6.

ASSIGNATION. — V. *Enquête.*

AVOUÉ. — V. *Vente judiciaire d'immeubles.*

B

BESTIAUX. — V. *Délit rural.*

BIENS SAISIS (Promesse d'acheter les). — V. *Saisie immobilière.*

BOURSE COMMUNE. — V. *Office*, n. 8.

C

CALCUL DES DISTANCES. — V. *Taxe des exploits.*

CAUTIONNEMENT DES OFFICIERS MINISTÉRIELS. — Ordonnance royale relative au payement du capital et des intérêts des cautionnements. — Du 24 août 1841.   I, 35

— V. *Privilége de second ordre.*

CESSION DE CRÉANCES. — V. *Signification.*

CESSION D'OFFICE. — V. *Office*, n. 2, 3, 5, 10, 11, 12.

CITATION. — *Délai.* — La citation sur opposition est-elle nulle lorsqu'elle est donnée à un délai éloigné? II, 141

CITATION EN MATIÈRE CRIMINELLE. — V. *Exploit*, n. 8.

CITATION EN SIMPLE POLICE. — V. *Huissier*, n. 3.

CODE DE PROCÉDURE. — V. *Algérie.*

COMMANDEMENT. V. *Exécution*, n. 1.

COMMANDEMENT EXPROPRIATIF. — V. *Purge.*

COMMIS GREFFIER. — V. *Huissier*, n. 4.

COMMISSAIRES-PRISEURS. — 1. *Projet de loi sur le tarif des commissaires-priseurs.* — Articles 1, 2, 3 et 4 de ce projet, rendus communs aux HUISSIERS par l'article 10 introduit par la commission de la chambre des pairs et adopté par cette chambre. —

ADOPTION de cet article 10 par le gouvernement et par la commission de la chambre des députés. — Discussion et REJET de ce même article 10 par la chambre des députés — Ce REJET n'a eu lieu que pour laisser aux officiers vendeurs de meubles, autres que les commissaires-priseurs, la faculté de régler leurs honoraires à l'amiable avec les parties.   I, 106

— 2. Loi sur le tarif des commissaires-priseurs.   I, 176

COMMUNAUTÉ ENTRE ÉPOUX. — V. *Office*, n. 4 et 4 bis.

COMPÉTENCE. — *Honoraires.* — *Notaires.* — *Juge de paix.* — Les juges de paix sont-ils compétents pour statuer sur les demandes en payement d'honoraires formées par les notaires contre leurs clients, lorsqu'elles n'excèdent pas 200 francs? II, 161

— V. *Exécution provisoire, Garantie, Saisie-arrêt.*

COMPÉTENCE ADMINISTRATIVE. — *Alignement.* — *Indemnité.* — *Travaux publics.* — L'indemnité réclamée par un propriétaire pour dommages causés par l'exécution de travaux publics, à sa maison qu'il est obligé de reconstruire avec reculement parce que les règlements sur l'alignement ne lui permettent pas de la reconforter, est de la compétence administrative. — Il en est de même de la demande d'indemnité par un particulier dont la maison éprouve des dommages du reculement de la maison voisine exécuté par ordre de l'administration.   II, 103

CONCILIATION. — 1. *Omission.* — *Nullité.* — *Ordre public.* — *Défense au fond.* — La nullité résultant du défaut de préliminaire de conciliation doit être proposée *in limine litis*, bien qu'elle tienne à l'ordre public, et puisse être invoquée, même *d'office*, par les tribunaux. — Cette nullité est couverte dès que les parties ont défendu au fond.   II, 110

— 2. *Dispense.* — *Notaire. Frais et honoraires.* — Les notaires étant considérés comme des officiers ministériels dans le sens de l'article 9 du second décret du 16 février 1807, les demandes en payement des frais et honoraires qui leur sont dus sont dispensées du préliminaire de la conciliation.   II, 168

CONCUSSION. — *Huissier.* — *Surtaxe.* — *Amende.* — *Jury.* — *Questions.* — Est coupable du crime de concussion l'huissier qui exige au delà de ce qui lui est alloué par les tarifs. — L'arrêt portant condamnation à l'amende d'un fonctionnaire coupable de concussion doit, à peine de nullité, déterminer le montant des restitutions sur lesquelles doit être proportionnée l'amende. — Il suffit de poser au jury, dans une accusation de concussion, la question de savoir si l'accusé a fait des perceptions illégales, sans qu'il soit nécessaire de déterminer, dans cette question, le montant des perceptions.   II, 38

CONNAISSEMENTS. — V. *Lettres de voiture.*

CONTRAINTE A FIN DE PAYEMENT. — V. *Aliénés.*

CONTRAINTE PAR CORPS. — 1. *Patenté.* — *Tiers porteur.* — *Effet de commerce.* — La contrainte par corps peut être exercée par le tiers porteur d'un effet de commerce souscrit par un individu au profit de l'un de ses parents, au degré prévu par l'art. 19 de la loi du 17 avril 1832, la prohibition portée en cet article ne pouvant être opposée par le souscripteur qu'à son parent.   II, 67

— 2. *Étranger.* — *Autorisation de résidence.* — L'étranger admis à résider en France n'acquiert pas pour cela la faculté d'exercer contre son débiteur, étranger non autorisé à établir son domicile en France, la contrainte par corps provisoire ; ce bénéfice étant exclusivement réservé aux Français.   II, 118

CONTRE-LETTRE. — V. *Office,* n. 3, 5.

CONTRIBUTIONS DIRECTES. — V. *Huissier,* n. 1.

COPIE. — V. *Exploit,* n. 3, 4, 6, 8, 10.

COPIE UNIQUE. — V. *Exploit,* n. 1 et 9.

CRÉANCIER HYPOTHÉCAIRE. — V. *Saisie-exécution,* n. 1.

CRÉATION D'OFFICE. — V. *Office,* n. 7.

D

DATE CERTAINE. — V. *Office,* n. 2.

DATE ERRONÉE. — V. *Exploit,* n. 3.

DÉFENSE AU FOND. — V. *Conciliation.*

DÉLAI. — V. *Enquête.*

DÉLAI DE HUITAINE. — V. *Exécution,* n. 1.

DÉLIT RURAL. — *Bestiaux.* — *Prescription.* — *Garde à vue.* — Le fait d'introduire et d'attacher des bestiaux sur le terrain d'autrui constitue, non le délit rural de garde à vue, puni par l'article 26, tit. 2, L. 28 sept.-6 oct. 1791, mais la contravention prévue par l'art. 479, n. 10 du Code pénal. — En conséquence, la prescription applicable à ce fait est celle d'un an et non celle d'un mois. II, 115

DISCIPLINE. — V. *Huissier,* n. 3.

DISTANCE. — V. *Enquête.*

DOMICILE. — V. *Exploit,* n. 6 et 8.

DOMICILE ÉLU. — *Opposition.* — L'opposition à un jugement rendu par défaut en justice de paix peut-elle être signifiée au domicile élu dans la signification du jugement?   II, 142

E

EFFET DE COMMERCE. — V. *Contrainte par corps.*

EFFET RÉTROACTIF. — V. *Office,* n. 2.

ENQUÊTE. — 1. *Assignation à la partie.* — *Délai.* — *Distance.* — *Avoué en cause.* — Lorsqu'il y a avoué en cause, le délai de l'assignation à la partie prescrite par l'article 261 du Code de procédure, pour comparaître à l'enquête, ne doit être augmenté ni du délai simple à raison des distances, ni, à plus forte raison, du double délai dont parle l'article 1033 du Code de procédure.   II, 157

2. — *Notification des noms des témoins.* — *Délai.* — *Nullité.* — Il doit y avoir, à peine de nullité, entre la notification à la partie des noms, professions et demeures des témoins, et

Dès lors c'est à la date portée dans l'original qu'il faut se reporter pour savoir si l'exploit a été enregistré en temps utile. — En tout cas, les juges ne violent aucune loi en décidant, d'après les énonciations de la copie, que la date qui lui a été donnée est erronée, que la remise a réellement eu lieu à la date indiquée par l'original, et que l'enregistrement en a été opéré en temps utile.　　II, 17

— 4. *Remise à un tiers.* — *Nullité.* — *Non culpabilité.* — La remise d'un exploit à une personne autre que celle à laquelle il est destiné et dans un lieu autre que celui où il devrait être signifié, est nulle, mais ne rend pas l'huissier passible des peines prononcées par l'art. 45 du décret du 14 juin 1813, lorsque, d'ailleurs, il a énoncé dans l'exploit même la remise telle qu'elle a été faite.　　II, 35

— 6. *Appel.* — *Domicile.* — *Connaissance personnelle.* — *Nullité.* — Est nul l'exploit d'appel dont la copie est ainsi formulée : « *A la requête de... juge de paix du canton d'Aubenas,* » sans exprimer que l'appelant est domicilié audit lieu, encore que l'intimé connaisse personnellement le domicile de l'appelant, son proche parent.　　II, 130

— 7. *Coût.* — *Procès-verbal de vente mobilière.* — *Déboursés.* — *Honoraires.* — *Amende.* — L'art. 67 du Code de procédure civile est-il applicable aux procès-verbaux de vente mobilière, et l'amende qu'il prononce peut-elle être perçue sur un acte de cette nature ne contenant pas la mention des déboursés et honoraires dus à l'huissier qui y a procédé ? — En d'autres termes, les procès-verbaux de vente mobilière doivent-ils, comme les exploits, contenir la mention de leur coût, à peine de 5 francs d'amende et d'interdiction ?　　II, 132

— 8. *Citation.* — *Matière criminelle.* — *Remise à personne ou domicile.* — *Domicile.* — En matière correctionnelle, la citation doit, comme en matière civile, être donnée à personne ou domicile, à peine de nullité.　　II, 184

— 9. *Saisie-immobilière.* — *Epoux.* — *Copie unique.* — *Nullité.* — Les actes de procédure d'une saisie immobilière pratiquée sur les propres de la femme, et les jugements d'adjudication préparatoire et définitive, doivent être signifiés au mari et à la femme par copies séparées, à peine de nullité de la saisie et de toute la procédure. — Une telle nullité est opposable en tout état de cause, aucune déchéance pour inobservation des délais ordinaires dans lesquels elle doit être proposée ne pouvant avoir été encourue.　　II, 107

— 10. *Remise de la copie.* — *Refus de la recevoir.* — L'huissier qui signifie un exploit doit-il remettre la copie aux mains de la personne à laquelle il parle ? — En cas de refus de la part de cette personne, peut-il déposer la copie sur un meuble ? — Ou bien doit-il se transporter chez le maire, y déposer la copie et faire viser l'original ?　　II, 170

— 11. *Exploit.* — *Citation.* — *Remise à personne ou domicile.* — *Domicile.* — En matière correctionnelle, la citation doit, comme en matière civile, être donnée à personne ou domicile, à peine de nullité. — Ainsi, signifiée à un domicile où l'assigné a un établissement de commerce, où même il paye une cote mobilière, au lieu d'avoir été remise à son domicile réel, c'est-à-dire à celui où il habite avec sa famille, et où il est imposé à la contribution personne, la citation est nulle comme n'ayant pas été donnée au véritable domicile.　　II, 184

— 12. *Copie unique.* — *Epoux ayant un intérêt commun.* — *Parlant à.* — Est valable un exploit dont la copie unique est signifiée à deux époux ayant un intérêt commun, *en parlant à leurs personnes,* sans désignation de l'époux à qui la copie a été remise, lorsque tous deux ont été trouvés dans leur domicile.　　II, 186

F

FAILLITE. — V. *Office*, n. 6.

FONCTIONNAIRE PUBLIC. — V. *Saisie-arrêt*.

FRACTION DÉCIMALE. — V. *Poids et mesures*, n. 2.

FRAIS DE REVENDICATION. — V. *Saisie-exécution*, n. 2.

FRAIS EN MATIÈRE CRIMINELLE. — *Signification sur minute.* — *Salaire des huissiers* — Extrait de la circulaire du ministre de la justice aux procureurs-généraux. 1, 95

FRAIS ET HONORAIRES. — V. *Conciliation*.

FRAUDE. — V. *Office*, n. 10.

G

GARANTIE. — *Tribunal de commerce. — Compétence.* — Le garant qui n'est pas commerçant et qui n'a pas fait acte de commerce peut-il être appelé en garantie devant le tribunal de commerce saisi de l'action principale? — *Résolu négativement dans la première et la deuxième espèce ci-après, et affirmativement dans la troisième.*

— Ire ESPÈCE. — *Voiturier.* — *Dépositaire.* — *Restitution de marchandises.* — Le dépositaire de marchandises ne peut être appelé en garantie devant le tribunal de commerce par le voiturier actionné devant le même tribunal en restitution desdites marchandises.

— II° ESPÈCE. — *Commissionnaire de roulage.* — *Entrepreneur de routes.* — *Avaries.* — Un commissionnaire de roulage appelé devant le tribunal de commerce à raison de l'avarie occasionnée par le versement de la voiture ne peut appeler en garantie, devant le même tribunal, un entrepreneur de travaux publics à qui il impute l'accident faute d'avoir éclairé la route à l'endroit où il faisait opérer des réparations.

— III° ESPÈCE. — *Marchand de chevaux.* — *Vente.* — *Nullité.* — Le cultivateur qui vend un cheval à un marchand de chevaux peut être appelé en garantie devant le tribunal de commerce saisi de la demande en nullité de la vente faite par le marchand de chevaux à une tierce personne. II, 125

GRAINS EN VERT. — *Vente.* — *Nullité.* — *Saisie-brandon.* — La loi du 6 messidor an III qui prohibe la vente des grains en vert et pendants par racines n'a été abrogée ni par le Code civil ni par l'article 626 du Code de procédure. — En conséquence la vente de ces grains est nulle, à moins cependant qu'elle n'ait lieu par suite de saisie-brandon. II, 80

GREFFIER. — V. *Vente judiciaire d'immeubles.*

H

HONORAIRES. — V. *Compétence* et *Huissier*, n. 1.

HUISSIER. — 1. *Incompatibilité.* — *Porteur de contraintes.* — *Contributions directes.* — *Honoraires.* — Les fonctions d'huissier ne sont pas incompatibles avec celles de porteur de contraintes; néanmoins l'administration ne pourrait forcer un huissier à accepter une commission de porteur de contraintes. — Les huissiers, lorsqu'ils en sont requis, doivent, même en matière de contributions directes, faire les actes rentrant dans leurs attributions ordinaires. Alors ils ont droit aux honoraires alloués par leur tarif ordinaire, et non à ceux accordés aux porteurs de contraintes. — *Avis du conseil d'état, 13 août 1841.* II, 3

— 2. *Commandement tendant à saisie immobilière.* — *Présentation au visa.* — *Obligation d'agir personnellement.* — L'huissier qui a fait un commandement tendant à saisie immobilière est tenu de présenter personnellement l'original de cet acte au visa du maire ou de l'adjoint. — En d'autres termes, l'article 45 du décret du 14 juin 1813 est général et s'applique à tous les actes signifiés par les huissiers, et notamment au visa qu'ils doivent, dans certains cas, requérir des fonctionnaires publics. II, 72

— 3. *Citation en simple police.* — *Discipline.* — *Amende.* — *Juge de paix.* — *Juridiction civile.* — Depuis la loi du 25 mai 1838, les citations devant le tribunal de police peuvent être données par tous les huissiers du canton, de même que celles en matière civile. — La décision d'un juge de paix qui condamne un huissier à une amende pour avoir signifié des citations devant le tribunal de police où il n'était pas audiencier ne peut être attaquée que devant la juridiction civile. II, 163

— 4. *Incompatibilité.* — *Commisgreffier.* — Les fonctions d'huissier sont-elles incompatibles avec celles de commis-greffier de justice de paix ? II, 137

— V. *Concussion, Patente, Rébellion, Vente judiciaire d'immeubles.*

I

IMPUTATION DE PRIX. — V. *Office,* n. 3.

INCOMPATIBILITÉ. — V. *Huissier,* n. 4.

INSAISISSABILITÉ. — V. *Saisie-arrêt.*

INSTANCE CIVILE. — V. *Intervention.*

INTERVENTION. — *Instance civile.* — — *Peine de simple police.* — *Ministère public.* — Le ministère public peut-il intervenir dans une instance introduite civilement devant le juge de paix de sa résidence lorsque les faits de l'instance peuvent donner lieu à l'application d'une peine de simple police ? II, 138

J

JUGEMENT DE PREMIÈRE INSTANCE. — V. *Exécution.*

JUSTICE DE PAIX. — *Jugement par défaut.* — *Opposition.* — *Signification.* — *Domicile élu.* — L'opposition à un jugement de justice de paix portée à une première audience et rentée à une première audience et ren-

voyée à une seconde à laquelle les parties font défaut, peut-elle être reproduite plus tard, alors surtout qu'il s'est écoulé quatre mois sans poursuites depuis cette dernière audience ? II, 140

L

LETTRE DE VOITURE. — Loi sur e timbre des lettres de voiture et connaissements.

LIBELLÉ. — V. *Exploit,* n. 2.

M

MARCHANDISES NEUVES. — V. *Vente publique de meubles.*

MEUBLE IMMOBILISÉ PAR DESTINATION. — V. *Saisie-exécution.*

MINISTÈRE PUBLIC. — V. *Intervention.*

MINUTE. — V. *Exécution.*

N

NOTAIRE. — Extrait de l'ordonnance du roi relative à l'organisation des chambres de notaires, et à la discipline du notariat. I. 159

— V. *Compétence, Conciliation, Exécution, Exploit, Patente.*

NULLITÉ. — V. *Exploit,* n. 4, 6, 9.

O

OBLIGATION D'AGIR PERSONNELLEMENT. — V. *Huissier,* n. 2.

OFFICE. — 1. *Privilége.* — *Destitution.* — *Actes conservatoires.* — Le vendeur d'un office non payé a privilége, en cas de destitution de son acquéreur, sur l'indemnité imposée par le gouvernement au nouvel institué. — Ce privilége est conservé par des oppositions et autres actes conservatoires, entre les mains du nouveau titulaire, avant qu'il se soit dessaisi de l'indemnité. II, 153

— 2. *Traité.* — *Payement avant la nomination.* — *Effet rétroactif.* — *Saisie-arrêt.* — *Date certaine.* — L'ordonnance de nomination du cessionnaire d'un office rétroagit à la date du traité d'acquisition ; en conséquence, elle valide, à l'encontre des créanciers opposants, les payements faits sans fraude au cédant avant l'ordonnance et les oppositions, encore que ces payements soient anticipés. II, 166

— 3. *Prix du traité réduit par l'administration.* — *Payement de la somme retranchée, sans contre-lettre ni stipulation.* — *Imputation.* — Lorsque le prix de la cession d'un office a été réduit par le gouvernement, et que l'acquéreur, sans qu'il y ait eu aucun engagement de sa part, a payé la différence qui existait entre le traité officiel et le traité primitif, il peut exiger que la somme qu'il a ainsi payée soit imputée sur le prix porté au dernier traité. II, 148

— 4. 1re ESPÈCE. — *Office possédé avant la loi de 1816.* — *Communauté entre époux.* — *Société d'acquêts.* — Un office possédé par le mari avant son mariage antérieur à la loi du 28 avril 1816, est tombé, à partir de cette loi, dans la communauté d'acquêts stipulée entre époux. II, 142

— 4 bis. IIe ESPÈCE. — *Office tombé en communauté.* — *Estimation.* — Un office tombé en communauté doit, lors de la liquidation, être estimé selon sa valeur au jour de la dissolution de la communauté, et non selon la valeur pour laquelle il a été cédé plus tard par le mari titulaire. II, 145

— 5. *Supplément de prix.* — *Contre-lettre.* — *Payement.* — *Répétition.* — Le supplément du prix ostensible de la cession d'un office, stipulé par une contre-lettre ou traité secret et volontairement payé, n'est pas sujet à répétition. II, 119

— 6. *Privilége du vendeur.* — *Faillite du titulaire.* — L'article 550 du Code de commerce ainsi conçu : « *Le privilége et le droit de revendication, établis par le n. 4 de l'art. 2102 du Code civil au profit du vendeur*

» *d'effets mobiliers, ne seront point* » *admis en cas de faillite,* » est-il applicable au privilége du vendeur d'un office dont le titulaire fait faillite ? II, 77

— 7. *Création.* — *Indemnité au profit des titulaires en exercice.* — La création de nouveaux offices donne lieu à une indemnité au profit des titulaires auxquels cette création porte préjudice. II, 84

— 8. *Société.* — *Exploitation en commun de plusieurs offices.* — *Partage des bénéfices.* — *Bourse commune.* — Est nulle la convention souscrite par les officiers ministériels d'une même résidence, contenant obligation pour eux et leurs successeurs de n'instrumenter qu'alternativement, et de mettre en commun et partager les produits de leur exploitation, perçus d'après un tarif supérieur au tarif légal. — Une telle convention est contraire à l'ordre public en ce que : — 1° Aucune stipulation particulière ne peut augmenter la quotité de la mise à la bourse commune ; — 2° jamais cette quotité ne peut absorber la totalité des honoraires ; — 3° toute perception d'honoraires supérieure au tarif est illégale ; — 4° la soumission d'obliger les successeurs à adhérer au traité emporte la nécessité d'une convention occulte soustraite à l'examen du gouvernement. II, 113

— 9. *Société pour l'exploitation.* — *Partages de bénéfices.* — *Maître-clerc.* — Le traité par lequel un officier ministériel confie la direction de son étude à un maître-clerc expérimenté, qui l'accepte à la condition de partager entre eux les bénéfices, n'est pas illicite, pourvu, toutefois, que le titulaire conserve assez d'influence et d'autorité dans son étude pour que la responsabilité morale continue de reposer sur lui. — En conséquence, l'officier ministériel ne peut se refuser à l'exécution d'un pareil traité. II, 54

— 10. *Cession.* — *Fraude.* — *Escroquerie.* — Les manœuvres frauduleuses employées par le vendeur d'un office pour faire croire à des produits plus considérables qu'ils ne le sont en effet, et donner ainsi au cessionnaire l'espérance chimérique de produits qui ne doivent pas se réaliser, constituent le délit d'escroquerie. II, 27

— 11. *Enregistrement. — Défaut de nomination. — Restitution. — Délai.* — La restitution des droits d'enregistrement perçus sur les traités portant cession d'office, et qui n'ont pas été suivis d'effet, doit être ordonnée. — Pour obtenir cette restitution il n'est plus besoin du certificat ministériel précédemment exigé et constatant le défaut de nomination; il suffit de produire la lettre officielle du procureur du roi qui annonce aux parties le refus de nomination ou la réduction du prix de cession proposé. — La demande en restitution doit être formée dans les deux ans à compter du jour de l'enregistrement des traités. — *Instruction rég., enreg. de dom., du 22 août 1842.* I, 104

— 12. *Supplément de prix payé comptant. — Créancier du titulaire. — Imputation.* — Les créanciers du dernier titulaire ont le droit d'exiger que le supplément du prix de la cession payé comptant soit imputé sur la somme portée au traité officiel. II, 151

— 13. *Vénalité des offices.* — Il convient de maintenir la vénalité des offices, sauf, peut-être, celle des offices de greffiers. I, 146

OFFICIER MINISTÉRIEL. — V. *Privilége de second ordre.*

OPPOSITION. — V. *Aliénés, Justice de paix, Privilége de second ordre.*

P

PARENTÉ. — V. *Contrainte par corps.*

PARTAGE DE BÉNÉFICES. — V. *Office,* n. 8.

PATENTE. — 1. *Huissiers. — Notaires. — Avoués.* — Est-il juste d'assujettir les huissiers, notaires et avoués, à l'impôt de la patente, alors surtout : 1° qu'ils doivent fournir un cautionnement; 2° qu'ils doivent faire enregistrer les traités portant cession d'office?

— 2. *Huissier. — Notaire. — Avoué. — Fonctionnaire public.* — Extrait du rapport fait le 20 mai 1843, par M. Vitet, au nom de la commission de la chambre des députés chargée d'examiner le projet de loi sur les patentes. I, 153

— 3. *Huissier. — Exploit. — Énonciation. — Amende. — Peine disciplinaire.* — Un huissier est-il tenu d'énoncer, sous peine d'amende, sa patente personnelle dans les actes de son ministère? — L'infraction à l'article 1er de l'ordonnance du 23 décembre 1814 ne peut-elle qu'entraîner, tout au plus, une peine disciplinaire, une ordonnance ne pouvant ni créer une peine, ni emprunter à une loi relative à un objet autre que celui sur lequel elle statue les peines prononcées par cette loi ? II, 177

PAYEMENT AVANT LA NOMINATION. — V. *Office,* n. 2.

PENSION ALIMENTAIRE. — V. *Saisie-arrêt.*

PIÈCES DE PROCÉDURE. — *Transport. — Entrepreneur de voitures publiques. — Contravention.* — Le droit accordé par l'article 2 de l'arrêté du 27 prairial an IX aux entrepreneurs de voitures publiques de se charger du transport des sacs de procédure, est-il subordonné à cette condition que les sacs seront ouverts et non cachetés? II, 62

PLACARDS. — *Vente judiciaire d'immeubles. — Notaire. — Avoué.* — Lorsqu'une vente d'immeubles a été renvoyée devant notaire, ce fonctionnaire a qualité pour procéder concurremment avec l'avoué poursuivant à la rédaction des placards et affiches. II, 87

POIDS ET MESURES. — 1. *Acte ancien. — Analyse.* — Instruction de la régie de l'enregistrement et des domaines, du 20 août 1842. I, 98

— 2. *Acte authentique. — Fraction décimale.* — Un officier public qui se sert dans ses actes des dénominations de *trois quarts d'hectolitre, trois*

pour connaître de la question de savoir quelle est la quotité saisissable du traitement d'un fonctionnaire public? I, 5

— 2. *Saisissant.* — *Tiers-saisi.* — *Payement.* — *Quittance sous seing-privé.* — Le tiers-saisi peut opposer au saisissant les payements faits sans fraude au saisi avant toute opposition, encore que ces payements ne soient constatés que par des quittances sous seing-privé non enregistrées. II, 189

— V. *Office*, n. 2.

SAISIE-BRANDON. — V. *Grains en vert.*

SAISIE DE RENTE. — V. *Rente constituée.*

SAISIE-EXÉCUTION. — 1. *Meuble immobilisé par destination.* — *Vendeur privilégié.* — *Créancier hypothécaire.* — Une machine à vapeur immobilisée par destination ne cesse point d'être meuble à l'égard du vendeur non payé, qui peut la saisir et exercer son privilége sur le prix, même au préjudice des créanciers hypothécaires. II, 10

— 2. *Revendication d'objets saisis.* — *Frais.* — Le créancier qui a fait pratiquer une saisie-exécution doit-il être condamné aux frais de la demande en revendication formée sur tout ou partie des objets saisis, par un tiers qui obtient gain de cause, alors que rien n'est venu démontrer à l'huissier que les objets revendiqués n'étaient pas la propriété du débiteur? — En cas d'affirmative, ne devrait-il supporter que les frais postérieurs à la revendication contenant l'énonciation des preuves de propriété? II, 90

SAISIE-IMMOBILIÈRE. — *Promesse par un tiers d'acheter les biens saisis.* — *Défaut de réalisation.* — *Dommages-intérêts.* — La convention faite entre le saisi et un tiers après l'adjudication préparatoire, et par laquelle ce dernier, connaissant l'état de la procédure, s'engage à acheter l'immeuble moyennant une somme déterminée, dont une partie doit être payée entre les mains du poursuivant pour obtenir son désistement, est valable.

— En conséquence, si le tiers ne remplit pas son obligation, laisse poursuivre la saisie et adjuger l'immeuble au-dessous du prix par lui promis, il est passible de dommages-intérêts. — L'arrêt qui fixe ces dommages-intérêts à la somme formant la différence entre la somme convenue et le prix de l'adjudication ne viole aucune loi, et ne peut donner ouverture à cassation. II, 98

SALAIRE DES HUISSIERS. — V. *Frais en matière criminelle.*

SIGNIFICATION. — *Cession de créance.* — *Connaissance officieuse.* — *Libération.* — La connaissance officieuse donnée par le cédant au débiteur cédé du transport de la créance due par ce dernier, fait-elle obstacle à ce qu'il puisse valablement se libérer entre les mains du cédant? — II, 69

— V. *Justice de paix.*

SIGNIFICATION SUR MINUTE. — V. *Frais en matière criminelle.*

SOCIÉTÉ POUR L'EXPLOITATION D'UN OFFICE. — V. *Office*, n. 8 et 9.

SOMMATION DE NOTIFIER. V. *Purge.*

SUPPLÉMENT DE PRIX. — V. *Office*, n. 5 et 12.

SURTAXE. — V. *Concussion.*

T

TAXE DES EXPLOITS. — *Transport-voyage.* — *Distances.* — *Calcul.* — *Taxe insuffisante.* — *Opposition.* — La distance sur laquelle doit être calculé le droit de transport accordé à l'huissier par l'article 66 du tarif doit-elle être mesurée en ligne droite, à vol d'oiseau, ou en suivant les sinuosités du chemin parcouru? — Doit-elle être calculée du domicile de l'huissier — à l'endroit où il remet la copie de son exploit, — ou au clocher de la commune, — ou au centre réel de cette commune? — Le droit de transport est-il le même de cinq à dix kilomètres, de dix à quinze, de quinze à vingt, ainsi de suite? — En cas de taxe insuffisante, comment l'huissier doit-il se pourvoir? II, 174

TAXE INSUFFISANTE. — V. *Taxe des exploits.*

FIN DE LA TABLE DES MATIÈRES.